Mary Irwin
mit Madalene Harris

Der Mond allein
genügt nicht

Aus dem Alltag
eines Apollo-Astronauten

Hänssler-Verlag
Neuhausen-Stuttgart

CIP-Kurztitelaufnahme der Deutschen Bibliothek

Irwin, Mary:
Der Mond allein genügt nicht : aus d. Alltag e. Apollo-Astronauten / Mary Irwin.
(Übertr. ins Dt.: Sylvia Schütze). – Neuhausen (Stuttgart) : Hänssler, 1980.
([TELOS-Bücher]; Nr. 2070 : TELOS-Paperback)
Einheitssacht.: The moon is not enough (dt.)
ISBN 3-7751-0503-4

TELOS-Paperback Nr. 2070
2. Auflage 1981
© 1978 by The Zondervan Corporation,
   Grand Rapids, Michigan, USA
Originaltitel: The Moon Is Not Enough
Übertragung ins Deutsche: Sylvia Schütze

Liedtexte aus: „My Tribute" © 1971 by Lexicon Music Inc.,
            U.S.A.
            Rechte für Deutschland, Österreich, Schweiz by
            Hänssler-Verlag, Neuhausen-Stuttgart

            „Something Beautiful" © 1971 by William J.
            Gaither (Gaither Music Corp.), U.S.A.
            Rechte für Deutschland, Österreich, Schweiz by
            Hänssler-Verlag, Neuhausen-Stuttgart

© 1980 der deutschen Ausgabe by Hänssler-Verlag,
Neuhausen-Stuttgart
Umschlaggestaltung: Daniel Dolmetsch
Gesamtherstellung: Ebner Ulm

Dieses Buch ist zur Ehre Gottes bestimmt

Wie sag ich dir Dank, Herr, für das, was du für mich getan?
Ich habs nicht verdient, doch du nahmst dich um mein Leben an.
Die Stimmen einer Million Engel reichen nicht aus, dir zu gestehen,
wie froh ich bin, daß du mir hast vergeben.
Herr, das begreif ich nie!
O Gott, dir sei Ehre! Du hast Großes getan!

Inhalt

„Willst du,
James Irwin,
Mary Monroe zu
deiner Frau nehmen,
von heute an zu ihr stehen
in guten und in schlechten Tagen,
zu reichen und zu armen Zeiten,
in Krankheit wie in Gesundheit,
sie lieben und für sie sorgen,
bis daß der Tod   .   .   .“

„Ja, ich will.“

Und so geschah es auch am 4. September 1959 in Seattle, Washington! Wir waren so sehr verliebt, daß ich nicht im geringsten zögerte, eine Bindung einzugehen, die von Anfang an Schwierigkeiten in sich barg. Meine erste Ehe mit einer anderen Mary hatte vor dem Scheidungsrichter geendet; die Gründe waren Unreife, mangelnde Führungsfähigkeit und religiöse Unterschiede gewesen. Nun, im Alter von fast neunundzwanzig Jahren, gab ich der Frau mein lebenslängliches Versprechen, die in Kürze mein erstes Kind zur Welt bringen würde. Ich hatte bereits viel früher heiraten wollen, aber Mary hatte mich auf Anraten ihrer Familie hin abgewiesen. Infolge dieser Zurückweisung hatte ich zwar ernsthafte Befürchtungen bekommen, doch ich wußte, daß ich für das noch ungeborene Leben Verantwortung zu übernehmen hatte. Auf den folgenden Seiten werden Sie erfahren, mit welchen Problemen wir uns in der kommenden Zeit auseinanderzusetzen hatten: zwei eigensinnige Menschen im Bemühen, miteinander zu leben.

Mary hat mir oftmals meine mangelnde Gesprächsbereitschaft vorgeworfen, aber ich bin von Natur aus schüchtern und zurückhaltend, privat wie in der Öffentlichkeit ein ruhiger Mensch. Normalerweise teile ich mich sehr wenig mit. Jedoch ihre Enttäuschung über mich als geistliches Oberhaupt unserer Familie war vollkommen gerechtfertigt. Ich wußte, daß ich meine Familie in geistlichen Angelegenheiten zu leiten hatte, aber ich versagte jämmerlich. Irgendwie fühlte ich mich auch abgewiesen, da Mary stur an ihrem anerzogenen Glaubensbekenntnis festhielt. Problemmenschen produzieren Problemehen; so mußte auch unsere Beziehung zwangsläufig eine solche werden.

Unser gemeinsames Leben führte uns von Seattle über Dayton in das Mojave-Gebiet, von Colorado Springs nach Houston und wieder zurück nach Colorado Springs. Ich hatte Mary von wundervollen Aufenthalten im Ausland vorgeschwärmt. Statt dessen führte unser gemeinsamer Weg über eine rauhe Straße voller Enttäuschungen. Es gab jedoch auch glückliche Momente. Wenn alles verloren erschien, brach doch oft die Sonne durch und richtete für eine Zeitlang unsere Hoffnung wieder auf.

In meinem Buch *To Rule the Night* habe ich bereits kurz angeführt, daß Mary und ich Schwierigkeiten in der Ehe hatten. Manches Mal erschienen sie mir so riesig, daß ich mir die Frage stellte, ob ich mich überhaupt angemessen meiner Aufgabe im Weltraum widmen konnte.

Im Rückblick auf die achtzehn Jahre, die ich bereits mit Mary verheiratet bin, erkenne ich, daß wir einen langen Weg zu gehen hatten, um unsere Probleme zu lösen. Natürlich verändern wir uns weiterhin, während wir reifer werden, aber unsere Probleme, wenn auch noch nicht vollkommen gelöst, sind weniger geworden. Unsere Ehe hat sich als besser erwiesen, als es damals, 1959, irgend jemand vorauszusagen gewagt hätte – auch ich nicht.

Der Flug zum Mond legte unserer Familie einen besonderen Streß auf. In den Vorbereitungsjahren war ich sehr häufig von zu Hause fort. Der Ruhm, den der Flug mit sich brachte, stellte uns in das Licht der Öffentlichkeit, und die Öffentlichkeit erwartete von uns sehr viel. Auf diesem Flug wurden meine Augen dafür geöffnet, die Erde aus einer neuen Perspektive zu sehen, und ich kehrte mit einem veränderten Verständnis für unsere Erde, für die Menschen, die auf ihr leben, und besonders für meine Familie nach Hause zurück. Die Zeit für einen Neubeginn war gekommen.

Ich bemühe mich heute nach besten Kräften, das geistliche Oberhaupt der Familie Irwin zu sein. Mary und ich haben unser Leben Jesus Christus übergeben und suchen täglich seine Wegweisung. Wir waren es, die falsche Wege gegangen sind, aber der Herr hat in einer dramatischen Weise eingegriffen und unsere Verlegenheiten zu seiner Gelegenheit gemacht.

James Irwin

Wie alles anfing

Wenn jemals Träume hoch und edel waren,
so waren es die meinen zu Beginn;
die Hoffnung auf ein ganz erfülltes Leben
hegte ich tief in meinem Herzen drin.

„Wie schade, daß Sie eben nicht im Büro waren, Mary", begrüßte mich eine aufgeregte Stimme, als ich den Raum noch kaum betreten hatte.

„Was kann schon während der Mittagspause Interessantes passiert sein?" erwiderte ich gleichgültig.

„O, nicht viel, nur daß ein netter, gutaussehender Pilot hier war", fuhr die Frau meines Chefs fort. „Warten Sie, sein Name war Jim. Jim Irwin, glaube ich."

Langsam ging ich quer durch den Raum zu meinem Schreibtisch und täuschte totale Gleichgültigkeit vor. Denn jegliches Anzeichen von Interesse hätte ja merken lassen, daß ich gar nicht das vielbegehrte Mädchen war, das ich jedermann gerne vorspielte. Während ich bereits einen Stapel Papiere, die ich abzulegen hatte, durchblätterte, fragte ich wie beiläufig: „Was wollte er denn eigentlich hier?"

„Um ganz ehrlich zu sein", fuhr Anne aufgeregt fort, „ich glaube, er wollte Sie sehen. Irgendwie hat er wohl herausgefunden, daß wir eine neue Empfangsdame haben, eine, die nebenher auch noch als Mannequin arbeitet."

„Wer in aller Welt hat ihm denn das erzählt?" erwiderte ich abfällig, obwohl ich mich insgeheim freute.

„Sie wissen doch, wie sich so etwas herumspricht, Mary." Anne zuckte die Achseln und kehrte an ihre Arbeit zurück.

Mit nahezu einundzwanzig Jahren war der Gedanke an einen netten Piloten schon mehr als verlockend. Während der Nachmittag sich hinzog, war ich in Gedanken immer mehr mit diesem Jim Irwin beschäftigt. „Wie sieht er wohl aus? Ist er groß? Schlank? Dunkel? Oder blond? Jim Irwin", überlegte ich, „das klingt gut."

Obgleich ich es nach meiner gespielten Gleichgültigkeit nicht wagte, das Thema nochmals anzuschneiden, hätte ich doch zu gerne gewußt, ob dieser Jim Irwin noch einmal wiederkommen wollte. Ob ich wohl eine Gelegenheit haben würde, ihm zu begegnen? Wenn er wirklich aufgetaucht war, um mich zu sehen, wie Anne es vermutet hatte, wäre er dann nicht schon längst zurückgekommen?

Meine Erwartung stieg und fiel mit jeder Person, die das kleine Photogeschäft betrat, in dem ich arbeitete. An diesem Tage noch irgend etwas Konstruktives zustande zu bringen, war unmöglich.

Als es jedoch vier Uhr wurde, war ich sicher, daß er nicht mehr wiederkommen würde. Eine dunkle, deprimierte Stimmung überfiel mich nun. Es war Freitag, und was sich vielleicht zu einem interessanten Wochenende entwickelt hätte, entglitt mir nun hoffnungslos.

Und noch eine weitere Stunde ermüdender Arbeit lag vor mir! Der winzig kleine Empfangsraum erschien mir plötzlich unerträglich beengend, und ich zweifelte, ob ich es hier überhaupt noch eine einzige Stunde lang aushalten könnte. Als um halb fünf die Tür ging, sah ich in meinem Bemühen, fleißig und sehr beschäftigt zu wirken, nicht einmal auf. Es war fast ärgerlich, daß so spät am Tag noch ein Kunde erschien.

„Sie müssen Mary sein", unterbrach eine angenehme, sehr männliche Stimme die Stille.

Verwirrt blickte ich in die ausdrucksstärksten braunen Augen, die ich je gesehen hatte. Und obwohl ich innerlich durcheinander war, nahm ich mich genügend zusammen, um in aller Ruhe antworten zu können: „Das stimmt. Und wer sind Sie?"

In Wirklichkeit war das für mich überhaupt keine Frage mehr. Ich wußte, daß dieser Mann in dem riesigen, blaßgelben Sweater und den Nadelstreifenhosen Jim Irwin sein mußte. Ich starrte diesen absoluten Traum von einem Mann an, der dort zu mir herablächelte. Anne hatte recht gehabt. In der Tat ein gutaussehender Pilot.

„Ich bin Jim Irwin, und das hier ist mein Bruder Chuck."
Nachdem ich die dicht hinter ihm stehende Person zunächst gar nicht bemerkt hatte, war ich nun froh, meine Aufmerksamkeit von diesen Augen, die überhaupt nicht mehr von mir abließen,

10

abwenden zu können. Ich war etwas unsicher geworden und fand es äußerst schwierig, gefaßt zu wirken.

Ein paar Minuten schwatzten Chuck und ich über Belanglosigkeiten und lachten miteinander. Mit voller Absicht ignorierte ich Jim für eine Weile. Als ich mich ihm dann wieder zuwandte, muß mein Herz einen Sprung gemacht haben, und eine solche Aufregung, wie ich sie noch nie erlebt hatte, erfaßte mich.

Nicht, daß ich an die Liebe auf den ersten Blick geglaubt hätte. Ganz bestimmt nicht, das war nur etwas für Märchen und Fantasiegeschichten. Doch als ich in diese durchdringenden Augen schaute, die vollkommen bis zu meinem Herzen vorzustoßen schienen, wußte ich, daß es mit Jim Irwin etwas Außergewöhnliches war.

Der Bus, mit dem ich nach Dienstschluß immer nach Hause fuhr, mußte in zehn Minuten kommen. Ich haßte diese Fahrerei. Normalerweise quetschte sich um fünf Uhr die ganze Feierabendmenge in den Bus, so daß ich meistens nur einen Stehplatz bekam. Ich hing dann schwankend an einem Haltegriff und versuchte, das ruckartige Anhalten und Abfahren an jeder Haltestelle auszubalancieren. Doch während dieser geschäftigen Vorweihnachtswoche wetteiferten zusätzlich müde, paketbeladene Käufer mit den Berufstätigen um einen Platz, und die überfüllten Busse fuhren oftmals vorbei, ohne überhaupt anzuhalten, wodurch sich mein anstrengender Arbeitstag nur noch verlängerte. Ich begann, meinen Schreibtisch aufzuräumen. Ich verspürte zwar einerseits Widerwillen, jetzt zu gehen, hoffte aber andererseits, ein paar Minuten eher verschwinden zu können, um so der Fünf-Uhr-Menge um eine Haaresbreite voraus zu sein.

Als Jim bemerkte, daß ich mich anschickte, den kleinen Laden zu schließen, fragte er rasch: „Können wir Sie nicht mitnehmen? Mein Wagen steht draußen, und Sie sparen vielleicht Zeit."

Mit großer Erleichterung, daß diese faszinierende Begegnung noch nicht so bald beendet sein würde, antwortete ich sofort: „Macht Ihnen das wirklich nicht zu viele Umstände?"

Während des ganzen Heimweges wurde ich ein befremdendes und unbehagliches Gefühl nicht los. Viele Jahre später bekannte mir Jim, daß die beiden Brüder eine Wette abgeschlossen hatten, wer von ihnen die erste Verabredung mit mir treffen würde. Jim hatte gewonnen.

Als wir in unsere Auffahrt einbogen, sah ich, daß meine Eltern fortgefahren waren und also niemand daheim war. Doch als ich nach meinem Hausschlüssel suchte, merkte ich, daß ich ihn beim hastigen Auswechseln der Geldbörsen am Morgen, als ich meine Sachen für die Arbeit zusammenpackte, versehentlich in einer kleinen Seitentasche des daheimgebliebenen Portemonnaies vergessen hatte. „Wie komme ich jetzt bloß ins Haus?" seufzte ich. Es wurde schon bald dunkel.

„Ach, machen Sie sich darüber keine Sorgen", sagte Jim zuversichtlich. „Ich denke doch, daß ich Ihnen helfen kann. Passen Sie auf, ich schließe einen Vertrag mit Ihnen: Ich sorge dafür, daß Sie ins Haus kommen, und Sie gehen dafür heute abend mit mir aus."

„Ein solcher Vertrag", dachte ich, „ist für mich in jeder Hinsicht ein Gewinn."

Gerade als Jim dabei war, die Tür aus ihren Angeln zu heben, fuhr ein mir sehr vertrautes Auto vor, und als erstes bemerkte ich den ärgerlichen Gesichtsausdruck meiner Mutter. Was für eine demütigende Vorstellung bei meinen Eltern!

„Junger Mann, was geht denn hier vor?" fragte meine Mutter. Und während ich noch verzweifelt nach einer Erklärung suchte, hatten Jim und Chuck sich bereits leise verdrückt.

Obwohl klein von Statur, war meine Mutter eine harte, abweisend wirkende Frau, und wenn ich sage, daß ich mich vor ihrem unerbittlichen Zorn damals wirklich fürchtete, liegt darin nicht die geringste Übertreibung. Meine einfachste Lösung der Konflikte mit der elterlichen Autorität war es geworden, jeglichen Zusammenstoß mit ihr zu vermeiden. Dies hatte sich im Laufe der Jahre zu meiner Sicherheitspolitik entwickelt.

Eine Horde von zehn Kindern, die alle in rascher Aufeinanderfolge geboren waren, bedeutete für meine Mutter eine echte Belastung. So handelte es sich bei ihrem Verhalten um eine Frage des eigenen Überlebens, obgleich ich zu diesem Zeitpunkt meines Lebens weder die Probleme meiner Mutter verstand noch mich für sie interessierte. Nur die meinen zählten.

Mein Vater war das genaue Gegenteil von ihr. Bequem, großzügig, nachgiebig bis hin zur Verzärtelung, sich unterordnend und mild, wie er war, konnte ich mich immer darauf verlassen, daß er zu mir hielt. Wenn es mir gelang, mich zuerst an meinen Vater zu wenden, so konnte ich ziemlich sicher sein, daß die Begegnung mit Mutter leichter wurde. Wenn er es überhaupt wagte, ihr zu widersprechen, so war sein Eingreifen das einzige, was ihre strengen und unbeugsamen Entscheidungen noch mildern konnte.

Als Jim später am selben Abend anrief, um sich zu erkundigen, ob es ratsam wäre, noch zu mir zu kommen, hatten sich die Wogen schon erheblich geglättet. Ich hatte sogar den Eindruck, bei meiner Mutter eine Spur von Bedauern entdecken zu können, daß sie sich so streng aufgeführt hatte, wenngleich sie etwas derartiges niemals zugegeben hätte.

So wenig weltbewegend dieser Abend war, an dem wir zusammen essen gingen und nachher noch ein Kino besuchten, kann ich mich doch an keine erhebendere Begebenheit erinnern als an diese meine erste Verabredung. Ich hätte es wohl nicht einmal gemerkt, wenn wir Hundefutter gegessen hätten. Es war einfach wundervoll, mit Jim zusammen zu sein, und ich merkte, wie leicht es mir fiel, zu sprechen. Ich hatte das Gefühl, als würde ich ihn schon eine Ewigkeit kennen.

Am nächsten Tag holten Jim und Chuck sowie eine Bekannte von ihm mich am frühen Nachmittag ab, und wir fuhren gemeinsam nach Santa Cruz, um dort den Rest des Tages am Strand zu verbringen. Jim und ich wanderten stundenlang am Meer entlang, tief in Gespräche versunken. Wir hatten einander so viel zu sagen, und da Jim bei einem Air-Force-Kommando stationiert war, das sich am fast entgegengesetzten Ende des Landes befand, konnten wir ja nicht wissen, ob wir noch jemals genug Zeit finden würden, um uns all das zu sagen. Ich erinnere mich daran, wie detailliert ich ihm die noch weit vor mir liegende, wunderbare Karriere beschrieb, die ich mir so fest vorgenommen hatte. Eigentlich stand ihr nichts im Wege. Meine Begeisterung war grenzenlos. Stand ich nicht unmittelbar vor der „Miss-California"-Wahl, um derentwillen ich das verführerischste und exquisiteste rosafarbene Kleid erstanden hatte, das ich mir mit meinem bescheidenen Einkommen leisten konnte?

Schon allein mit Jim zusammen zu sein, war anregend; nie zuvor in meinem Leben war mir ein Mensch begegnet, der mich so tief beeindruckt hatte. Im Verlaufe dieses Gespräches am

Strand konnten wir unsere innersten Gedanken, Hoffnungen und Zukunftsträume miteinander teilen.

Vor Weihnachten und dem bereits lange geplanten Ski-Ausflug zum Mount Shasta, auf den Jim und Chuck sich schon so sehr gefreut hatten, blieb uns noch Zeit für zwei weitere Verabredungen. Aber auch wenn Jim sich immer noch sehr auf den Urlaub freute, konnte ich doch bei ihm bereits eine Spur von Widerwillen entdecken. Doch früh am ersten Morgen nach Weihnachten reisten sie ab.

Die Einsamkeit, die ich während Jims Abwesenheit durchlebte, verwirrte mich. Ich kannte ihn doch noch kaum, und dennoch ertappte ich mich dabei, daß ich mit den Gedanken stets bei ihm war, wenn die Arbeit mich nicht allzusehr gefangennahm; und selbst dann schweifte ich oft ab. Offensichtlich hatte Jim ein ähnliches Problem, denn anstatt die eigentlich beabsichtigte Zeit fortzubleiben, trampte er am Neujahrstag heim und ließ Chuck alleine auf den Pisten zurück.

Eine überschwengliche, noch atemlose Stimme begrüßte mich aus einer Fernsprechzelle am Stadtrand, kaum daß er angekommen war. Ob er wohl zu mir kommen dürfte, sobald er geduscht und sich umgezogen hatte? *Und ob er das durfte!* Ich konnte es kaum noch erwarten. Andere Pläne wurden rasch beiseite gelegt, und in den Vordergrund trat die wesentlich wichtigere Angelegenheit, mich für den Abend perfekt zurechtzumachen.

Im schwarzen Kleid, doch geschmückt mit einem Pelz, den ich beim Trödelmarkt der Heilsarmee aufgestöbert hatte, kam ich mir ziemlich elegant und schick vor. So zurechtgemacht verbrachte ich meinen letzten Abend mit Jim, bevor er zum Wright-Patterson-Air-Force-Kommando in Dayton, Ohio, zurückkehren mußte. Er rechnete damit, schon einen Weg zu finden, damit wir uns an jedem Wochenende treffen konnten, und zwar wollte er anbieten, Mitglieder des Personals herzufliegen, die aus irgendwelchen Gründen zur Westküste mußten.

Obwohl mir Jim in großer Treue lange und inhaltsreiche Briefe schrieb, und obgleich wir regelmäßig miteinander telefonierten (ein Freund beim Fernmeldeamt vermittelte mir aus Hilfsbereitschaft regelmäßig kostenlose, aber natürlich illegale Gespräche mit Jim), war ich sehr bedrückt, wenn Jim fort war. Mein Herz schmerzte buchstäblich bei dem Gedanken an ihn, und nichts sonst auf der Welt war für mich noch von geringster Bedeutung. Das Schlimmste war jedoch, daß ich diesen Zustand überhaupt nicht wollte, denn ich hatte gute Aussichten, die wundervolle Karriere zu machen, von der jedes Mädchen träumt. Doch nun kümmerte ich mich immer weniger um diese begehrte Karriere, um meine Familie oder um irgend etwas sonst. Nur noch Jim Irwin war wichtig.

Bei der Arbeit war ich ständig damit beschäftigt, Tage und Stunden bis zum Wochenende zu zählen. An jedem Freitagabend, wenn ich zum Moffatt-Flughafen bei San Jose fuhr, wo mein Liebster auf mich wartete, begann das Leben für mich neu. Ich kann mich noch gut an die prickelnde Aufregung erinnern, die mich an jenen Abenden befiel, wenn ich voller Spannung nach dem Gesicht mit den Augen suchte, die mich nie losließen. War ich erst in seinen Armen, so konnte ich wieder leben.

Es wurde jedoch immer deutlicher, daß meine Familie meine zunehmende Veränderung mit wachsender Unruhe beobachtete. Es war keine leichte Position, das zweitjüngste von zehn Kindern zu sein. Ich wurde zwar von ihnen allen geliebt und anerkannt, das wußte ich wohl, doch statt nur einmal Eltern zu haben, hatte ich eigentlich viele. Einige meiner Brüder und Schwestern hätten vom Alter her bereits meine Eltern sein können. Nie fehlte mir jemand, der mir sagte, was ich zu tun oder zu lassen hatte. Obschon ich nun fast einundzwanzig Jahre alt war, so waren meine Entscheidungen doch nie meine eigenen, und ich ärgerte mich ständig darüber.

Abgesehen davon war Jim kein Mitglied der strengen religiösen Sekte, zu der meine Familie gehörte. Deshalb wurde er als ein Außenseiter betrachtet, als Eindringling und Ungläubiger. Es erleichterte die Sache sicherlich nicht, daß er zudem bereits einige wenige Monate lang verheiratet gewesen war, bis ihm auffiel, welch schweren Fehler er begangen hatte.

Doch mich beunruhigte nichts von alledem. Ich war noch nicht reif genug, um erkennen zu können, was da auf mich zukam; so begann sich zwischen meinen Angehörigen und mir eine Hochspannung aufzuladen. Mein Zuhause war für mich nicht mehr die

Zuflucht, die es eigentlich hätte sein sollen, und ich fing an, nach Ausreden zu suchen, um mich anderswo aufhalten zu können.

Etwa zu dem Zeitpunkt, als Jim und ich merkten, wie hoffnungslos wir ineinander verliebt waren, ereignete sich etwas äußerst Unheilvolles. Jim war inzwischen Fluglehrer geworden und flog mit einem seiner Schüler in Richtung San Jose zu unserem so sehnlichst erwarteten Rendezvous. Unterwegs wurde der Schüler jedoch krank und sogar für kurze Zeit bewußtlos. Jim landete in Rapid City, South Dakota, um den Schüler dort in ein Krankenhaus zu bringen, und flog dann weiter zu unserem Treffen. Alles war wundervoll, bis Jim zu seinem Kommando zurückkehrte. Denn da er sich ganz offensichtlich nicht hinreichend um den kranken Schüler gekümmert und insofern die „Vorschriften" mißachtet hatte, erhielt er vier Wochen Bodenarrest. Die Wochen erschienen mir wie Jahre.

Ich wurde einsam, niedergeschlagen und von einer unerklärlichen Furcht erfüllt. Diese äußerte sich in den bangen Fragen, die ich mir stellte: „Werde ich Jim jemals wiedersehen? Ob er sich nach einer so langen Trennung überhaupt noch für mich interessiert? Habe ich das einzige auf dieser Welt verloren, das mir überhaupt noch etwas bedeutet hat?" Immer wieder verfolgten mich diese quälenden Ungewißheiten und verlangten nach Antworten, die ich nicht geben konnte.

Obwohl ich mich tagsüber im Photogeschäft übermäßig eifrig betätigte und abends auch noch als Mannequin arbeitete, schien mir die Zeit, die ich auf Jim warten mußte, endlos zu sein. In diese seine Arrestzeit fiel auch mein einundzwanzigster Geburtstag, und meine Familie gab sich große Mühe, wirklich ein Fest daraus zu machen, wie sich das beim Erreichen der Volljährigkeit nun einmal gebührt. Trotzdem empfand ich all das als leer, und meine ganz offensichtliche Undankbarkeit regte jeden auf. Als schließlich das einzige Geschenk, das ich überhaupt zur Kenntnis zu nehmen schien, die Photographie war, die Jim mir anläßlich des Geburtstages geschickt hatte, steigerte sich der Ärger meiner Eltern und Geschwister noch mehr.

Als meine Mutter eines Tages in mein Zimmer trat und mich dort mit tränenüberströmtem Gesicht und verschwollenen Augen vorfand, die ununterbrochen nur Jims Photographie

16

anstarrten, versuchte sie, mir die zunehmende Verwirrung meiner Familie über mein Verhalten zu erklären. „Liebling, du bist gar nicht mehr unsere alte Mary", begann sie. „Du bist in der letzten Zeit wie eine Fremde für uns. Ich kenne dich gar nicht mehr richtig."

„O Mutter", schluchzte ich, „ich kenne mich doch selbst nicht mehr richtig. Ich verstehe überhaupt nicht, was in mir vorgeht, aber ich brauche euch doch gerade jetzt, um mir da hindurchzuhelfen. Wenn mich jeder schneidet oder so behandelt, als hätte ich eine fürchterliche Sünde begangen, dann möchte ich einfach nur noch weglaufen und mich verstecken."

Meine Mutter nahm mich in ihre Arme und versuchte, mich zu trösten. Aber all das half mir überhaupt nicht. Für eine Weile schien sie nach dieser Begegnung wohl verständnisvoller geworden zu sein. Doch ihre ständige Angst, ich würde diesen Außenseiter heiraten und dadurch Schande über die Familie bringen und auch selber ein todunglückliches Leben führen müssen, war mehr, als daß sie es im guten hätte abtun können. Und so verbreiterte sich der Riß.

Doch endlich kam der lang ersehnte Anruf. Jim durfte wieder fliegen und wollte am 14. Februar nach San Jose kommen, am Valentinstag. Was hätte passender sein können? Meine Freude kannte keine Grenzen. Zu diesem Zeitpunkt hatte ich das Gefühl, niemanden sonst auf dieser Welt zu haben als allein Jim. Meine Familie verstand mich nicht, meine Freunde ließen mich im Stich, und ich war mir so einsam vorgekommen, als ich noch nicht sicher wußte, ob Jim zurückkehren würde.

Wir planten eine großartige Feier mit einem Essen in dem elegantesten Lokal, das Jim kannte. Mit großer Sorgfalt wählte ich aus meinem Schrank einen attraktiven rosafarbenen Mohairpullover und einen modischen schwarzen Samtrock aus. Ich muß wohl eine Stunde damit verbracht haben, mich anzukleiden und mein Haar sowie mein Make-up zu richten und noch einmal zu richten. Das wichtigste auf der Welt schien es zu sein, daß ich an diesem Abend perfekt aussah.

Meine Erinnerung an die Ereignisse dieses Abends ist verschwommen. Nur zwei Vorfälle sind mir klar im Gedächtnis haftengeblieben. Das teure Steak, das ich mir bestellt hatte, sah zwar sehr saftig aus, aber es erwies sich als äußerst zäh. Als ich angestrengt versuchte, es zu zerschneiden, flogen die dazugehörenden Erbsen in alle Richtungen davon, einige auf meinen Schoß, andere auf den Boden und wieder andere quer über den ganzen Tisch. Ich konnte meine große Verlegenheit nicht verbergen, und wenn Jim die Situation nicht so geschickt gerettet hätte, hätte dieser Vorfall uns vielleicht den ganzen Abend ruiniert.

Nach dem Essen schlenderten wir noch Arm in Arm durch eine angrenzende kleine Geschäftspassage. Jim schien sein Ziel sehr genau zu kennen. Und wiederum wurde ich verlegen, als eben dieses sich als Juweliergeschäft entpuppte. Ich war verlegen, doch insgeheim sehr aufgeregt. Er strebte geradewegs auf die Eheringe zu. Ich war mir über unsere Beziehung jedoch immer noch nicht ganz im klaren, und so versuchte ich, Jim abzulenken und brachte ihn mit weniger persönlichen Themen von seinem Vorhaben ab. Es funktionierte.

Bevor Jim am nächsten Tag wieder abfliegen mußte, hatten wir bereits eifrig Pläne für das kommende Wochenende geschmiedet. Monterey, eine faszinierende Stadt am Meer, war schon immer einer meiner Lieblingsorte gewesen. Da wir gerne noch mehr Zeit als bisher miteinander verbringen wollten, hatten wir einen Ausflug zu viert für das ganze Wochenende geplant – Jim und sein Bruder Chuck, eine Freundin von mir und ich. Unsere ehrliche Absicht war es allerdings, oder doch zumindest meine, daß Kathy und ich in einem Zimmer schlafen würden und Chuck und Jim in einem anderen.

Es war alles andere als einfach, meine Eltern zu einer Zustimmung zu überreden. Ich bettelte und flehte, ich argumentierte und begründete, bis schließlich gegen Ende der Woche meine ständigen Anläufe ihren Widerstand gebrochen hatten. Meine Mutter vertrat wieder einmal strenge und unumstößliche Disziplin, doch wenn ich mich als guter Stratege an meinen passiven Vater heranmachte, gab er normalerweise nach. Nachdem ich einundzwanzig Jahre Gelegenheit gehabt hatte, dieses Verhalten einzustudieren, war ich Experte geworden, was die Entzweiung meiner Eltern in entscheidenden Angelegenheiten anging. Erst viele Jahre später habe ich ernüchtert festgestellt, wie sehr sich das Funktionieren gerade dieser Geschicklichkeit doch zu meinem Nachteil auswirken sollte.

Als Jim in Moffatt landete, wußte ich bereits, daß Kathy den Ausflug nicht mitmachen konnte. Doch keiner von uns beiden kam auf die Idee, die Sache deswegen abzublasen. Natürlich erzählte ich meinen Eltern nichts von Kathys Ausfall. Mein aufsässiges Herz konnte ihre scheinbar endlosen Verbote nur als Versuch interpretieren, mir alles Gute vorzuenthalten. Wie oft habe ich mich seither im Umgang mit meinen eigenen Kindern voll Schmerz und Bedauern zurückerinnert an meine unbegründete Verärgerung gerade über die beiden Menschen, die mich doch am meisten geliebt haben, auch wenn sie mir das so schlecht zeigen konnten.

Jim und ich unternahmen diesen Wochenendausflug also allein. Während unserer Fahrt schon schwatzten wir freudig drauflos. Nie zuvor in meinem Leben war ich so froh und unbeschwert gewesen. An diesem Tag war aber auch alles perfekt. Obgleich es Februar war, der in Nordkalifornien meistens feucht, kalt und neblig ist, schien die Sonne wundervoll von einem klaren, wolkenlosen Himmel herab, und ihre Wärme drang vor bis in die Tiefen meines Herzens. Ich genoß jeden herrlichen Moment dieser gemeinsamen Zeit. So lange hatte ich mich leer gefühlt, allein und unausgefüllt, ohne einen Sinn in meinem Leben zu sehen, so, als ob ein lebendiger Teil meiner selbst gefehlt hätte. Heute lernte ich eine Vollkommenheit kennen, die ich noch nie zuvor erfahren hatte. Mir mein Leben ohne Jim vorzustellen, war für mich bereits undenkbar geworden.

Als Jim uns beide im Motel als Ehepaar eintrug, hatte ich zuerst große Gewissensbisse. Einige Momente lang kämpfte ich innerlich, weil Szenen und Gesichter vor mir auftauchten. Die Gesichter meiner Eltern, die Gemeinde, in der ich aufgewachsen war, unser Prediger, wie er auf mich herabblickte. „Aber sie können das einfach nicht verstehen", redete ich mir selbst ein, um nicht noch tiefer darüber nachdenken zu müssen, womit ich sicherlich am Ende die vor uns liegenden wundervollen Tage ruiniert hätte. So verscheuchte ich rasch diese störenden Bilder und begleitete Jim lächelnd in unser Zimmer.

„Jim und ich sind füreinander bestimmt", überzeugte ich mich selbst. „Was kann denn daran falsch sein, wenn zwei Menschen sich so sehr lieben?"

„Und was ist mit der Zukunft?" Ich wollte mir die quälende Antwort ersparen. Das einzige, was wirklich zählte, war doch das Jetzt. „Und die Konsequenzen?" Ich kannte die Gefahren, aber tief in mir saß die typisch jugendliche Haltung: „Das kann mir doch nicht passieren!"

Nicht eine einzige Wolke trübte an diesem Wochenende unseren „siebten Himmel". Wir schwammen miteinander, wir besuchten mehrere von faszinierenden Küstenrestaurants, wir liefen Hand in Hand den Strand entlang, wir tollten in der schaumigen und eiskalten Brandung, wir sammelten Muscheln und stocherten im Seetang herum. Alles erschien richtig, so wie es war, so vorausgeplant, wie ein Puzzle, dessen Stücke endlich zusammengefunden hatten.

An jenem letzten Tag, an dem Jim wieder zum Flughafen zurück mußte, verweilten wir sehr lange am Strand. Und nachdem dann später sein Flugzeug schon lange außer Sichtweite war, saß ich noch stundenlang im Auto und durchforstete ein Gewirr von Gedanken. Würde ich zu früh nach Hause zurückkehren, so mußte ich mich sicher auf ein Gespräch einlassen und Fragen beantworten, die ich nicht gestellt bekommen wollte. Außerdem erschien mir die Leere meines winzigen Zimmers nun unerträglich, und ich fürchtete mich davor, diese Tür zu öffnen und einzutreten. Ach, wenn ich doch nur einschlafen und erst am nächsten Freitag wieder aufwachen könnte!

Ich erinnere mich nicht mehr, wie lange ich dort so sitzen blieb. Ich sah zu, wie die späte Nachmittagssonne im Westen unterging und der Himmel sich mit einem wundervollen Schein überzog. Die vereinzelten Wolken verfärbten sich von Gold über Rosa in ein leuchtendes Rot und wurden schließlich grau. Die Dunkelheit brach ein. Doch ich vermochte mich immer noch nicht zu regen. Wenn ich dort sitzen blieb, von wo aus ich Jim mein letztes Lebewohl zugewinkt hatte, fühlte ich mich ihm wesentlich näher; und ich wußte auch darum, daß dieser Zauber zerbrechen würde, sobald ich davonfuhr.

Zu meiner großen Überraschung wurde es wieder Freitag, bevor ich überhaupt den Verlauf der Woche so recht bemerkt hatte. Ein weiteres herrliches Wochenende mit meinem Liebsten lag vor mir. Jim hatte mir eine exquisite, modische Goldarmbanduhr mitgebracht, um mit diesem Geschenk unsere Verlobung zu besiegeln. Da seine Eltern für einige Tage verreist waren, konnten wir in ihrem Haus gemeinsam viel Zeit verbringen. Natürlich nicht so viel, daß meine Eltern unnötig Verdacht schöpfen konnten.

Um meine Beziehung zu ihnen stand es ohnehin schon schlimm genug, und ich fragte mich langsam, aber sicher, ob die zerbrochenen Bande überhaupt jemals wieder würden heilen können.

Nach zahlreichen weiteren herrlichen Wochenenden, die wir gemeinsam verbringen durften, mußte sich Jim einer Reihe von Prüfungen und Testflügen unterziehen, die ihn daran hinderten, den Sechs-Stunden-Flug von Wright-Patterson zu mir zu unternehmen. Wir konnten uns nun dreieinhalb Wochen nicht sehen, und erst an seinem achtundzwanzigsten Geburtstag würden wir dann das Wiedersehen feiern.

Eines Morgens fühlte ich mich beim Erwachen sehr elend. Da ich sicher war, daß ich die Grippe bekam, war ich sogar recht erleichtert, daß Jim in der nächsten Zeit nicht kommen würde. Es wäre doch schwierig, wenn nicht sogar unpassend, krank zu sein, wenn er hier war.

Ich blieb einen oder zwei Tage zu Hause. Aber der Druck der Arbeit und einige dementsprechend drängende Anrufe brachten mich wieder aus dem Bett und ins Büro zurück, bevor ich mich noch ganz erholt hatte. Auch nach einigen Tagen, durch die ich mich hindurchschleppte, trat keine Besserung ein. *Was war nur mit mir los?*

Nachdem mich zwei weitere Wochen lang diese elende Übelkeit, verbunden mit großer Müdigkeit, gequält hatte, wurde ein beunruhigender Verdacht in mir laut; doch um sicherzugehen, mußte ich noch ein paar Tage abwarten. Die Tage verstrichen. Weitere Tage. Schließlich war ich gezwungen, den Konsequenzen ins Gesicht zu sehen, die ich an jenem ersten Wochenende in Monterey so bewußt ignoriert hatte.

Die Warnsignale hatten aufgeleuchtet. Ich hatte sie auch gesehen, einen flüchtigen Moment lang betrachtet. Doch dann hatte ich mich abgewandt und war bewußt vorbeigegangen. Ich hatte mich benommen, als lebte ich in der Traumwelt von Hollywood.

Der einzige Haken bei diesen Traumwelten liegt darin, daß in ihnen alles perfekt ist und stets zu einem Happy-End führt. Ich hatte außer acht gelassen, daß die Realität nicht so ist und nicht so funktioniert.

Nun war ich schwanger – und alle meine Träume stürzten mit erschreckender Endgültigkeit zusammen.

Eine Reise in die Verwirrung

Meine Träume zerfielen zu Asche,
meine Luftschlösser stürzten in sich zusammen,
und was mir als Gewinn erschienen war, erwies sich als Verlust.

Mein sorgfältig gehütetes Geheimnis ließ mich eine solche Angst bekommen, daß ich nachts nicht schlafen konnte und mich tagsüber quälte. Aufgrund der nagenden Furcht, irgend jemand könnte etwas bemerken, verhielt ich mich an meiner Arbeitsstelle still und in mich gekehrt und verließ ansonsten nicht mein Zimmer. Ich hatte keine Möglichkeit, mit Jim darüber zu sprechen. Mich ihm schriftlich oder am Telefon mitzuteilen, wagte ich nicht. Ich hielt alles in meinem Inneren verschlossen, aber bald forderte die verzehrende Sorge dann auch ihren Tribut. Ich wurde hohläugig, hager und blaß.

Endlich war der Tag von Jims Rückkehr gekommen, doch meine seelische und körperliche Verfassung war derartig miserabel, daß mir mein Aussehen bei dieser Begegnung nahezu gleichgültig war. Ich war froh, daß wir uns nachts treffen würden, denn so konnte ich darauf hoffen, daß die Dunkelheit mein verwirrtes Aussehen verbarg.

Doch wir waren eben erst zum Auto gegangen und wollten gerade einsteigen, da hatte Jim bereits bemerkt, daß etwas ernstlich nicht stimmte. Nachdem er sich auf den Fahrersitz niedergelassen hatte, nahm er mich in den Arm und fragte sanft: „Liebling, was ist denn bloß los mit dir?"

Da ich beim Berichten sofort in Tränen ausbrach, konnte ich mich kaum verständlich machen. Meine ganze Welt war in sich zusammengestürzt. Ich hatte nun schon viele Tage in großer Verzweiflung zugebracht.

Ich hatte bei Jim eine ähnliche Bestürzung wie bei mir erwartet. So kam seine Reaktion für mich völlig überraschend. „Das ist ja wunderbar!" rief er aus. „Laß uns sofort heiraten!" Es klang gerade so, als hätte er sich diese Entwicklung der Ereignisse erhofft.

Ich war so erleichtert, als sei mir ein riesiger Stein vom Herzen gefallen. Und während ich mir noch die Tränen trocknete, entwikkelten wir bereits überglücklich Ideen für unsere Hochzeit. Wir kannten beide jene kleine Kapelle beim Forsthaus von Brookdale, durch die ein sprudelndes Bächlein fließt. Sie bot Platz für etwa fünfzig Personen. So war sie für eine bescheidene, nette Feierlichkeit nur im Kreise unserer Familien genau das richtige.

Bevor Jim mich zum Essen ausführte, fuhren wir gleich noch nach Brookdale. Hier konnten wir die kleine Kapelle, an die wir beide uns erinnert hatten, gleich genauer auskundschaften und sie für Mitte April reservieren. Bis dahin waren es gerade noch gut drei Wochen.

Wie vollkommen hier alles war! Das malerische Gebäude aus rauhem Zedernholz mit dem kleinen Holzkreuz auf dem Dach befand sich nicht weit vom Forsthaus entfernt inmitten eines Pinienwäldchens: es wirkte fast idyllisch. Hand in Hand inspizierten Jim und ich den bezaubernden Innenraum mit seiner ländlichen Ausstattung. Ein echter Felsbrocken, durch den der kleine Bach sprudelte, bildete gleichzeitig den Altar und einen Teil der Vorderfront dieses einzigartigen Bauwerks.

Voller Ernst probten wir unsere Rollen. Feierlich schritt ich durch das kurze Mittelschiff auf Jim zu, der vorne mit nüchternem Gesichtsausdruck auf mich wartete. Doch nur zu schnell verloren wir die Fassung und brachen in helles Gelächter aus. Wir fielen einander in die Arme, als wenn es auf der ganzen Welt kein einziges Problem mehr für uns gäbe. Der Kummer der vergangenen Wochen schien vollkommen weggewischt. Nur, daß die größte Schwierigkeit noch vor uns lag! Wie schwierig, das konnte ich allerdings nicht ahnen. Wir mußten es meinen Eltern beibringen. Beide waren wir darin übereingekommen, daß es wohl besser sein würde, wenn ich ihnen die Neuigkeit allein überbrachte. Ich wußte, daß sie sich gegen unsere Ehe sträuben würden, aber ich verließ mich darauf, daß mein Vater – wie so oft – nachgab und einwilligte. Und überhaupt, ich war einundzwanzig Jahre alt.

Doch ich hatte mich verkalkuliert. Denn ich hatte vergessen, daß einer meiner Brüder sich gerade mitten im Scheidungsprozeß befand als unmittelbare Folge der Probleme einer Mischehe.

24

Wir hatten in großer Eile gegessen, damit ich frühzeitig genug zu Hause war, um meine ganze Familie versammelt vorzufinden. Dort saßen sie denn auch gemeinsam am Tisch, um noch ein spätes Mahl einzunehmen. Ich nahm meinen ganzen Mut zusammen, stellte mich vor meinen Vater und überbrachte die frohe Neuigkeit: „Jim und ich werden in drei Wochen heiraten!"

Abrupt legte mein Vater seine Gabel auf den Tisch; er erstickte beinahe an dem Bissen, den er gerade im Mund hatte. Mehrere Minuten lang starrte er mich nur an. Ich beobachtete, wie sein Gesicht sich erst weiß, dann rot verfärbte, bis er mich schließlich ärgerlich anfuhr: „Tochter, ich kann mir nicht vorstellen, daß du einfach losrennen und jemanden heiraten willst, der nicht zu unserer Kirche gehört, wo du doch mit ansehen mußt, was dein Bruder genau aus diesem Grunde gerade durchmacht! Hast du denn deinen Verstand verloren?"

Jetzt ärgerte ich mich auch. „Vati", sagte ich mit großer Festigkeit, „es ist Unrecht, ein Kind auf die Welt zu bringen, das keinen Vater hat."

Wie vor den Kopf geschlagen, so als hätte er meine Bemerkung nicht richtig verstanden, brach es aus ihm hervor: „Was?"

„Du hast mich schon richtig verstanden", antwortete ich ruhig.

Er warf seine Serviette auf den Tisch, erhob sich hastig und verließ den Raum. Die anderen blickten einander eine Weile unschlüssig an, rutschten auf ihren Stühlen hin und her und verließen dann einer nach dem anderen das Zimmer; sie ließen mich ganz allein dort stehen. Weil ich nicht wußte, was ich nun tun sollte, ging auch ich in mein Zimmer, legte mich auf mein Bett und versuchte, den unerwarteten Gang der Ereignisse einzuordnen. Die Tränen, die ich zu frühzeitig getrocknet hatte, brachen wieder hervor.

Weil meine Mutter nicht wußte, an wen sie sich wenden sollte, suchte sie sofort meinen Bruder auf, dessen Ehe so fehlgeschlagen war. Nachdem sie ihm meine notvolle Situation geschildert hatte, fand sich meine Mutter – gewöhnlich die Ruhige, von Gefühlen Unabhängige, Ausgeglichene – schluchzend in den Armen meines Bruders wieder.

Als sie endlich zurückgekehrt war, kam sie geradewegs in mein Zimmer und bat mich, mit ihr einen Spaziergang zu machen. Ich war zwar ziemlich durcheinander, wußte aber, daß es für sie unmöglich sein würde, hier etwas mit mir ruhig unter vier Augen zu besprechen. Zu sehr war sie daran gewöhnt, ohne Widerrede befehlen und fordern zu können. Doch unter dem Schutz der Dunkelheit der hereinbrechenden Nacht würde sie freier sein, um das auszudrücken, was sie bewegte.

Während dieses Spaziergangs sprach meine Mutter lange und ernsthaft mit mir. Das einzige, an das ich mich noch genau, Wort für Wort, erinnern kann, war ein Satz, der mir sehr lange Zeit im Gedächtnis haftenblieb und ständig wiederkehren sollte. „Die Schatten weichen niemals von einem Heim, das auf einer Mischehe gegründet ist", wiederholte sie mehrmals mit feierlichem Ernst. In den darauffolgenden Jahren, als ein Problem nach dem anderen auftrat und Krise auf Krise folgte, kamen diese Worte mir immer wieder in den Sinn und riefen in mir eine merkwürdige Ahnung und Ungewißheit hervor.

Aufgrund dieses Gespräches wurden mir zwei Dinge schmerzlich bewußt. Meine Mutter war sicher, wenn ich Jim heiratete, würde diese Ehe nicht von Dauer sein. „Denn immer, wenn man heiraten muß", erklärte sie eindringlich, „wird der Ehemann das einem immer wieder vorhalten. Er wird sagen: ‚Nun, ich mußte dich ja heiraten. Schließlich konnte ich nicht anders.'" Außerdem wurde deutlich, daß sie die ganze Schuld an meiner Schwangerschaft Jim gab.

Meine Eltern sorgten dafür, daß am nächsten Abend unser Pastor zu uns kam und mich beriet. Alle drei stimmten vollkommen darin überein, daß ich niemanden heiraten sollte, der nicht zu unserer Kirche gehörte. Ihre wohldurchdachte Meinung und ihr Rat liefen darauf hinaus, daß ich zu einer meiner älteren Schwestern ziehen, das Kind bei ihr zur Welt bringen und es dann zur Adoption freigeben sollte. Danach könnte ich ein College besuchen und versuchen, die Scherben meines Lebens zusammenzusammeln und noch einmal von vorne zu beginnen.

Einer meiner Brüder bedrängte mich, das Baby abtreiben zu lassen. Obgleich ein solches Unternehmen zu der Zeit noch illegal war, versprach er mir, einen Arzt zu besorgen, der den ganzen Eingriff ohne Komplikationen durchführen könnte.

Meine Freunde an der Arbeitsstelle rieten mir: „Nun mach' schon und heirate ihn! Du liebst ihn doch, oder?"

Mein Vater, ein anderer Bruder und eine Schwester zitierten mir immer wieder aus der Bibel: „Ziehet nicht am fremden Joch mit den Ungläubigen!"

Nachdem mich schließlich alle meine Bekannten mit ihren einander widersprechenden Meinungen, Warnungen und Ratschlägen überschüttet hatten, war ich dermaßen durcheinander, daß ich weder aus noch ein wußte. Zu Hause sprach niemand mehr mit mir. Vati wandte sich schweigend ab, und Mutter schüttelte den Kopf, seufzte und schnalzte mit der Zunge, wenn sie mir begegnete. Mein Vater hatte schon mehr als deutlich durchblicken lassen, daß er bei einer Ehe mit Jim seine Zustimmung verweigern würde. Das Gefühl, von meiner Familie vollkommen abgelehnt zu werden, war beinahe mehr, als ich ertragen konnte.

Wieso hatten Jim und ich uns nur alles so einfach vorgestellt? Eine Ehe mit Jim? Ein solcher Schritt erschien mir nun völlig undurchführbar. Meine Furcht, einen tragischen Fehler zu begehen, war so groß, daß ich mich schließlich entschloß, Jim nicht zu heiraten.

Jim befand sich gerade auf einer Tagung in Los Angeles; gespannt zählte er die Tage bis zu unserer Hochzeit und hatte absolut keine Ahnung von dem Alptraum, den ich zur Zeit durchlebte. Er hatte bereits vielen von unserer bevorstehenden Hochzeit erzählt, Glückwünsche entgegengenommen und mit seinen Kameraden gefeiert, hatte unsere Flitterwochen in Nassau arrangiert und auch nicht den geringsten Gedanken daran verschwendet, daß unsere Pläne zusammenbrechen könnten. Als mein Telefonanruf ihn mitten aus einer Konferenz herausrief, war er deshalb vollkommen unvorbereitet auf meine Nachricht.

Ich wagte es nicht, ihm Einzelheiten zu nennen oder Gründe anzugeben, weil ich sicher war, daß ich damit nicht durchkommen würde. Deshalb hatte ich beschlossen, ihm die Neuigkeit kurz und bündig zu übermitteln. „Jim, ich bin zu dem Entschluß gekommen, daß ich dich letzten Endes doch nicht heiraten kann", sagte ich schnell, bevor mein ganzer Mut mich verließ.

„Mary", er rang hörbar nach Luft, „das kapiere ich nicht! Was ist denn passiert?"

„Ich kann einfach nicht mehr darüber sprechen, Jim!" Mir kamen die Tränen, und ich schluckte heftig, um den quälenden

Kloß loszuwerden, der mir die Kehle zuschnürte. „Ich ziehe am Montag zu Hause aus."

Zu betäubt, um noch irgend etwas zu sagen, verabschiedete Jim sich und hängte ein. Eine Flut von Tränen überwältigte mich, und stundenlang weinte ich. Ich fing an, mir den Tod zu wünschen. Tatsächlich erschien mein zerstörtes Leben mir wertlos, und der Tod, so dachte ich, würde mir die ersehnte Erleichterung bringen.

Am nächsten Tag unternahm Jim eine übereilte Reise nach San Jose und übernachtete bei seinen Eltern. Anstatt bei mir vorbeizukommen, rief er lediglich an. „Mary", begann er mit trauriger Stimme, „ich kann es einfach nicht glauben, daß du ernst gemeint hast, was du da gestern gesagt hast." Seine Stimme klang leer und zerbrochen, und ich wußte, daß er litt.

Während mein Herz sagte: „Jim, bitte komm vorbei und nimm mich in deine Arme und sag mir, daß alles gut wird!", hörte ich mich selbst antworten: „Jim, ich kann dich eben nicht heiraten. Ich habe gemerkt, daß das nicht gut enden würde."

Ich wußte ganz sicher, daß ich meine Meinung ändern würde, sobald er vorbeikam, oder daß ich schwach werden würde, wenn er weiter versuchte, mich zu überreden. Aber er tat es nicht. Obgleich er sehr niedergeschlagen war, wollte er mir die Freiheit lassen, meine eigene Entscheidung zu treffen, ohne daß er Druck auf mich ausübte.

Nachdem ich den Hörer aufgelegt hatte, brachen die Tränen, die sich bereits zu meinen ständigen Begleitern entwickelt hatten, wieder hervor. Ich stellte mir die Frage, ob er mich wohl jemals wieder anrufen würde. Und wie konnte er seinen Arbeitskameraden gegenübertreten, da er jetzt ohne die Frau zurückkehrte, von der er so froh erzählt hatte?

Der Montag kam, und Jim fuhr allein nach Nassau. Ich dagegen flog nach Norden in eine kleine Stadt in der Nähe von Seattle, Washington, wo eine meiner Schwestern wohnte. Die nächsten Monate waren furchtbar. Ich weinte Tag und Nacht, betete immer wieder, unternahm lange, einsame Spaziergänge im nahegelegenen Wald und fragte mich ständig neu, was die Zukunft mir wohl noch zu bieten hatte, von dem kleinen Kind, das in mir wuchs, ganz zu schweigen.

Jeden Abend, wenn die Familie meiner Schwester schon zu Bett gegangen war, saß ich noch stundenlang am Kamin, starrte in die schwelende Asche und sehnte mich in meiner Einsamkeit nach dem einen, den ich mehr liebte als jemals zuvor. Wenn ich schließlich müde in mein Bett gestolpert war, weinte ich mich in den Schlaf und wachte am nächsten Morgen doch nur mit um so größerer Leere und Verzweiflung auf.

Schließlich schrieb ich Jim einen Brief. Ich wußte, daß er nicht die geringste Ahnung hatte, wo ich mich aufhielt, und meine Angehörigen hätten es ihm sicherlich nicht gesagt. Ich hatte nun viele Wochen Zeit gehabt, jeden Teil meines hoffnungslosen Dilemmas genau zu durchdenken; jetzt sah ich mit überwältigender Klarheit das eine: Ich liebte Jim mehr als irgend etwas oder irgend jemanden sonst auf dieser Welt. Wäre dies nicht der Fall, hätte die vergangene Zeit des Wartens mir nicht eine solche Not bereitet, sondern wäre für mich lediglich eine ärgerliche Unterbrechung meiner Karrierepläne gewesen. Ich hätte mein Baby zur Welt gebracht, es Adoptiveltern überlassen, die sich nach einem Kind sehnten, und in aller Stille mein altes Leben wieder aufgenommen.

In meinem Brief schüttete ich Jim mein Herz aus und erzählte ihm, wie sehr ich ihn vermißte und wie leer mir mein Leben in diesen letzten Monaten seit unserer Trennung erschienen war. Ich war mir nicht sicher, ob er mich nach dem Schmerz, den ich ihm durch meine Abweisung zugefügt hatte, überhaupt wiedersehen wollte. Deshalb formulierte ich meine Bitte sehr vorsichtig: Falls er jemals zufällig im Nordwesten sein sollte, würde ich sehr gerne einmal mit ihm sprechen.

Nachdem ich den Brief abgeschickt hatte, hielt ich nun jeden Tag vom Fenster aus Ausschau nach dem Postboten. Doch bevor ich zum Briefkasten stürzte, bereitete ich mich schon vorher jedes Mal neu selbst auf die Enttäuschung vor, den heißersehnten Brief nicht vorzufinden.

Während die Tage sich dahinschleppten und ich an nichts anderes mehr denken konnte, lernte ich in meinem Inneren eine stille Lektion. Ich begann zu verstehen, wie sehr Jim darunter gelitten haben mußte, daß ich den Abbruch unserer Beziehung so herzlos vollzogen hatte. Ich hatte nur an mich selbst gedacht. Aus

Furcht, selber schwach zu werden, hatte ich eine Aussprache abgelehnt; so hatte ich Jim zurückgelassen, ohne ihm mein Verhalten zu erklären. Das hatte ihm ja als herzlose, persönliche Ablehnung erscheinen müssen.

Und noch etwas anderes ging in mir vor. Ich konnte das Problem noch nicht genau in den Griff kriegen, aber es war da, und die Angst, die es hervorrief, ließ mich nicht los. Erst Jahre später sollte ich mich diesem unbestimmten und beunruhigenden Gefühl, das zu dieser Zeit in mir auftrat und wuchs, stellen können und es langsam verstehen. Sein Name war „Schuld".

Die Jahre, die ich infolge eines einzigen unbedachten Vorfalls, der zu Anfang so viel Erfüllung versprochen hatte, gelitten und vertan habe, sind zu zahlreich, um sie aufzuzählen. Die Schuld brachte Angst mit sich. Diese wiederum erweckte in mir Scham, das Gefühl des Abgewiesenwerdens, der Minderwertigkeit, der Furcht, des Versagens und der Depression.

Obgleich es mir wie eine Ewigkeit vorkam, befand sich bereits nach einer Woche der so dringend erwartete Brief im Postkasten. Atemlos riß ich ihn auf und überflog hastig die Zeilen, bis meine Augen an dem einen Satz hängenblieben: „Mary, in zwei Wochen habe ich ein paar Tage frei, und es ist mir gelungen, einen Flug zu arrangieren, um auf einen kurzen Besuch bei Dir vorbeizukommen." Ich ließ mich in den nächsten Sessel sinken und schluchzte vor Erleichterung. Nach einer Weile merkte ich, daß ich den Rest des Briefes ja noch gar nicht richtig gelesen hatte, und ich begann noch einmal von vorne. Dieses Mal analysierte ich sorgfältig jede Äußerung und las in die Worte die ganze Tiefe an Bedeutung hinein, die mir beim ersten Lesen entgangen war. Bevor ich ihn schließlich weglegte, hatte ich den Brief schon ein paarmal gelesen und kannte manche Passagen und Sätze schon auswendig. Und dennoch nahm ich ihn immer wieder hervor, um ihn noch einmal zu lesen, bis ich sogar beschloß, ihn einfach ständig mit mir herumzutragen, um jederzeit leicht darauf zurückgreifen zu können.

Der Tag, an dem Jim mich besuchen wollte, kam. Ich hatte in der vorangegangenen Nacht nicht viel Schlaf gefunden; immer wieder hatte ich mir überlegt, was ich bloß zu Beginn sagen sollte, war meine Eröffnung Wort für Wort durchgegangen und hatte sie von neuem geübt, um nur nichts zu vergessen oder die Betonung nicht auf das falsche Wort zu legen. Dann versuchte ich, mir Jims Aussehen ins Gedächtnis zu rufen, jede Einzelheit seines geliebten Gesichtes und seiner Statur. Übermannte mich doch einmal der Schlaf, so erwachte ich sehr rasch wieder, und alles begann von vorn.

Kaum war das erste Morgengrauen durch meine Vorhänge gedrungen, da sprang ich schon aus dem Bett, machte das Fenster auf und lauschte dem Gesang der Sommervögel, die mit ihrem Lied die Luft erfüllten. Weshalb hatte ich sie bloß zuvor noch nie gehört? Plötzlich fiel mir auf, daß mein eigenes Herz mit Gesang erfüllt und glücklicher und leichter war als in all den vorangegangenen Monaten. Viele Wochen lang war ich Morgen für Morgen träge in meinem Bett liegengeblieben in der Hoffnung, den Tag noch vor mir herschieben zu können und nicht an die Schuld, die Selbstvorwürfe und den Kummer denken zu müssen, die mich plagten. Heute jedoch konnte ich wieder Hoffnung schöpfen, daß mein zerstörtes Leben noch zu flicken war und daß es auch für mich noch Glück geben würde.

Meine Schwester nahm an meiner guten Laune keinen Anteil. Sie schien mir gerade an diesem Tage ungewöhnlich ungeduldig, weil ich die Aufgaben im Haushalt, die sie mir übertragen hatte, ziemlich nachlässig erledigte. Doch all ihr Schimpfen und Drängen hatte bei mir keinen Erfolg. Denn kaum war sie verschwunden, ließ ich mich schon wieder auf den nächsten Stuhl sinken, verfiel zurück in meine Träumerei und starrte in die Luft.

Meine dringendsten Probleme waren im Moment die, was ich anziehen und wie ich mich frisieren sollte und ob Jim mich wohl mögen würde. Da alle meine Kleidungsstücke merklich eng und unbequem geworden waren, mußte ich lange suchen und probieren, bis ich schließlich mein weitestes Kleid auswählte und beschloß – ob es mir nun gefiel oder nicht –, dieses anzuziehen.

Ich konnte mich an kein einziges Wort meiner so sorgfältig geprobten Eröffnung erinnern, als Jim schließlich vor mir stand. Und falls er sich irgendwelche Worte zurechtgelegt hatte, hatte er sie ebenfalls vergessen. So standen wir uns einige Minuten lang gegenüber wie zwei verlegene Kinder, die krampfhaft nach einer passenden Begrüßung füreinander suchten. Schließlich brachte ich etwas hervor: „Jim, ich freue mich, dich zu sehen."

„Danke, Mary", erwiderte er vorsichtig, „ich freue mich auch darüber."

Ziemlich unbehaglich saßen wir einander dann im Eßzimmer gegenüber und versuchten verzweifelt, eine Unterhaltung in Gang zu halten. Während mein Herz die ganze Zeit über fast zersprang, weil es doch die Dinge sagen wollte, die ihm wirklich wichtig waren. Ständig fragte ich mich: „Warum gibt er mir aber auch nicht die geringste Gelegenheit, offen zu sein? Vielleicht hat er mit demselben Problem zu kämpfen. Oder hat er Angst, sich erneut einer niederschmetternden Abfuhr auszusetzen?" Und im Hinterkopf hatte ich noch ständig den Gedanken, daß meine Schwester sich irgendwo im Haus befand und vielleicht sogar von der Küche aus lauschte.

„Jim, wollen wir ein wenig spazierengehen?" schlug ich schließlich vor in der Hoffnung, daß es uns dann leichter fallen würde, miteinander zu sprechen. „Hinter dem Haus ist ein wunderschöner Wald; da führt ein Weg mitten durch wilde Blumen und Farnkräuter."

Als wir erst einmal allein waren, als wir gingen und uns nicht ständig in die Augen schauen mußten, fiel uns das Sprechen tatsächlich leichter, doch immer noch verhielt er sich reserviert. Früher hatten Jim und ich uns anscheinend stets spontan und ohne Vorbehalte austauschen können; nun rang ich verzweifelt darum, diese Offenheit wiederzugewinnen. Doch Jim schien große Furcht davor zu haben, erneut verletzt zu werden.

Am nächsten kamen wir dem Kernproblem an diesem Tag, als wir über das Baby sprachen. Jim legte mir nahe, eine Adoption in Betracht zu ziehen. Ich konnte es einfach nicht glauben, daß es ihm damit ernst war. Sicher meinte er nicht das, was er sagte. Wie konnte er mich sonst darum bitten, ein Leben aufzugeben, das so unauslöschlich mit meinem verbunden war?

Bevor er abreiste, hatten wir uns in nur zwei weiteren Punkten geeinigt, aber immerhin war dies ein Anfang. Gegen meinen Willen hatte Jim mich dazu überredet, einen Rechtsanwalt aufzusuchen. Ich sträubte mich, scheute davor zurück und wehrte mich, aber es wurde deutlich, daß Jim in diesem Punkt nicht nachgeben würde. Also tat ich es. Erst später erkannte ich die Bedeutung dieses Zugeständnisses und die Rolle, die es für unsere Versöhnung spielen sollte. Das wichtigste Resultat bestand für mich im Moment immerhin darin, daß Jim am nächsten Samstag wiederkommen würde, um mit mir über den Verlauf dieses gefürchteten Zusammentreffens zu sprechen.

Ich konnte mich nicht daran erinnern, jemals zuvor einen Rechtsanwalt gesehen zu haben, noch nicht einmal von weitem. Und hätte ich einen gesehen, hätte es mir sicherlich die Sprache verschlagen. Rechtsanwälte hatten irgend etwas an sich, das mir eine wahnsinnige Furcht einflößte. Nun befand ich mich allein in der großen Stadt Seattle und hielt Ausschau nach einem riesigen Bürogebäude, in dem ein Rechtsanwalt ausgerechnet mich erwartete. Als ich den Aufzug betrat, befiel mich ein inneres Zittern, mein Mund wurde trocken, und fast wäre ich umgekehrt. Aber ich wußte, daß ich Jim nicht ins Gesicht sehen könnte, wenn ich das jetzt nicht durchstand.

Ich mußte ein paar Minuten in einem kleinen Vorzimmer warten, in dem eine Sekretärin pflichtbewußt auf der Schreibmaschine herumhämmerte und das Telefon bediente. Dann wurde ich in ein größeres Büro geführt, das mit guten Leder- und Holzmöbeln ausgestattet war. Zu meiner großen Überraschung flößte mir der hochgewachsene, freundlich lächelnde Mann hinter dem Schreibtisch nicht die geringste Furcht ein. Ja wirklich, er begrüßte mich herzlich und schien sich aufrichtig darüber zu freuen, daß ich gekommen war.

Zurückblickend erkenne ich nun, daß das wahllose Herausgreifen gerade dieses Mannes aus dem Branchenverzeichnis kein Zufall war, sondern im Gegenteil zu einem sorgfältigen Plan gehörte, den ich erst Jahre später erkannte. Er schien überhaupt nicht daran interessiert zu sein, auf die rechtlichen Aspekte einer unehelichen Schwangerschaft einzugehen; statt dessen stellte er beharrlich immer wieder Fragen wie: „Lieben Sie Jim? Glauben Sie, daß er Sie liebt? Nun, worin besteht denn dann Ihr Problem? Warum heiraten Sie ihn denn nicht?" Nachdem er mich nahezu eine Stunde lang in ähnlicher Weise ausgefragt und dazu väterlich ermuntert hatte, verließ ich einigermaßen verwirrt sein Büro.

Wenn ich verwirrt war, so war dieser beharrliche Rechtsanwalt es jedenfalls nicht. Umgehend schrieb er einen eindringlichen Brief an Jim, der mit der Frage schloß: „Worauf warten Sie denn eigentlich noch? Daß Ihnen ein Paar Schwingen wachsen?"

Dieser Brief muß auf Jim einen großen Eindruck gemacht haben, denn seine Einstellung zu mir war am darauffolgenden Samstag total verändert. Bevor ich den raschen Lauf der Dinge noch richtig begriffen hatte, befanden wir uns bereits wieder mitten im Plänemachen für unsere Hochzeit, die wir so abrupt aufgegeben hatten.

Bis daß der Tod uns scheidet

„Junge Frau, haben Sie sich das auch gut genug überlegt?" fragte mich der Standesbeamte nüchtern. Irgendwie sah er antiquiert aus.

„Ja, schon viel zu lange", kam sofort meine feste Antwort. Er kniff seine Augen zusammen, mit denen er mich durchdringend anblickte, und fragte nochmals: „Sie wollen wirklich diesen alten Mann heiraten?"

In seinen Augen war ich wohl noch ein Kind. Anscheinend war das Entscheidendste ihm entgangen. „Ja, das will ich!" wiederholte ich ungerührt.

Jetzt wandte er seine durchdringenden Augen Jim zu. Er prüfte ihn sorgfältig von Kopf bis Fuß und sagte schließlich: „Eigentlich sollte ich diese Formulare nicht unterschreiben – aber ich glaube, ich muß es doch tun." Und mit einem unbestreitbaren Widerwillen tat er es.

In den Augen dieses alten Standesbeamten waren wir augenscheinlich ein ungleiches Paar. Obgleich er uns schließlich leicht zuzwinkerte, wußten wir, daß sein Zögern echt war. Aber dieses Mal wankten wir nicht mehr. Wir waren fest entschlossen, uns durch niemanden von unserem Vorhaben abbringen zu lassen. Allerdings wußte auch noch niemand davon.

Das jetzige Ereignis war nur ein schwacher Abklatsch von der hübschen kleinen Zeremonie, die wir ursprünglich geplant hatten. Daß wir überhaupt noch vor siebzehn Uhr das Rathaus erreicht hatten, war schon ein Wunder für sich.

Meine Schwester hatte mich zu der Wohnung einer Freundin gebracht, die etwa sechzig Meilen von ihr entfernt wohnte. Sie war sicher, daß ich meine Meinung noch ändern und innerhalb von einer Woche zurückkommen würde. Was sie allerdings nicht wissen konnte, war, daß Jim und ich fest entschlossen waren, keinen Tag länger zu warten.

Ich war noch gar nicht lange in der Wohnung der Freundin, als Jim schon anrief, um mir genau zu erklären, wann er auf dem Marineflughafen von Sand Point landen würde. Mir blieb kaum noch die Zeit, ein Taxi anzurufen, zum Stützpunkt hinauszufahren und ihn dort abzuholen; dann rasten wir zum nächsten Rathaus.

Atemlos stürzten wir die ausgetretenen Betonstufen hinauf. Es waren nur noch fünfundvierzig Minuten bis Dienstschluß – Jim trug noch seine Fliegeruniform, und keiner von uns beiden hatte bisher Zeit dazu gehabt, die erforderlichen Anträge auszufüllen. Kein Wunder also, daß der Standesbeamte sich seiner Sache nicht ganz sicher war!

Nachdem wir in großer Eile die Formulare unterschrieben hatten, die er uns aushändigte, rannte Jim in die nächste Herrentoilette, um sich umzuziehen, während der Beamte und ich geduldig auf ihn warteten. Keiner von uns beiden riskierte eine weitere Unterhaltung. Ich blieb so weit als möglich von ihm entfernt stehen und vermied es, in seine Richtung zu blicken.

Das Ganze wäre eine schrecklich ernste Angelegenheit geblieben, wenn der Standesbeamte nicht diesen alten Messingspucknapf neben sich stehen gehabt hätte. Ich konnte mich kaum zusammenreißen, als er alle paar Sätze eine Pause einlegte und geräuschvoll von dem ekelhaften Objekt Gebrauch machte. Jim und ich wagten kaum, einander anzusehen, um nicht laut herauszuplatzen.

Schließlich, nach etlichem Stottern und Spucken, erklärte er uns zu Mann und Frau. Wir waren beide außer uns vor Glück, und in unserer Unreife waren wir davon überzeugt, daß unsere Probleme hiermit alle gelöst waren.

Nachdem Jim mich auf dem betriebsamen Seattle-Tacoma-Flughafen zum Abschied geküßt und an Bord meiner Maschine gebracht hatte, konnte ich während des Fluges nach Dayton, Ohio, wo Jim immer noch stationiert war, nur noch von unserem gemeinsamen Leben träumen. Er fuhr sofort zum Marineflughafen, wo er seine Maschine abgestellt hatte, und flog höher und schneller als mein Flugzeug, so daß er mich bei der Landung bereits wieder in Empfang nehmen konnte. Als ich in Dayton ausstieg, küßte er mich wiederum und hieß mich in meiner neuen Heimat willkommen.

Hatte Jims neuer weißer Sportwagen, der vor dem Flughafen auf uns wartete, mich noch beeindruckt, so tat das schmutzige, kleine Kellerapartment, über dessen Türschwelle er mich trug, dies sicher nicht. Doch in den ersten Tagen war dies unwichtig, hatten wir doch uns!

Nachdem wir meine wenigen Habseligkeiten hereingetragen und ausgepackt hatten, fiel mir plötzlich ein, daß meine Eltern ja immer noch nichts von der grundlegenden Veränderung meines Familienstandes wußten. Obgleich ich mir darüber im klaren war, daß wir sie noch an diesem Abend anrufen mußten, griff für einige Momente wieder die alte Furcht nach meinem Herzen, und ich fühlte mich wie ein sich windendes, ungehorsames Kind. Doch dann erinnerte ich mich daran, daß Jim und ich gerade im Begriff standen, miteinander ein neues Leben zu beginnen, und daß diese alte Furcht darin keinen Platz haben durfte. So verwarf ich sie. Außerdem wußte ich, daß wir das einzig Richtige getan hatten, und mein Gewissen war frei. Das Falsche lag in der Vergangenheit, und irgendwie mußten wir darüber hinwegkommen können.

O, wie viele tausend Male habe ich mir gewünscht, alles ließe sich so einfach auslöschen! Ich wußte noch nicht, daß die alte Furcht und Schuld, die mit meinem Leben so eng verwoben waren, sich in eigenartiger Weise und unaustilgbar in einem Winkel meines Innersten eingegraben hatten. Auf die eine oder andere Weise würde ich beständig mit ihnen zu kämpfen haben.

Meine Eltern hatten davon ebensowenig Ahnung; sonst hätten sie sich bestimmt anders verhalten. Doch auch sie waren so sehr in ihren alten Befürchtungen gefangen, daß sie spontan reagierten, ohne ihr Verhalten begründen zu können.

So ist es nicht verwunderlich, daß sie meinen Anruf alles andere als freudig aufnahmen. Sie waren schockiert und verletzt, und wenn ich mich auch nicht mehr genau an ihre Worte erinnern kann, weiß ich noch genau, mit welch heftiger Enttäuschung ich darauf reagierte. Wieder einmal hatte ich auf ihre Unterstützung gehofft; statt dessen legte ich auf und blieb mit einem erstarrten und leeren Gefühl zurück.

Jim, der neben mir auf dem Sofa lag, erkannte sehr sensibel sofort meine Not, obgleich ich kaum ein Wort darüber verloren hatte. Er sprach mir Trost zu, indem er mir versicherte, alles werde sich bald zum Guten wenden, und bevor wir es recht gemerkt hatten, befanden wir uns tief in einem Gespräch auf einer geistlichen Ebene, zu der wir bisher noch nie vorgedrungen waren. Jim versuchte, mir etwas mitzuteilen, doch ich schien es nicht richtig erfassen zu können. Es lag tiefer als bloß Kirche oder Religion; doch das war alles, was ich kannte. Obgleich erkenntlich war, daß er genau wußte, was er mir verständlich machen wollte, schien er nicht die richtigen Worte dafür finden zu können.

Schließlich griff er nach seiner Brieftasche, blätterte zwischen den Karten und Lizenzen herum und nahm schließlich ein zusammengefaltetes, zerlesenes Blatt Papier heraus. Später erfuhr ich, daß er dieses seit seinem elften Lebensjahr mit sich herumgetragen hatte.

„Mary, ich möchte dir etwas vorlesen, was mir sehr viel bedeutet", sagte er. „Vielleicht kannst du danach besser verstehen, was ich dir sagen möchte." Langsam und sorgfältig faltete er das vergilbte Blatt auseinander, räusperte sich und begann mit großem Ernst zu lesen:

„Während meiner Militärzeit in Indien, in jenen bewegten Zeiten voller Meuterei und Mord, befand sich in meinem Regiment ein kleiner Hornist, der für das heikle Leben, das ihm aufgetragen, zu schwach war. Aber er war im Regiment zur Welt gekommen. Sein Vater fiel an der Front, und seine Mutter zerbrach daran und starb. Nach dem Tod seiner Mutter wurde sein Leben durch den spitzen Spott und die unflätigen Scherze der Männer in seinem Regiment zu einer einzigen Qual für ihn.

Als der kleine Willie Holt vierzehn Jahre alt war, zeltete sein Regiment eines Tages zu Wehrübungen einige Meilen vom eigentlichen Lager entfernt. Ich hatte den Burschen eigentlich zurücklassen wollen, aber mein Vorgesetzter bat inständig darum, ihn doch mitnehmen zu dürfen. ‚Es liegt Unfug in der Luft, Colonel', sagte er. ‚Und obgleich sie den Jungen so grob behandeln, zeigt er es ihnen durch seinen Mut und seine Geduld. Denn der Junge ist ein Heiliger, Sir. Er ist wirklich einer.'

Zu diesem Zeitpunkt war mir ein recht ungehobelter Haufen von Rekruten unterstellt. Wir waren noch keine vierzehn Tage fort, als mir bereits mehrere Verstöße gemeldet worden waren. Ich hatte mir geschworen, beim nächsten Vergehen dadurch ein Exempel zu statuieren, daß ich den Schuldigen auspeitschen ließ.

Eines Nachts wurden die Schießscheiben heruntergerissen und

zerstört. Meine Nachforschungen führten mich zu den Bewohnern genau des Zeltes, in dem Willie Holt untergebracht war.

Vergeblich appellierte ich an sie, den Mann herauszugeben, und schließlich sagte ich: ‚Wenn irgendeiner von euch, der letzte Nacht in Zelt Nummer vier geschlafen hat, vortritt und seine Bestrafung mannhaft auf sich nimmt, wird der Rest frei ausgehen. Ansonsten bleibt mir nichts anderes übrig, als euch alle zu bestrafen. Dann bekommt jeder der Reihe nach seine zehn Schläge.‘

Mehrere Minuten lang herrschte Totenstille. Dann trat aus der Mitte der Gefangenen, wo er aufgrund seiner schmächtigen Statur überhaupt nicht aufgefallen war, Willie Holt nach vorne. ‚Colonel‘, sagte er, ‚Sie haben uns Ihr Wort darauf gegeben: Wenn irgendeiner von uns, der letzte Nacht in Nummer vier geschlafen hat, vortritt, um seine Strafe auf sich zu nehmen, darf der Rest frei ausgehen. Ich bin bereit, Sir. Kann ich die Schläge bitte jetzt gleich bekommen?‘

Einen Moment lang war ich sprachlos, so gewaltig war meine Überraschung. Doch dann wandte ich mich, wütend vor Ärger und Abscheu, an die übrigen Gefangenen: ‚Ist denn kein wirklicher Mann unter euch? Seid ihr alle solche Feiglinge, daß ihr diesen Burschen für eure Sünden leiden lassen wollt? Denn daß er schuldlos ist – das wißt ihr ja wohl genauso gut wie ich!‘ Doch verdrossen und schweigend standen sie da; kein einziges Wort fiel.

Dann wandte ich mich dem Jungen zu, dessen Blicke auf mich gerichtet waren. Niemals sonst in meinem Leben habe ich mich in einer solch schmerzlichen Situation befunden. Ich wußte, daß ich mein Wort zu halten hatte, und der Junge wußte es auch, als er jetzt wiederholte: ‚Ich bin bereit, Sir!‘

Es zog mir das Herz zusammen, als ich den Befehl aussprach und er zur Ausführung der Strafe abgeführt wurde. Tapfer stand er dann dort mit entblößtem Rücken, als die ersten ein, zwei, drei Schläge auf ihn niederprasselten. Beim vierten entrang sich ein schwaches Stöhnen seinen weißen Lippen; doch noch bevor der fünfte ausgeführt wurde, erhob sich aus der Menge der Gefangenen, die gezwungen wurden, der Szene beizuwohnen, ein heiserer Schrei. Mit einem Satz ergriff Jim Sykes, das schwarze Schaf des Regimentes, die Peitsche und rief mit erstickter Stimme: ‚Hören

Sie auf, Colonel! Hören Sie sofort damit auf! Und binden Sie mich statt dessen fest! Er war es nie und nimmer. Ich hab's getan!' Mit bebendem und schmerzverzerrtem Gesicht schlang er seine Arme um den Jungen.

Obwohl Willie der Ohnmacht nahe war und kaum noch zu sprechen vermochte, richtete er seine Augen auf das Gesicht des Mannes und lächelte – und was für ein Lächeln! ,Nein, Jim', flüsterte er. ,Du bist jetzt frei! Das Wort des Colonels gilt.' Dann sank sein Kopf vornüber auf die Brust; er war ohnmächtig geworden.

Am nächsten Tag suchte ich das Sanitätszelt auf, in dem der Junge im Sterben lag. Der Schock war für seine kleine Kraft zuviel gewesen. Dort lag er, in Kissen gebettet, und an seiner Seite befand sich, halb kniend, halb zusammengekrümmt, Jim Sykes. Ich sah, wie ihm der Schweiß auf der Stirn stand, und immer wieder flüsterte er gebrochen: ,Warum hast du das nur getan, mein Junge? Warum hast du das nur getan?'

,Weil ich es für dich auf mich nehmen wollte, Jim', antwortete Willie sanft mit schwacher Stimme. ,Ich dachte mir, es würde dir vielleicht helfen zu verstehen, weshalb Christus für dich gestorben ist.'

,Christus für mich gestorben?' wiederholte der Mann.

,Ja, er ist für dich gestorben, weil er dich geliebt hat. Ich liebe dich auch, Jim, aber Christus liebt dich noch viel mehr. Ich habe ja nur für eine von deinen Sünden gebüßt, aber Christus hat die Strafe für sämtliche Sünden auf sich genommen, die du jemals begangen hast. Darauf stand die Todesstrafe, Jim, und Christus ist für dich gestorben!'

,Christus will doch mit so einem wie mir nichts zu tun haben, Junge. Ich bin ein schlechter Mensch; das mußt du doch am besten wissen.'

,Aber er ist ja gerade gestorben, um die schlechten Menschen zu retten', antwortete Willie. ,Obwohl du gegen ihn gesündigt hast, liebt er dich so sehr, daß er extra vom Himmel herabgekommen ist, um an deiner Stelle zu leiden und zu sterben; und nun ruft er dich. Er möchte dich von jedem sündigen Fleck reinigen und dich für seine Wiederkunft bereitmachen. Er möchte mit dir in seiner Herrlichkeit zusammen sein. Wie kannst du dich einer solchen Liebe widersetzen wollen? Möchtest du ihn nicht jetzt aufnehmen?'

Dem Jungen versagte die Stimme, aber sanft legte er seine Hand auf den gebeugten Kopf des Mannes.

Kurz darauf nahmen wir ein eigenartiges Leuchten in seinen sterbenden Augen wahr. Mit einem fröhlichen Ausruf breitete er seine Arme aus wie zu einem Willkommensgruß. Ganz allmählich sanken die schwachen Arme nieder. Das Licht in seinen leuchtenden Augen erlosch, und sein Geist ging von der Erde in den Himmel über."

Als er geendet hatte, wußte ich, daß ich eben etwas gehört hatte, was für Jim einen tiefen und großen Wert darstellte. Ich hätte so gerne in der Weise darauf reagiert, die er sich erhoffte, aber die eigentliche Bedeutung entzog sich mir immer noch, und das einzige, was ich zustande brachte, war ein „Wunderschön, Jim, wirklich, das ist wunderschön!" So lagen wir eine Zeitlang schweigend nebeneinander. Jim sehnte sich verzweifelt danach, dasjenige ausdrücken zu können, was beinahe auf einer tieferen Ebene lag als das Leben selbst, vermochte es aber nicht; und ich versuchte vergeblich, in diese Tiefen vorzudringen, stocherte aber lediglich in den Schalen herum, an die ich gewöhnt war.

Es dauerte nicht lange, bis Jim klar wurde, daß ich in dem schmutzigen, feuchten Kellerapartment nicht glücklich werden konnte. Deshalb begannen wir, nach einem kleinen Haus mit Garten zu suchen, das mir besser gefallen würde. In Anbetracht seines niedrigen Einkommens als Captain war dies gar nicht so ganz einfach. Wir fuhren in ganz Dayton herum und inspizierten zahlreiche Häuser, deren Beschreibung uns immer nur so lange zusagte, bis wir sie „in natura" sahen.

Ermüdet vom ergebnislosen Suchen fuhren wir am Ende eines Tages noch zu der letzten Adresse, die wir uns notiert hatten, zu einem Haus, das sich einige Meilen außerhalb der Stadt selbst befand. Ich fühlte mich zu kaputt, um noch weiterzufahren – bis zur Geburt unseres Kindes waren es nur noch knapp zwei Monate. Deshalb bat ich Jim, zu wenden und heimzufahren. Doch als jemand, der nie das Handtuch wirft, konnte er nicht nachgeben. Und wie froh war ich dann, daß er nicht auf mich gehört hatte! Denn als wir in die Einfahrt fuhren, wußten wir beide sofort, daß unsere Suche ein Ende gefunden hatte.

Ein weißer Zaun umrandete das niedliche, anheimelnd wirkende Häuschen, das von riesigen, schönen und schattenspendenden Bäumen und einem geräumigen Garten umgeben war. Entlang des Weges standen noch bunte Blumen in der Blüte, und gemeinsam mit den weiten Wiesen, die sich um das Haus und noch hinter ihm erstreckten, ergab sich ein friedevoller Anblick.

Bevor wir noch das Innere des Hauses gesehen hatten, standen wir schweigend an der Eingangspforte und versuchten, die Ruhe und Schönheit dieses Anblicks vor uns aufzunehmen. Schließlich seufzte Jim, warf mir ein erleichtertes Lächeln zu und sagte: „Nun, das ist es wohl, Mary, oder nicht?" Ich konnte nicht schnell genug zustimmen.

Früh am nächsten Morgen unterzeichnete Jim die Formulare, bezahlte die Miete und traf alle Vorbereitungen für unseren Umzug. Während ich unsere wenigen Habseligkeiten zusammensuchte und einpackte, um fertig zu sein, wenn Jim am Abend nach Dienstschluß mit einem kleinen Lieferwagen vorbeikam, dachte ich nicht im geringsten daran, wie leer selbst ein kleines Haus mit nur zwei Wohnräumen mit unseren persönlichen Einrichtungsgegenständen wirken mußte. Doch in jener ersten Zeit, als es uns noch vollkommen genügte, einander zu haben, machte es uns kaum etwas aus, daß fast alles andere fehlte. Voller Glück begannen wir, uns von Versteigerungen und Trödelmärkten gebrauchte Möbel zusammenzusuchen. Eine Wiege schien dabei das wichtigste zu sein. Sie stand ganz oben auf unserer Liste.

Als das Erntedankfest näher rückte, hatten wir uns in unserem kleinen Heim schon gut eingelebt. Wir hatten ein paar Freundschaften geschlossen und uns für die langen Abende, an denen mir nicht danach zumute war, irgendwo hinzugehen oder sonst etwas zu unternehmen, selbst das Schachspielen beigebracht. So verbrachten wir in der Erwartung unseres Babys zwei Monate ohne besondere Zwischenfälle.

Wir hatten uns so sehr auf unseren ersten gemeinsamen Feiertag gefreut und unseren schmalen Geldbeutel gewaltig überdehnt, um uns zu dieser Feierlichkeit einen kleinen Truthahn und ein paar andere Besonderheiten leisten zu können. Am vorausgehenden Abend bereiteten wir gemeinsam alles vor. Liebevoll und sorgfältig deckten wir unseren Tisch, so vornehm, wie wir es uns in unseren beschränkten Verhältnissen leisten konnten, und gingen voller Vorfreude zu Bett. Das einzige Problem bestand darin, daß unsere Vorfreude in die falsche Richtung ging.

Ich war kaum eingeschlafen, als ich mir eines dumpfen, bohrenden Schmerzes im Rücken bewußt wurde. Ich blieb lange Zeit unbeweglich liegen und versuchte, in den Bereich des Unbewußten zurückzugleiten. Ich hatte mich an diesem Tag sehr angestrengt, und da ich wußte, daß ich mehr gehoben und gearbeitet hatte als sonst, führte ich die Beschwerden darauf zurück.

Doch je länger ich wach lag, desto unerträglicher wurde der Schmerz. Ich begann, leise hin und her zu rutschen, um Jim nicht zu stören, und versuchte, eine Stellung zu finden, in der ich mich entspannen konnte. Doch es gab keine solche Stellung. Meine Unruhe wuchs, bis sich schließlich Jim aufrichtete und halb verschlafen, halb ungeduldig fragte: „Was in aller Welt ist denn mit dir los, Mary? Kannst du nicht, um Himmels willen, einmal still liegenbleiben?"

„Ich weiß nicht, was los ist, Jim", antwortete ich zögernd und inzwischen auch etwas bedrückt. „Ich habe echte Schmerzen. Meinst du – glaubst du – sollen wir   .   .   ."

Bevor ich noch die richtigen Worte fand, um die Erkenntnis, die mir dämmerte, auszudrücken, war Jim schon aus dem Bett gesprungen, knipste das Licht an und kam zu mir gestürzt, als läge ich im Sterben.

„Ist es schon soweit, Mary?" Er blickte mich erschrocken an. „Sind das bereits die Wehen? Dann steh' auf! Laß uns zum Krankenhaus fahren!"

Genau in diesem Moment wurde es auch zum ersten Mal deutlich, daß der schnellste Weg zum Krankenhaus der beste war. Ich wurde buchstäblich weiß vor Schmerzen, ich biß die Zähne zusammen und verzog mein Gesicht zu Grimassen; ich ergriff Jims Arm so heftig, daß er noch mehr Angst bekam.

Wäre ich nicht selbst derartig verstört gewesen, so hätte die ganze Szene mich sicherlich zum Lachen gebracht. Normalerweise war Jim die Ruhe selbst, handelte nur wohlüberlegt und ließ sich durch nichts aufregen; ja, er verlor eigentlich nie die Übersicht, nicht einmal in Notsituationen. Doch diese Situation war etwas anderes, und er konnte keinen Entschluß fassen, was er als erstes anpacken sollte. Ununterbrochen rannte er zwischen den beiden Zimmern hin und her. Schließlich kam es ihm in den Sinn, daß es vielleicht am sinnvollsten sein würde, sich erst einmal anzuziehen. Er war aber dermaßen durcheinander, daß selbst das ihm nicht leichtfiel. Ich hätte schwören können, er wäre noch nie zuvor in diesem Haus gewesen und hätte nicht die geringste Ahnung davon, wo die einzelnen Dinge untergebracht waren. Um ganz alltägliche Gegenstände zu suchen, öffnete er Schublade um Schublade und fand doch nichts.

Von Natur aus bin ich genau das Gegenteil von Jim, bin reizbar, leicht aus der Ruhe zu bringen und gerate beim geringsten Anlaß schnell aus der Fassung. Doch dieses Mal waren die Rollen vertauscht. Und während Jim verzweifelt versuchte, sich zusammenzunehmen und fertigzumachen, zog ich mich in aller Ruhe an, strich das Bett glatt, räumte ein wenig traurig die Vorbereitungen für den Feiertag fort („Hätte dieses Baby denn nicht noch einen Tag länger warten können?"), suchte meinen schon gepackten Koffer und stand dann abwartend an der Tür. Möglicherweise wären wir auf der Fahrt zum Krankenhaus sicherer gewesen, wenn ich am Steuer gesessen hätte, aber davon wollte Jim natürlich nichts wissen.

Die bisher längsten zwölf Stunden meines Lebens verstrichen in diesem Krankenhaus, bevor unser kleines Mädchen auf die Welt kam. Das so lang erwartete Kind, das uns schon Freude und Leid, Ausgelassenheit und Niedergeschlagenheit beschert hatte, wurde von seinem Papa sofort Joy* genannt. Zu diesem Zeitpunkt hätte er sie auch John nennen können. Ich war noch zu schwach, um mich darum zu kümmern. Für Jim hingegen war dies wichtig, und er gab der gehobenen Stimmung seines Herzens und seinen Erwartungen deutlich Ausdruck.

Dieses Kind, das aus unserer Liebe heraus entstanden war und uns doch auch schon in so viel Verzweiflung gestürzt hatte, wurde der Gegenstand von Jims ganzer Freude. Er betete sie an. Wenn Freunde vorbeikamen, ganz gleich, zu welcher Tages- oder Nachtzeit, so ging er ohne Zögern direkt zu ihrer Wiege, hob sie stolz heraus, um sie herumzuzeigen, und reichte sie dann mehr als einmal hilflos mir weiter, wenn sie zu schreien anfing, verärgert über diese plötzliche Ruhestörung.

* „joy" heißt übersetzt „Freude"

44

Unser Baby Joy füllte unsere Herzen und unser Leben gänzlich aus. Jim hatte eine alte, gebrauchte Nähmaschine aufgetrieben. So war ich nun tagtäglich eifrig damit beschäftigt, für Joy zu sorgen und fleißig für sie und mich Kleider zu nähen. Gezwungenermaßen verbrachte Jim seine ganze Freizeit – oft bis spät in die Nacht hinein – mit intensivem Lernen. Der dumme, eisige und schneereiche Winter, den ich normalerweise fürchterlich gehaßt hätte und der mir endlos lang erschienen wäre, verstrich rasch; und die Frühlingsblätter und die ersten Blüten brachen schon hervor, als mir noch gar nicht richtig bewußt geworden war, daß die Jahreszeit gewechselt hatte.

Krise in der Mojave-Wüste

Wenn es im August 1960 schon mit unserem kleinen Sport-wagen ohne Klimaanlage unerträglich war, quer durch die Vereinigten Staaten zu fahren, was muß diese Reise dann erst vor einem Jahrhundert für jene hartgesottenen Pioniere bedeutet haben? Ich fand sehr schnell heraus, daß ich – wenn überhaupt – zu einer solchen Reise sicherlich nicht mehr sehr oft Lust haben würde. Insgeheim wünschte ich mir, Jim hätte als seinen neuen Arbeitsplatz Rom, die Hauptstadt Italiens, auserkoren, als man ihn vor die Wahl stellte. Dorthin hätten wir zumindest fliegen können.

Tatsächlich war es aber so, daß er mich auch nach meiner Meinung gefragt hatte. Weil es sich um eine so schwerwiegende Entscheidung handelte, beschloß ich, besser erst einmal in Ruhe darüber nachzudenken, anstatt gleich impulsiv zu antworten. Jim und ich waren nun bereits zehn Monate miteinander verheiratet, und obgleich ich seine Reaktionen noch nicht mit hundertprozentiger Sicherheit vorhersagen konnte, kam ich nach einem Tag Bedenkzeit doch zu dem Schluß, ihn zumindest schon so gut zu kennen, daß ich mich meiner Meinung besser enthielt. Doch dadurch gestattete ich ihm totale Freiheit, unseren nächsten Aufenthaltsort zu bestimmen.

Für mich lag das Wahlergebnis auf der Hand. Zur Auswahl standen Rom und ausgerechnet der Luftwaffenstützpunkt Edwards in der Mojave-Wüste. „Wer in aller Welt würde sich schon für die Wüste entscheiden?" dachte ich. Aber Jim tat es. Ich wußte, daß ich mich nun nicht darüber beklagen durfte, denn ich hatte ihm schließlich in meiner überzeugenden Art erzählt, mir sei es egal, welchen der beiden Orte er auswählen würde.

Doch je näher wir der Wüste kamen, desto weniger egal war es mir. Das kleine Auto platzte aus den Fugen mit Jim, unserem Baby Joy, mir, unseren Koffern und der ganzen Ausrüstung, die man für ein acht Monate altes Baby braucht. Dazu gehörte auch ein „Thrönchen", das ich zu diesem Zeitpunkt ihres kleinen Lebens unbedingt für erforderlich hielt. Wegwerfwindeln waren damals noch nicht im Gebrauch. Um mich also nicht in unbekannten Autobahnraststätten mit dem Ausspülen von Windeln abquälen zu müssen, saß die arme Joy beinahe während der ganzen Fahrt auf ihrem „Thrönchen". Ich hielt mich für eine vorbildliche Mutter, weil ich mein Baby so frühzeitig trainierte. Doch in Wirklichkeit trainierte ich nur mich selbst und sparte auf der Strecke etwa ein oder zwei Windeln.

Die ganze Angelegenheit, insbesondere mein persönlicher Zustand und mein Wohlbefinden, wurde noch dadurch erschwert, daß ich bereits wieder im dritten Monat schwanger war. Während die Temperatur sich vierzig Grad näherte, sanken meine Energie und meine Laune allmählich auf den Nullpunkt. Über den Sommer in Ohio mit seiner unerträglichen Feuchtigkeit hatte ich mich schon mehr als einmal beklagt, doch nun fing ich allmählich an, mich zu fragen, ob wir nicht ein eigentliches Paradies verließen im Vergleich mit dieser Backofenglut, in die wir nun gerieten.

Die ersten beiden Reisetage waren fürchterlich. Doch dann geschah etwas Eigenartiges, je weiter wir nach Westen gelangten. Die Luft wurde leichter und kühler. Ich konnte wieder tiefer durchatmen und bekam eine neue Vitalität, die mir total unerklärlich war. Angesichts des wenigen Schlafes, den ich in den schwülen, recht feuchten Motelzimmern gefunden hatte, hätte ich vollkommen kaputt sein müssen. Doch nun wurde ich lebendig. Ich nahm Notiz von den herrlichen Bergketten, die voller Pinien, Fichten und Espen waren, und verwies eifrig auf einen sprudelnden Strom, der hier und dort über Felsen sprang und in der schillernden Sonne glitzerte. Der Himmel selbst zeigte das tiefste Blau, das ich je in meinem Leben gesehen hatte.

Nachdem ich einige Meilen lang über die Sache nachgedacht hatte, voller Freude über meine veränderte Einstellung und meine gehobene Stimmung, machte ich Jim darauf aufmerksam. Ich muß gestehen, daß ich überhaupt nicht zu ihm durchdrang. Ein paarmal wiederholte ich noch meine Aussage, wurde jedoch schließlich durch Jims verärgerte Reaktion zum Schweigen gebracht. „Mary, siehst du denn nicht, daß ich genug Probleme damit habe, auf diesen holprigen Serpentinen zu bleiben? Diese Kurven machen mich noch einmal fertig!" knurrte er. – „Stell' dir nur mal die Straße vor, wenn man sie begradigen würde!" antwortete ich, und meine freundliche Reaktion überraschte mich selbst.

Unser nächster Halt war Manitou Springs am Fuße des Pikes Peak, etwa acht Meilen entfernt von Colorado Springs. Nachdem wir in dem malerischen kleinen Kurort ein Motel ausfindig gemacht hatten, nahmen wir ein herzhaftes „Westernmahl" zu uns. Wir traten gerade rechtzeitig aus dem Restaurant, um über dem „Garden of the Gods" (Garten der Götter) einen wundervollen Sonnenuntergang mitzubekommen. Wir beide waren vollkommen gebannt, wie wir die karmesinrote Sonne so hinter jenen beeindruckenden rötlichen Felsformationen verschwinden sahen, die in der ganzen Welt bekannt sind. Ich erinnere mich noch genau daran, daß ich zu Jim sagte, als wir noch so staunend dastanden: „In dieser Gegend möchte ich einmal wohnen!"

Nach einer Weile, so, als hätte er darum gerungen, sich an ein längst vergessenes Erlebnis zu erinnern, antwortete Jim. „Weißt du", begann er nachdenklich, „das ist heute das erste Mal, daß ich wieder daran denke – wieviel ist doch seither geschehen. Als nämlich meine Mutter und ich von Salt Lake City nach Annapolis fuhren, wo ich eine neue Aufgabe übernehmen sollte, haben wir hier in Colorado Springs übernachtet. Es war die wunderbarste Stadt, die ich je gesehen hatte. Ich erinnere mich noch daran, daß ich mir damals selber schwor: ‚Wenn du je die Gelegenheit dazu bekommst, dann ziehst du nach Colorado Springs!'" Schweigend legte ich meine Hand in die seine; er drückte sie und sagte lächelnd: „Vielleicht wird es ja eines Tages wahr!"

Nur die hereinbrechende Dunkelheit und Joys ungeduldiges Schreien konnten uns schließlich dazu bewegen, in unser Motelzimmer zurückzukehren. In der kühlen Atmosphäre der Rocky Mountains verbrachten wir eine erholsame Nacht. Früh am nächsten Morgen fuhren wir weiter nach Salt Lake City, wo Jim seine High-School-Zeit verbracht hatte.

Jim hatte mir schon viel über diese Stadt erzählt, über seine High School, über die Firma Makoff, bei der er gearbeitet hat, und über die Familie Woods, die ihm während seiner Schulzeit geholfen hatte. Auch über den Brief, den Mr. Makoff seinetwegen an Senator Elbert D. Thomas geschrieben hatte und der für seine Anstellung in Annapolis von großer Bedeutung war, und über die vielen anderen Dinge, mit denen ihn liebe Erinnerungen verbanden. Ich freute mich sehr darauf, nun selbst einiges aus Jims Kinder- und Jugendzeit kennenzulernen.

Einen Tag und zwei Nächte blieben wir in Salt Lake City; es war ein kurzer, aber schöner Aufenthalt. Dann begaben wir uns fröhlich auf die Fahrt nach College Place, Washington, wo ich meine Schulzeit verbracht hatte. Von dort aus ging es nach San Jose, wo aufgeregte Eltern gespannt darauf warteten, ihr Enkelkind kennenzulernen, das noch vor wenigen Monaten für so viel Bestürzung gesorgt hatte.

Unsere Aufregung, aber auch unsere Vorfreude wuchsen, während wir uns der kalifornischen Küste näherten. Durch die vielen Aktivitäten, die ein Baby im Haus hervorruft, war ein Großteil der Schmerzen und der Bitterkeit des letzten Jahres verschwunden. Regelmäßige Briefe hatten die Großeltern über die wichtigen Details von Joys Leben auf dem laufenden gehalten – über ihr erstes Lächeln, ihr erstes selbständiges Sitzen, ihr erstes Sich-Hochhangeln –, über all die zahllosen Kleinigkeiten einer völlig normalen Entwicklung, die für uns unerfahrene Eltern von so großer Bedeutung waren.

Doch die Briefe hatten nur nicht jenen empfindlichen Nerv getroffen, der zu den tiefen Wunden führte, die wir uns während der langen Monate der Unentschlossenheit zugefügt hatten. Ich war so dumm zu glauben, daß jene unglückseligen Erinnerungen dadurch, daß man sie verdrängt hatte, auch geheilt wären. Erst Jahre später lernte ich, daß das Heilen schmerzlicher Episoden sich nicht durch deren Ignorieren und Vergessen vollzieht. Es kommt immer eine Zeit der Abrechnung, wenn all der „Abfall", der so sorgfältig in die Vergeßlichkeit hinabgestoßen worden ist, wieder ausgegraben und der ganze Schmerz noch einmal durchlitten wird.

Ich war noch viel zu jung und zu unreif, um mich mit tieferliegenden Vorgängen ernsthaft auseinanderzusetzen. So hoffte und betete ich leidenschaftlich, daß niemand weiter nachfragen würde als bis zu jenem Zeitpunkt vor acht Monaten, als Joy zur Welt kam. Ich selbst würde sicherlich nicht weiter gehen. Wenn es uns nur gelang, oberflächlich zu bleiben und einen günstigen Zeitpunkt abzupassen, so war ich sicher, daß unsere vergangenen Verfehlungen durch unsere zukünftigen Erfolge ausgelöscht werden würden. Welche Seligkeit liegt in der Unwissenheit! Ich rechnete nur mit Erfolgen, niemals mit weniger.

So stellte diese Zeit bei unseren Familien für meine Begriffe einen überwältigenden Erfolg dar. Wir sprachen nur über angenehme Dinge, lachten, freuten uns des Lebens, besuchten Verwandte und Freunde und verbrachten ein paar wundervolle Tage am Strand. Bald war alles vorüber, und wir fuhren weiter und kamen der unbarmherzigen Wüstensonne immer näher.

Die Mojave-Wüste im August kann man nicht beschreiben. Ebensowenig kann man sie ertragen, zumindest ohne Klimaanlage. Ich war inzwischen beinahe im vierten Monat schwanger; so war ich mir nicht sicher, ob wir es überhaupt noch bis Edwards schaffen würden. Je näher wir dem Ort kamen, desto heißer wurde es.

Die Temperatur betrug inzwischen fünfundvierzig Grad, und ich hing geschwächt und schlaff auf meinem Beifahrersitz und bemühte mich, mich nicht zu beklagen. Doch schließlich, vollkommen erbittert und kaum mehr in der Lage zu atmen, fuhr ich Jim wütend an: „Warum in aller Welt hast du nur an diesen furchtbaren Ort gewollt?"

Ich kann mich nicht mehr an Jims Antwort erinnern, wenn er überhaupt etwas gesagt hat. Ehrlich gesagt, war selbst das egal. Denn alles, was ich sehen konnte, waren dürre Hügel, flache, ausgetrocknete Seen, Kakteen, Gestrüpp und ein paar hager aussehende Kaktus-Bäume, von denen ich später erfuhr, daß man sie Josua-Bäume nennt. Verschiedene Leute hatten mir von der verborgenen Schönheit der Wüste erzählt, daß ich sie kennen- und liebenlernen würde. Vielleicht reichen fünf Jahre dazu nicht aus. Denn ich habe weder diese Schönheit gesehen noch sie jemals liebengelernt. Bis zum heutigen Tag kann ich übermäßige Hitze und dürre, baumlose Landschaften nicht ertragen.

So schnell wie möglich flohen wir aus der Hitze in ein belüftetes Büro. Dort erfuhren wir die Adresse der uns zugewiesenen Wohnung. Kaum dort angelangt, stellten wir die Klimaanlage auf volle Touren und fielen vor Erschöpfung buchstäblich in Ohnmacht. Ich zumindest tat es wirklich.

Vorübergehend wurden wir, wie jeder, der neu zum Personal in Edwards stößt, in der „Wüsten-Villa" untergebracht, einer motelartigen Unterkunft mit Flachdach und Stuckverzierung, in der Kochgelegenheit besteht. Es war mir wirklich vollkommen gleichgültig, wie klein, dürr und beengend hier alles war. Das einzige, was mich interessierte, war, dieser unerträglichen Hitze zu entkommen. So verließ ich eine ganze Woche lang nicht mehr unser kleines Zimmer, bis unsere ständige Wohnungssuche endlich Erfolg hatte und wir in ein recht hübsches, älteres Haus auf dem Stützpunktgelände umziehen konnten – natürlich mit Klimaanlage ausgestattet.

Mein einziger Einwand gegen dieses Haus bezog sich, wenn ich mich recht erinnere, auf den gräßlichen roten Kachelfußboden im ganzen Haus. Man sah darauf deutlich jeden Fußabdruck, so daß ich täglich putzen mußte. Die Luftwaffe muß mit dem Erwerb dieser Kacheln einen günstigen Einkauf getätigt haben, denn alle Häuser in diesem Gebiet rühmten sich der gleichen roten Fußböden.

Die Erinnerung an die Ereignisse der nächsten zehn Monate ist recht blaß. Ganz klar fällt mir aus dieser Zeit nur noch ein Vorkommnis ein: Am 22. Februar 1961 wurde unsere zweite Tochter, Jill, geboren.

Bis zu diesem Zeitpunkt hatte ich noch gar nicht daran gedacht, mich um eine Haushaltshilfe zu kümmern. Doch Jims Terminkalender war dermaßen voll, daß er niemals Joy versorgen konnte, wenn ich im Krankenhaus lag. Wir konnten uns aber auch keine Kinderschwester leisten. So bestieg Jims Vater, Papa Irwin, der einzige erreichbare Verwandte, der abkömmlich war, sofort einen Bus, als Jim ihn vom Krankenhaus aus anrief, und traf noch vor Jills Geburt bei uns ein. Trotz seiner sechsundfünfzig Jahre übernahm dieser liebe alte Mann den Haushalt, kümmerte sich zärtlich um ein lebhaftes, fünfzehn Monate altes Krabbelkind und sah auch noch nach mir.

„Vernarrtheit" wäre wohl der treffendste Ausdruck für die besorgte Zuwendung, die der Großvater für seine kleine Joy aufbrachte. Ich muß immer noch lächeln bei dem Gedanken an die detaillierten Anweisungen, die er mir darüber gab, was Joy mochte und was nicht, mit welchen Nachbarskindern sie nicht so viel spielen sollte und, was ich am lustigsten fand, weshalb er eigentlich ganz vertraute Gegenstände umgeräumt hatte und wo ich sie wiederfinden würde.

Die „Wochenbett-Depressionen", die ich bei Joys Geburt nur schwach mitgemacht hatte, setzten dieses Mal etwa drei Wochen nach Jills Geburt ein und dauerten monatelang. Wäre ich älter und erfahrener gewesen, wäre ich meinen Gefühlen vielleicht auf den Grund gegangen und hätte festgestellt, daß das eigentliche Problem gar nicht die Wochenbett-Depressionen waren.

In Wirklichkeit nährte und pflegte ich eine kleine Wurzel der Verärgerung und der Bitterkeit. Es gibt bestimmte Gesetze, deren Bruch gewisse Konsequenzen nach sich zieht. Eines davon besagt, daß die Saat, die wir ausstreuen, die Ernte bestimmt, die wir einholen. Offensichtlich glaubte ich nicht an ein solches Gesetz, denn ich streute weiterhin schlechte Saat aus. Das Faszinierende daran war, daß ich nie begreifen konnte, weshalb meine Ernte zusehends schlechter wurde.

Jim verließ zwangsweise jeden Morgen früh und in großer Eile das Haus und blieb dann den ganzen Tag fort. Abends schaute er nur kurz herein, um das Essen zu sich zu nehmen, und stürzte dann an seinen Schreibtisch, wo er bis spät in die Nacht hinein studierte. An den Wochenenden übernahm er privat Flugschüler. Weil ich durch die zwei kleinen Kinder und durch die nie endenwollende Hausarbeit gebunden war, fand ich mich schließlich auf einer total anderen Frequenz wieder als Jim – oder besser gesagt: ich war aus seiner Frequenz ausgeschaltet. Daß unser Austausch abnahm und unser Schweigen wuchs, waren die natürlichen Folgen. Mit großer Festigkeit begab ich mich auf einen Selbstmitleidstrip und begann, mich wie ein Tier in der Falle zu fühlen. Ich suchte ständig nach Möglichkeiten, meine trübsinnige Laune zu rechtfertigen.

Eigenartigerweise stellten sich gleichzeitig Schuldgefühle ein. Denn bei den wenigen Gelegenheiten, an denen ich es mir gestattete, ehrlich nachzudenken, erkannte ich, daß Jim ja nur tat, was er tun mußte, um vorwärtszukommen. Er war auch nicht glücklicher darüber als ich, daß das Studieren ihn derartig in Anspruch nahm und ein normales Zusammenleben unmöglich machte – was auch immer man als normal bezeichnen will. In jenen Momenten wußte ich genau, daß meine Denkweise egoistisch war und meine kindische Einstellung unnötigen Druck auf ihn ausübte. Dann fühlte ich mich schuldig – und doch wiederum nicht so schuldig, daß ich mich änderte. Über längere Zeiträume wurde ich mürrisch, in mich gekehrt und depressiv. Und Jim war beinahe zu beschäftigt, um das überhaupt wahrzunehmen.

Jim hatte gerade seine Ausbildung als Testpilot abgeschlossen, als unser Leben auf unerwartete Weise drastisch verändert wurde. Zu diesem Zeitpunkt hatten wir gerade einen Gast im Hause – einen gewissen Harold Chapman, der angeblich nur einen freundschaftlichen Besuch bei uns machte. Ich mußte jedoch immer wieder feststellen, daß Jim und er sich in tiefen, mir geheimnisvoll erscheinenden Gesprächen befanden. Denn immer, wenn ich in ihre Nähe kam, hatte es den Anschein, daß sie innehielten, mir zulächelten und warteten, bis mich irgend etwas abrief. In Anbetracht der zwei kleinen Kinder hatten sie da nie lange zu warten. Hin und wieder schnappte ich ein paar Worte auf, doch es war nie genug, um zu begreifen, weshalb Chappie – wie wir ihn inzwischen nannten – recht unerwartet bei uns aufgetaucht war.

Jim hatte einen neuen Flugschüler namens Sam Wyman übernommen und hatte es sich zur Angewohnheit gemacht, samstags und sonntags bei Morgengrauen mit ihm aufzusteigen, bevor Wind aufkam.

Nachdem ich an jenem Sonntagmorgen im Juni das Frühstück für die Kinder, Chappie und mich vorbereitet hatte, lief ich vor dem Auftragen noch schnell hinaus, um den Rasensprenger einzuschalten und mit dem alltäglichen Bewässern zu beginnen, bevor sich der übliche Morgenwind erhob. Während ich noch zusah, wie das Wasser vergnügt aus dem sich drehenden Sprengkopf herausschoß, bog ein unheilvoll wirkender Streifenwagen in unsere Auffahrt ein. Unheilvoll in dem Sinne, als so etwas gewöhnlich nur vorkommt, wenn irgend etwas Schlimmes passiert ist. „Am Sonntagmorgen? Und vor acht Uhr?" Innerlich ergriff mich Panik. Die beiden Männer, die nun rasch auf mich zukamen, hatten einen extrem grimmigen Gesichtsausdruck.

„Sie sind Frau Irwin?"

„Ja", erwiderte ich nervös. „Was ist denn los?"

„Ihr Mann wurde in einen Unfall verwickelt", sagte einer von ihnen und fügte dann noch rasch hinzu: „Wir vermuten, daß er sich ein Bein gebrochen hat. Es wäre vielleicht besser, wenn Sie mit uns mitkommen."

Ich rang nach Atem; dann stürzte ich ins Haus und bat Chappie, die beiden Mädchen zu füttern und sich um sie zu kümmern. Freundschaftlicher Besuch oder nicht – jetzt war ich jedenfalls sehr dankbar für seine Anwesenheit. Während ich nach meiner Handtasche suchte, kam mir ungebeten der amüsante Ausspruch einer meiner Schwestern in den Sinn: „Eine Frau ohne Handtasche ist wie ein Krieger ohne Rüstung." Ich verstand ihn besser als je zuvor. Obgleich diese Tasche nichts enthielt, was ich auf dieser Fahrt gebrauchen konnte, hätte ich nicht ohne sie gehen können.

Eigenartigerweise hatte ich nur an einen Autounfall gedacht, und diese Vorstellung war schon erschreckend genug. Meine erste Frage, während wir aus unserer Auffahrt zurücksetzten, war deshalb: „War es Jims Wagen?" Doch als die Antwort lautete: „Der steht noch auf dem Parkplatz beim Flughafen!", griff kalte Furcht nach meinem Herzen. Allein das Eintreffen der Männer hatte mich schon gehörig verwirrt, doch als ich nun erfuhr, daß Jim in einen Flugunfall verwickelt gewesen sein mußte, erstarrte ich vor Schreck. Ich wollte noch mehr fragen, aber ich wagte es nicht. Jetzt tat es mir leid, daß ich nicht früher aufgestanden war, um Jim das Frühstück zu richten und ihn zu verabschieden. Und nun … was war, wenn …? Ich konnte die Antwort auf diese Frage nicht ertragen.

Es war offensichtlich, daß wir in Richtung Krankenhaus fuhren. Vor erst dreieinhalb Monaten war unser Baby Jill in diesem schäbigen Gebäude auf die Welt gekommen. Ich kannte die Strecke und das Haus bestens.

Es bestand natürlich keine Möglichkeit, Jim zu sehen. Fünf Ärzte mühten sich um ihn und Sam und waren damit beschäftigt, ihre Wunden zu säubern und zu nähen. Jim fantasierte wild und rief immer wieder: „Hoch, Mensch, steig doch hoch!" Unterbrochen wurden diese Schreie nur von der eindringlichen Bitte: „Joy, hilf doch, daß sie mir nicht mehr weh tun!" Er rief immer wieder nur Joys Namen, niemals meinen. Ich mußte mich sehr zusammennehmen, um nicht in Tränen auszubrechen wegen der Gewissensbisse, die ich mir jetzt machte. Vielleicht war ihm doch mehr aufgefallen, als ich gedacht hatte.

Später erfuhr ich, daß man ihn mit sicherheitsgurtähnlichen Binden über Brust, Hüfte und Beinen an den Operationstisch geschnallt hatte, doch immer wieder riß er sich los. Zweifellos versuchte er immer noch, aus dem zertrümmerten Flugzeug zu entkommen.

Beinahe zwei Stunden lang saß ich allein genau dem O.P. gegenüber und wußte nicht, ob sie Jim lebend oder tot herausfahren würden. Der Kummer, der mein Herz erfaßte, war kein gewöhnlicher Kummer. Wenn Jim sterben würde, so wußte ich nicht, wie ich die Selbstvorwürfe, die meinen Kopf zermarterten, ertragen sollte. Ein zunehmender Groll darüber, daß Jim durch seine vielversprechende Karriere ständig überbeschäftigt war, hatte mich mürrisch gemacht, so daß es schwer geworden war, mit mir auszukommen. Ich sehnte mich nun nach einer neuen Chance, dieses Verhalten wiedergutzumachen.

Schließlich erschien ein Arzt; er kam direkt auf mich zu und erklärte knapp: „Wir müssen Jim sofort zum Luftwaffenstützpunkt March in Riverside transportieren. Tut mir leid, aber wir sind nicht entsprechend eingerichtet, um ihn richtig behandeln zu können." Ohne noch ein weiteres Wort zu verlieren, wandte er sich um und verschwand im Gang.

Nach wenigen Minuten wurde Jim aus dem O.P. gebracht und zu einem bereitstehenden Krankenwagen gefahren. Ich sprang auf und rannte hinterher, um ihn endlich zu sehen, doch instinktiv fuhr ich geschockt und ungläubig zurück. Zwischen dicken Verbänden, die ihn von Kopf bis Fuß verhüllten, starrten glasige Augen hervor; sein Gesicht war aufgrund eines gebrochenen Kiefers derartig verzerrt und geschwollen, daß ich ihn normalerweise gar nicht wiedererkannt hätte. Als ich seinen zerschundenen Körper sah, wollte ich weinen, aber aus irgendeinem unerklärlichen Grunde kamen keine Tränen.

Obgleich Jim ohnmächtig war und sich wegen seiner Gehirnerschütterung in einem tiefen Koma befand, schrie er ununterbrochen und wehrte sich gegen die Gurte, mit denen er angebunden war. Er lag nur dann still, wenn ich mit ihm sprach. Der Flugplatz lag fünfzehn Minuten entfernt, und ich war dankbar dafür, Jim in dem Ambulanzwagen begleiten zu dürfen. Ich wagte es zwar nicht, ihn zu berühren, beugte mich jedoch so dicht über ihn, wie ich es mir in Anbetracht dessen erlauben konnte, daß der Wagen mit heulenden Sirenen durch die Straßen raste. Ich sprach ruhig auf Jim ein und versicherte ihm, ich werde immer bei ihm sein; er werde es schon schaffen. Mein eigenes Herz besaß diese Sicherheit zwar nicht, doch mir war klar, daß ich um seinetwillen stark und zuversichtlich wirken mußte. Ob er mich hörte, wußte ich nicht. Was ich jedoch beobachten konnte, war, daß er sich entspannte, wenn ich sprach, und dies ermutigte mich genügend, um weiterzumachen.

Als wir den Flugplatz erreichten, rollte eine wartende Maschine heran; der Ambulanzwagen hielt, und vier Krankenpfleger mit ernsten Gesichtern hoben sorgfältig die Trage an, um Jim hinauszutragen. Kurz bevor sie ihn holten, ging ich ganz dicht an ihn heran und flüsterte: „Bis bald, Liebling." Ich sah dem Flugzeug durch das Fenster nach, bis es verschwunden war. Dann begannen die angestauten Tränen hervorzubrechen, und Weinkrämpfe schüttelten mich, während der Krankenwagen mich nach Hause brachte. Die Frage, die meinen ohnehin schon gemarterten Kopf quälte, war die: „Was soll ich jetzt bloß machen? O Gott, was soll ich jetzt bloß machen?"

Wie nötig hätte ich nun Jims Antwort gebraucht!

Das Gleichgewicht bewahren

Ich mußte Jims Eltern davon unterrichten, daß ihr Sohn zwischen Leben und Tod schwebte. Vor diesem Anruf fürchtete ich mich. So legte ich mir sorgfältig die Worte zurecht, um sie ganz allmählich über seine tatsächliche Verfassung aufzuklären. Ich entschied mich für die Taktik der beiden Beamten.

„Mutti", begann ich möglichst ruhig und kühl, „Jim hatte einen kleinen Unfall und hat sich ein Bein gebrochen. Ich dachte mir, du würdest vielleicht ganz gerne hierher zum Krankenhaus kommen. Wir sind in Riverside in Kalifornien."

„O, du meine Güte! Was ist ihm denn passiert, Mary?" Sie war längst nicht so ruhig.

„Ich weiß die Einzelheiten selbst noch nicht", antwortete ich unverbindlich. „Ich dachte mir nur, es wäre besser, dich anzurufen, bevor ich zum Krankenhaus fahre."

„Ja, geht es ihm denn gut?" forschte sie.

„O ja", erklärte ich nachdrücklich. „Ich dachte eben nur, ihr wolltet ihn möglicherweise besuchen."

„Natürlich wollen wir das, Liebes. Wir reisen sofort ab."
In aller Eile brachte ich Joy bei hilfsbereiten Nachbarn unter, warf ein paar Kleidungsstücke in einen großen Koffer, packte die kleine Jill ins Auto und fuhr zum Luftwaffenstützpunkt March. Da Jill erst dreieinhalb Monate alt war und noch gestillt wurde, mußte ich sie mitnehmen.

Endlich im Krankenhaus angekommen, stand ich mit Jill auf dem Arm erst einmal ein paar Minuten in der recht vollen Eingangshalle herum und blickte mich suchend um. Dann suchte ich mir die in meinen Augen freundlichste und mütterlichste Frau aus und bat sie zögernd, ob sie ein Weilchen mein Baby halten könnte, während ich nach meinem verletzten Ehemann sehen wollte. Sie schien sogar erfreut, mir helfen zu können.

Durchs Treppenhaus ging es schneller als mit dem klapprigen Selbstbedienungsaufzug, auf den ich erst hätte warten müssen. Deshalb stürmte ich die drei Stockwerke hinauf und erreichte atemlos Zimmer 326, wo ich Jims Eltern bereits vorfand. Seine

Mutter beugte sich gerade weinend über die stille, aber atmende Gestalt ihres Sohnes. Rasch umarmten wir einander, und ich erklärte ihnen, weshalb ich ihnen nur so wenig Einzelheiten mitgeteilt hatte. Sie verstanden mich natürlich, und nach zehn Minuten ließ ich sie mit Jim allein und lief zurück, um mein Baby in Empfang zu nehmen und nach einem Nachtquartier zu suchen.

Am nächsten Morgen nahm ich mir noch nicht einmal die Zeit zu frühstücken, sondern begann sofort mit der Suche nach einer Unterkunft in der Nähe des Krankenhauses. Schließlich mietete ich einen kleinen Wohnwagen auf einem recht öden Platz, etwa zwei Meilen entfernt. Jims Eltern hatten sich bereit erklärt, bei ihm zu bleiben, bis ich mich eingerichtet hatte. Deshalb fuhr ich nach Hause zurück, um mich auf einen ausgedehnten Aufenthalt in Riverside vorzubereiten. „Mindestens sechs Monate", so hatte der Arzt geschätzt, müßte Jim im Krankenhaus bleiben. So blieb mir nicht viel anderes übrig, als umzuziehen.

Auf der Rückfahrt nach Edwards ging ich in Gedanken noch einmal die hektischen Ereignisse der letzten achtundvierzig Stunden durch, während die kleine Jill auf dem Beifahrersitz neben mir fest schlief. Wie schnell kann sich doch das ganze Leben von vier Menschen verändern! Ich konnte einfach nicht glauben, daß das Ganze ausgerechnet mir passierte. Es kam mir vor, als träumte ich oder verfolgte die Entwicklung eines tragischen Dramas, dessen Darsteller in keiner Beziehung zu mir standen. Mich ergriff ein eisiger Schauer, als ich zum ersten Mal klar erkannte, wie dicht ich davorgestanden hatte, Witwe zu werden. Und das mit dreiundzwanzig Jahren! Bei dem Gedanken an das Unbekannte, das vor mir lag, füllten sich meine Augen mit Tränen. „Ob Jim jemals wieder fliegen kann? Oder arbeiten? Oder denken? Oder mir ein Ehemann sein? Was wird die Zukunft mir bringen?" Mein Herz schrie voller Verzweiflung: „O Gott, warum? Warum passiert das gerade mir? Womit habe ich das verdient?" Ich wußte niemand anderen, dem ich die Schuld an dieser elenden Situation geben konnte, als Gott. Meine ganze strenge religiöse Erziehung lehnte sich gegen solche gotteslästerlichen Anklagen auf, aber es gab keinen anderen Verantwortlichen als ihn in meinen Augen.

Zu diesem Zeitpunkt mußte es in meinem kindlichen Denken immer noch jemanden geben, dem man genau die Schuld zuschreiben konnte. So wurde Gott zu meiner Zielscheibe. Gewiß konnte ich meine wachsende Feindseligkeit nun nicht länger an einem hilflosen Mann auslassen, der ums nackte Überleben kämpfte. Doch dieser feindselige Ärger hatte sich schon fest in die Tiefen meines Wesens eingegraben und war tatsächlich zu meiner Lebenseinstellung geworden. So mußte er von Jim auf jemand anderen übertragen werden. Wen gab es aber außer Gott?

Zwei Tage später war ich wieder in unserem neuen Quartier, dem Wohnwagen. Ich räumte die wenigen Gegenstände ein, die ich in aller Eile zusammengesucht hatte, und bemühte mich, einen Babysitter ausfindig zu machen. Meine Nachforschungen führten mich zu einer freundlichen, etwas molligen Frau, die sehr kinderlieb zu sein schien. Ich hatte die Mädchen noch nie allein gelassen und fühlte mich daher zwischen meinen Verpflichtungen hin- und hergerissen, aber ich wußte, daß mein Platz jetzt im Krankenhaus war.

Die beiden folgenden Monate waren für Jim so schmerzhaft, daß ich froh darüber war, daß er sich aufgrund seiner Gehirnerschütterung später nicht mehr an Einzelheiten erinnern konnte. Von zehn Uhr morgens an bis nach dem Abendessen blieb ich bei ihm, badete ihn, bürstete und kämmte sein Haar, schnitt ihm die Nägel, putzte ihm die Zähne und rieb seinen Rücken. Dieses Rückenreiben war sehr mühevoll, weil er einen ganzen Monat lang unbeweglich und flach liegen mußte. Immer wenn es fünf Uhr wurde, wurde er traurig, denn er wußte, daß ich nun gehen würde.

Es erschien mir eigenartig, daß ich am Ende eines jeden Tages vollkommen erschöpft war, obgleich ich körperlich kaum etwas geleistet hatte. Wenn ich ins Auto stieg, hatte ich immer das Gefühl, bis zum letzten Tropfen ausgezehrt zu sein. Manchmal fragte ich mich ernsthaft, ob ich es überhaupt noch bis zu unserem kleinen, grauen Wohnwagen schaffen würde, wo meine beiden Mädchen aufgeregt auf ihre Mama warteten, die mit ihnen spielen sollte. Der Anblick meiner kleinen Engel mit ihren leuchtenden Augen ermunterte mich jedoch stets ausreichend, um ihnen eine oder zwei Stunden lang etwas vorzulesen, mit ihnen zu spielen und zu schmusen, bevor es endgültig Zeit war, ins Bett zu gehen, was ich mir dann meistens sehnlicher wünschte als sie. Konnte ich endlich meinen erschöpften Körper und meinen müden Geist ins Bett sinken lassen, so übermannte mich sofort der Schlaf, und der nächste Morgen kam viel zu rasch.

Morgen für Morgen erwachte ich mit dem Gefühl, überhaupt nicht geschlafen zu haben, und Tag für Tag wartete die gleiche Routine auf mich, außer an einem furchtbaren Tag.

Jim befand sich allmählich auf dem Weg der Besserung. An manchen Tagen ging es ihm besser, an manchen schlechter, doch insgesamt gesehen wurde sein Geist wieder klarer, und er kam langsam zu Kräften. Zwar besaß sein zerschmettertes rechtes Bein immer noch keine Form, sondern war aufgrund der Schwellung mehr als doppelt so dick wie sonst, doch man hatte uns Hoffnung gemacht, daß es sich zum Guten entwickeln würde. Zwar langsam, aber doch zum Guten. Deshalb war ich auf jene schreckliche Ankündigung gänzlich unvorbereitet.

Wir hatten Jim gerade gewaschen, sofern man das überhaupt so nennen konnte, da trat sein Arzt ein, um ihn zu untersuchen. In seiner Gegenwart war ich immer etwas ängstlich. So murmelte ich meistens einen Gruß und entschuldigte mich, sobald die Höflichkeit es gestattete. Als ich so im dritten Stock herumstreifte und mit einer oder zwei Schwestern ein kleines Schwätzchen hielt (wir waren inzwischen gute Freunde geworden), dachte ich bereits, daß der Arzt eigentlich ungewöhnlich lange im Zimmer blieb. Ich wollte den Gang nicht verlassen, lief aber ständig hin und her, um mich während des Wartens zu beschäftigen. Dabei behielt ich immer Jims Zimmer im Auge und warf verstohlene Blicke auf die Tür, immer verwunderter über die Verzögerung. Dieser Arzt war an und für sich sehr sachlich und verlor kein Wort zuviel; deshalb war mir unerklärlich, was dort vor sich ging.

Endlich verließ er mit ernstem, ja nahezu bedrücktem Gesichtsausdruck den Raum, und ich wäre am liebsten impulsiv auf ihn zugestürzt und hätte ihn gefragt: „Was ist denn los mit meinem Mann?" Doch sein abweisender Blick erschreckte mich dermaßen, daß ich stehenbleiben mußte, als er nun langsam auf mich zukam.

Der Arzt versuchte behutsam, sich auf eine Fensterbank zu

setzen. Er schien tief beunruhigt und unsicher, wie er anfangen sollte. Schließlich war ich es, die das schreckliche Schweigen brach. „Stimmt irgend etwas nicht mit Jim?" erkundigte ich mich vorsichtig.

„Sie haben doch sicherlich selber bemerkt, in welchem erschreckenden Zustand sich sein rechtes Bein befindet, Frau Irwin?"

„Natürlich, ich weiß, es ist schlimm geschwollen und tut sehr weh." Ich hielt einen Moment inne, fügte jedoch dann hinzu: „Aber die Schwestern geben sich immer sehr optimistisch, daß sich das bessern wird."

„Wir sind natürlich immer bemüht, optimistisch zu sein", bestätigte er mit fester Stimme. „Ein positiver Ausblick ist für einen Patienten auf jeden Fall immer das Beste, und wir tun alles, was in unseren Kräften steht, um ihn zu einer solchen Einstellung zu bewegen. Doch dann kommt der Zeitpunkt, an dem es notwendig wird, die Angelegenheit noch einmal zu überdenken und den Zustand des Patienten objektiv abzuschätzen; dementsprechend muß dann eine Entscheidung gefällt werden."

„Was versuchen Sie mir eigentlich zu sagen, Dr. Forrest?" Ich wollte endlich zur Sache kommen und den Tatsachen ins Auge sehen, wie auch immer diese aussehen mochten.

„Frau Irwin, ich glaube nicht, daß es möglich sein wird, Jims rechten Fuß zu erhalten", antwortete er mit erschreckender Endgültigkeit. „Er wurde so sehr gequetscht und zertrümmert, daß ich nicht mehr glaube, daß er noch von selber heilen wird. Ich fürchte, es wird uns nichts anderes übrigbleiben, als ihn zu amputieren."

„O nein!" schrie ich. „Bitte, bitte nicht! Wenn Jim nicht mehr fliegen kann – ich glaube, dann stirbt er!"

Heiße Tränen begannen, mir die Wangen hinunterzulaufen. Das wäre fast noch schlimmer als der Tod selbst, dachte ich.

„Jim haben Sie doch sicherlich noch nichts davon gesagt?" forschte ich halb verärgert.

„Nun, Frau Irwin, ich habe versucht, ihn auf diese Möglichkeit vorzubereiten, ohne dabei in Einzelheiten zu gehen." Zum ersten Mal schien er sich verteidigen zu wollen. „Irgendwann muß er es ja erfahren."

„Nein, nein!" schrie ich. „Ich werde niemals meine Zustimmung dazu geben!"

Mit diesen Worten stürzte ich den Gang hinunter und in die Damentoilette, in der sich glücklicherweise niemand befand. Hier weinte ich meine Not aus vor der einzigen Macht, an die ich mich jetzt noch zu wenden wußte. „O Gott, laß das nicht zu, bitte, laß das nicht zu", wiederholte ich immer wieder gequält.

Und ein Wunder geschah. Langsam, ganz langsam trat bei dem Bein eine Besserung ein. Bei jedem kleinen Fortschritt verzögerte der Arzt noch einmal seine Entscheidung, bis es schließlich keine Entscheidung mehr zu treffen gab. Der Tag, an dem das Bein eingegipst werden konnte, war ein Siegesfest. Nun wußte ich, daß Jim wieder ganz gesund werden würde. Zum ersten Mal seit dem Unfall konnte ich unsere Zukunft wieder in einem hoffnungsvollen Licht sehen.

Sobald sein Bein sich sicher in dem Gips befand, konnte Jim aufstehen und umhergehen. Die lange Zeit völliger Unbeweglichkeit hatte bei ihm wohl zu einem Anstau verborgener Energie geführt; jedenfalls konnte man ihn kaum noch im Bett halten. Er wollte aus seinem Zimmer, ja sogar aus dem Krankenhaus heraus. Direkt nach dem Frühstück mühten und quälten wir uns deshalb ab, ihn in einen Rollstuhl zu befördern. Diese Arbeit war nicht so einfach, schließlich befanden sich seine beiden Beine in Gips. Doch wenn wir es erst einmal geschafft hatten, ging es hinaus in die Sonne, wo wir so lange wie möglich blieben. Jim wollte am liebsten überhaupt nicht mehr ins Haus zurück.

Als ich eines Morgens das kleine, sterile weiße Zimmer betrat, rief Jim mir aufgeregt zu: „Mary, du wirst niemals raten, was passiert ist!"

„Was denn, Liebling? Was ist denn los?" fragte ich.

„Ich habe eine Erleuchtung gehabt!" erklärte er triumphierend. „Ich habe von diesem Unfall schon geträumt, bevor er passiert ist. Erinnerst du dich nicht mehr daran, wie ich einmal zu Tode erschrocken aufgewacht bin, dir aber nicht erzählen konnte, was ich eigentlich geträumt hatte?"

Wie gut ich mich daran noch erinnerte! Mitten aus dem tiefsten Schlaf war ich plötzlich hochgeschreckt, weil Jim schrie und mit den Armen in der Luft herumfuhr. Nachdem ich rasch die Lampe über unserem Bett angeknipst hatte, sah ich, daß er zitterte, und als ich nach ihm faßte, um ihn zu beruhigen, bemerkte ich, daß sein ganzer Körper feuchtkalt war, bedeckt von einem kalten Schweiß. Doch ich konnte keine Einzelheiten über diesen Traum aus ihm herauslocken. Schließlich erkannte ich, daß er sich wohl nicht mehr erinnern konnte.

Doch nun konnte er sich erinnern! Schon Monate vor dem eigentlichen Unfall hatte er das in deutlichen Einzelheiten vorausgesehen, was aufgrund seiner schweren Gehirnerschütterung aus seinem Gedächtnis gelöscht war. Kein Wunder also, daß er aufgeregt war.

Während der langen und langweiligen Genesungszeit geschah noch etwas anderes von Bedeutung. Zunächst freilich schien es unbedeutend, doch es zog weitreichende Folgen nach sich.

Da Jim jetzt das Krankenhaus verlassen durfte, war sein erster Wunsch, seine kleinen Mädchen zu sehen. Joy, die eine wirkliche Freude seines Lebens gewesen war, wurde inzwischen bald zwei Jahre alt. Jill war noch keine ganzen sechs Monate; deshalb machten wir uns darauf gefaßt, daß sie ihren Papa wohl kaum wiedererkennen würde. Es würde eine Weile dauern, bis die beiden miteinander warm geworden waren. Wenngleich Jim sich auf beide Mädchen freute, war es im Grunde Joy, nach der er sich sehnte, die er streicheln und an der er sich erfreuen wollte.

Schon ein paar Tage vorher begann ich damit, Joy auf die Aufregung vorzubereiten, daß sie ihren Papa wiedersehen sollte, doch ganz besonders auch auf die dicken Verbände und seinen geschwollenen Kiefer, der Jims Gesicht doch erheblich entstellte. Zum Teil wurde der gebrochene Kiefer immer noch von Drähten zusammengehalten. Dadurch waren nicht nur Jims Gesichtszüge, sondern auch seine Sprache entstellt. Wie sehr, das fiel mir selbst gar nicht mehr richtig auf. Im Laufe der Wochen hatte ich mich an seinen jetzigen Anblick gewöhnt.

Der besondere Tag kam. Für dieses wichtige Wiedersehen zog ich den Mädchen ihre schönsten Kleider an. Meine Vorfreude war groß, wußte ich doch auch, wie sehr Jim sich danach sehnte, seine hübschen Töchter zu sehen, ganz besonders Joy. Ich konnte ihn mir in Gedanken richtig vorstellen, wie er nervös auf uns wartete und sich fragte, wie sie wohl aussahen, ob sie gewachsen waren und sich verändert hatten.

Als wir Jim erblickten, begann ich, mit Jill auf dem Arm und Joy an der Hand, ihm entgegenzulaufen. Doch je näher wir kamen, desto stärker zögerte Joy. Als wir seinen nach Joy ausgestreckten Armen ganz nahe waren, starrte sie ihn an, stieß einen Schrei aus und schreckte verängstigt zurück. So sehr wir auch schmeichelten, sie beschwatzten, ihr Versprechungen machten und sie gar bedrohten – das verschreckte Kind ließ sich nicht davon überzeugen, daß dieser Mann wirklich ihr Vater sei. Mit diesem hier wollte sie absolut nichts zu tun haben.

Nach mehreren vergeblichen Versuchen, sie an sich zu ziehen, wandte Jim sich schließlich, deutlich verletzt, dem Baby zu, das zufrieden im Gras lag. Er nahm es in seine Arme und schenkte ihm die ganze Liebe und Zärtlichkeit, die er eigentlich Joy zugedacht hatte. Joy schrie immer noch, und ich versuchte, sie zu beruhigen und die Abneigung zu überspielen, die Vater und Tochter jetzt verspürten. Ich fühlte mich total elend und hilflos, während Jim sich zum ersten Mal an dem Baby freute, an das er sich kaum erinnern konnte. Selbst als wir uns schließlich verabschiedeten, ging Joy noch nicht näher an ihren Papa heran. Sie weinte leise und blieb in sicherer Entfernung stehen, bis ich ihre kleine Schwester hochgenommen hatte und zum Parkplatz ging.

Jim hätte anders reagieren sollen, und ich hätte vielleicht Joys Reaktion voraussehen und bessere Vorbereitungen treffen sollen, doch es ging alles so schnell, daß keiner von uns wußte, wie er mit dieser Situation fertig werden sollte. Das Schlimmste war nur, daß der Riß, der damals auf der Krankenhauswiese entstand, sich über Jahre hielt und schließlich ganz aufbrach, als Joy schon ein Teenager war.

Oft, wenn Probleme auftreten, meinen wir, wir würden sie bewältigen; dann finden wir später heraus, daß wir sie in Wirklichkeit nur verdrängt haben. Um wie vieles schwieriger, wenn nicht gar unmöglich, ist es aber dann, die Gefühle zu entwirren, die sich so tief in unser Unbewußtes eingegraben haben!

Drei Monate nach Jims Unfall – sein Krankenhausaufenthalt hatte nur halb so lange gedauert, wie die Ärzte vorher dachten – wurde er entlassen, und wir konnten in unser vereinsamtes Heim in Edwards zurückkehren. Da Jim immer noch beide Beine in Gips hatte, vermutete ich, ihn jetzt mehrere Wochen zu Hause zu haben. Wie sehr ich mich irrte!

Noch vor seinem Unfall hatte Jim einen Spezialauftrag übernommen. Später erfuhr ich, daß der Grund für Harold Chapmans
Besuch zur Zeit von Jims Unfall gewesen war, eben diesen
Geheimauftrag zu besprechen. Ich hatte fälschlicherweise angenommen, mittlerweile sei wohl jemand anderes damit beauftragt
worden, und Jim schwieg konsequent, wenn ich nur auch andeu-
tungsweise darauf zu sprechen kam. Woher sollte ich also ahnen,
was ihn immer noch so beschäftigte und nur darauf wartete,
endlich ausgeführt zu werden?

Kaum war Jim zu Hause, so rief er schon ein Taxi und wollte in
sein Büro fahren. Vergeblich protestierte ich dagegen und mußte
hilflos zusehen, wie er auf Krücken davonhumpelte. Ich konnte
nicht verstehen, was ihn so dringend forttrieb, und er konnte es
mir nicht sagen. Hätte er mir nur einfach erklärt, ihm sei ein
geheimes Projekt übertragen worden, ich glaube, so hätten wir uns
die Spannungen und Konflikte der darauffolgenden Jahre
ersparen können. Zweifellos glaubte er, darüber überhaupt nichts
sagen zu dürfen. Denn genausoviel erfuhr ich in den nächsten drei
Jahren darüber, wo er sich aufhielt, mit wem er zu tun hatte und
worum es dabei ging: nichts.

In den Monaten von Jims Genesung waren wir einander sehr
nahe gekommen – oder zumindest hatte ich das angenommen.
Wir hatten uns wieder unsere innersten Gedanken und Träume
mitteilen können. Wir redeten, wir lasen, wir planten, wir träumten. Alles das war so wundervoll, geschah so spontan und ohne
große Mühe. Ich hatte natürlich angenommen, diese Atmosphäre
würde weiter andauern und meine Lebenserwartungen, die ich
vor Jims Unfall hatte, wieder ändern. Deshalb war ich auch wie vor
den Kopf geschlagen, als ich jetzt so allein auf der Veranda stand,
und zum ersten Mal seit drei Monaten stieg wieder großer Ärger in
mir auf.

Von diesem Zeitpunkt an war Jim wieder von zahlreichen Aktivitäten in Anspruch genommen, wovon es für ihn nur kurze
Unterbrechungen gab, beispielsweise unseren zweiten Hoch-
zeitstag, an dem wir zur Feier des Tages einen kleinen Ausflug
nach Monterey unternahmen.

Am 4. Januar 1963 feierte unser erster Sohn, Jimmy, seinen
großen Einzug in die Welt. Seine Geburt war ein überwältigendes

Ereignis, um es noch vorsichtig auszudrücken. Endlich ein Sohn! Doch das Überwältigende ertrank sehr schnell in einem Meer aus Windeln, laufenden Nasen, neuen Zähnchen, schreienden Babys, trotzigen Kindern und endloser monotoner Routine. Jim war zwar sehr stolz auf seinen einzigen Sohn, aber er hatte jetzt keine Zeit für sein Heim und seine Kinder. Zu jeder Stunde war er vollkommen von seiner Arbeit mit Beschlag belegt, wie auch immer diese wohl aussah.

Nach mehreren vergeblichen Versuchen begann ich zu begreifen, daß Jim nirgendwo in Edwards zu erreichen war. Ich konnte aber auch von niemandem eine einsichtige Erklärung dafür bekommen. Je mehr ich Jim fragte und ihn festzunageln versuchte, desto frustrierter wurde ich. Er hatte scheinbar stets ein Alibi parat, und obgleich ich ihn sehr des Doppelspiels verdächtigte, bekam ich ihn nie zu packen. Es erwies sich als vergebliche Mühe, ihn zu befragen, und führte bei mir lediglich zu noch größerer Verwirrung.

Im Verlauf der nächsten Monate betrachtete ich Jim mit wachsendem Mißtrauen, bis ich schließlich aufhörte, Fragen zu stellen, und mir vornahm, auch nicht mehr einen Moment lang meinen Befürchtungen nachzuhängen. Wenn ich nur extrem geschäftig war, was mir ja nicht schwerfiel, so hatte ich weniger Zeit, darüber nachzudenken, weshalb sich die ständige Verschlechterung unserer Beziehung nicht ergründen ließ. Das Verwirrende war ja, daß Jim vom Abendessen an eigentlich immer zu Hause war. Wenn er dann auch sehr mit Lesen und Lernen beschäftigt war, so war er doch zumindest im Hause. Das gab einfach keinen Sinn. Wenn er sich nachts nicht herumtrieb, weshalb konnte er mir dann nicht genau mitteilen, wo er sich bei Tage aufhielt?

Angst stieg in mir auf, und aus völlig unverständlichem Grund wurde ich empfindlich, reizbar, zurückhaltend und manchmal regelrecht abwesend. Es war eine Situation eingetreten, die sich meinem Einfluß entzog, und alles das nagte beständig an mir. Deshalb ist es nicht verwunderlich, daß es bald zum Bruch kam.

Wenn Jim nicht zum Abendessen da sein konnte oder voraussah, daß er sich verspäten würde, rief er immer an, um es mir mitzuteilen. So rief er mich also eines Abends wieder einmal an, um mich kurz wissen zu lassen, daß er später käme. Der Tag war für mich ungewöhnlich anstrengend gewesen, die Kinder hatten sich unmöglich aufgeführt, und ich war „auf hundertachtzig". Als ich nun im Hintergrund laute Musik und Geräusche wie von einer Party vernahm, als außerdem Jim jeder Frage nach seinem Aufenthaltsort auswich, wußte ich Bescheid!

Blind vor Argwohn, Mißtrauen und Zweifel, schrieb ich Jim einen langen Brief, in dem ich ihm mitteilte, daß ich unter diesen Bedingungen nicht länger hier leben könnte. Dann packte ich meinen Koffer, sammelte die Kinder ein, hinterließ einen gedeckten Tisch und das Essen auf dem Herd und bestieg einen Zug, um zu meinen Eltern zurückzufahren. Ich würde ihm schon zeigen, was die Stunde geschlagen hatte! Dieses Katz- und Maus-spiel war ich leid! Sollte doch er seine Spiele allein spielen, wenn er Lust dazu hatte!

Wäre mir alles nicht so ernst gewesen, so hätte einen die ganze Angelegenheit geradezu zum Lachen bringen können. Ich muß wütender ausgesehen haben als ein schmollendes Dreijähri-ges, das trotzig seinen Willen durchsetzen will, als ich ungeduldig meine drei kleinen Kinder zum wartenden Zug schleppte. Abge-sehen von gelegentlichen Verweisen, wenn die Kinder sich zu regen wagten, saß ich schweigend da. Meine Gedanken waren davon besessen, mich selbst zu rechtfertigen und Jim für die Zersetzung unserer Ehe zu verurteilen. Das Abteil war zum Brechen voll, doch ich nahm weder Menschen noch Ereignisse wahr. Es muß für die Kinder eine Qual gewesen sein, so still zu sitzen, wie ich es von ihnen verlangte. Doch meine Toleranz-grenze war überschritten, und das wußte ich.

Plötzlich, nach nur etwa einer Stunde Fahrt, wurde ich aus meinen Gedanken aufgeschreckt, weil der Zug offensichtlich völlig unfahrplanmäßig zu rucken und zu quietschen anfing und auf freier Strecke zum Stehen kam. „Was ist denn los?" begann einer den anderen zu befragen. Diejenigen, die einen Fensterplatz hatten, schirmten ihr Blickfeld mit den Händen ab und versuchten vergebens, in der uns umgebenden Dunkelheit einen Bahnhof oder sonst irgendein Lebenszeichen zu finden. Daß Jill zu schreien anfing, steigerte noch die Verwirrung. Schließlich erschien ein Schaffner am Ende des Wagens, um uns zu verkün-den, daß sich einige Schwierigkeiten mit der Lok ergeben hätten, bis zur Weiterfahrt könne es aber nicht mehr lange dauern.

Es verstrichen vier Stunden rastlosen und unruhigen Wartens. Einige versuchten zu schlafen, andere lasen oder liefen hin und her; vier fanden sich zum Kartenspiel. Die Luft füllte sich mehr und mehr mit Zigarettenqualm. Dadurch und durch meine innere Anspannung, bekam ich schließlich gräßliche Kopfschmerzen. Das einzig Gute an diesem unangenehmen Vorfall war, daß wenigstens meine erschöpften Kinder endlich einschliefen.

Als schließlich die Motoren, wenn auch zunächst unregelmäßig, wieder zu summen anfingen, horchten wir erwartungsvoll auf. Mindestens zwanzig Minuten lang saßen wir da, lauschten und hofften auf den kleinsten Ruck nach vorne. Doch das Anfahren geschah zunächst so unmerklich, daß es uns gar nicht auffiel, daß wir bereits wieder in Bewegung waren. Obgleich sich die Geschwindigkeit nur geringfügig steigern ließ, gelang es zumindest, eine Stunde lang weiterzukriechen, bis wir endlich Bakersfield erreichten. Dort bestand die Möglichkeit, entweder in einen anderen Zug umzusteigen oder im Ort zu übernachten.

Inzwischen war es bereits nach Mitternacht und ich war zu kaputt, um noch weiterzufahren. Irgendwie schaffte ich es bis zum nächsten Motel. Wie ich das fertiggebracht habe, ist mir unbegreiflich: Auf dem einen Arm hatte ich Jimmy, mit der anderen Hand trug ich den Koffer, und an meinem Rockzipfel hingen zwei müde, kleine Mädchen.

Nachdem ich die Kinder zu Bett gebracht hatte, lag ich lange wach in der Dunkelheit. Obgleich ich körperlich, geistig und seelisch erschöpft war, überkam mich kein Schlaf, sondern nur schmerzliche Gedanken marterten mich; sie hörten gar nicht auf. Je länger ich wach lag, desto bestürzter und verzweifelter wurde ich.

So plötzlich bei meinen Eltern aufzutauchen und zuzugeben, daß sie die ganze Zeit über Recht behalten hatten, erschien mir zunehmend undenkbarer. Während es mir also einerseits nahezu unmöglich erschien, meinen Stolz zu unterdrücken und nach Hause zurückzukehren, wurde mir andererseits bei dem Gedanken an Jim und an die Angst, die er jetzt sicherlich durchmachte, immer deutlicher, worin meine einzige Alternative bestand. Der lange Kampf mit meinem Stolz endete damit, daß ich das Licht einschaltete und nach dem Telefon griff.

„Mary, wo steckst du denn?" rief er gleich mit unverkennbar

verzweifelter Stimme. Man hörte ihm an, daß er nicht geschlafen hatte. „Um Himmels willen, wo bist du?"

In den frühen Stunden dieses elenden Morgens fuhr Jims Wagen vor unserem Motelzimmer vor. Wir legten die schlafenden Kinder auf den Rücksitz, und ich setzte mich schweigend neben ihn. Sobald wir uns auf der Autobahn in Richtung Süden befanden, konnte ich mich nicht länger zusammennehmen, sondern platzte ärgerlich heraus: „Ich kann so nicht länger leben, Jim, wenn ich nie weiß, wo du steckst und was du treibst!"

„Liebling", antwortete Jim ganz traurig, „unser Land würde in große Gefahr geraten, wenn irgend jemand von der Sache wüßte." Er legte den Arm um mich und zog mich an sich. „Du mußt mir Vertrauen schenken, Schatz. Mir gefällt dieser Zustand auch nicht besser als dir, aber ich kann nichts an der Sache ändern. Die Sicherheit unseres Landes ist doch unendlich wichtiger als wir beide", versuchte er seufzend mir beizubringen. „Bitte glaube mir!"

Das entscheidende Jahr

„Also, Mary, bekomm dieses Baby, wann du willst, bloß nicht am 30. September, ja?" neckte mich Jim, doch ich spürte unterschwellig, wie ernst es ihm damit war. „Das wird der wichtigste und bedeutendste Tag meines Lebens!"

Wieder ein Kind zu erwarten war für mich inzwischen schon fast zur Routine geworden. Von genau fünf Ehejahren war ich fast drei schwanger gewesen.

Das Geheimprojekt war nun fast abgeschlossen. Es stellte sich heraus, daß Jim an der Entwicklung eines Überschall-Abfangjägers gearbeitet hatte, der zu Flügen mit dreifacher Schallgeschwindigkeit und bis zu 2.500 Metern Höhe fähig war. Nachdem ich mir wegen der Geheimnistuerei um diese Angelegenheit selbst so viel Schmerz zugefügt hatte, sah ich jetzt, wo die Einzelheiten bekannt wurden, daß ich im Falle einer Mitwisserschaft ohnehin nichts davon verstanden und mich sehr wahrscheinlich auch gar nicht dafür interessiert hätte.

Im Rückblick auf diese letzten Jahre mußte ich zu meiner Schande gestehen, daß ich mein Mißtrauen auch noch dadurch genährt hatte, daß ich jeden Geheimdienst- und Spionageroman las, der mir zwischen die Finger kam. Dann fing ich an, Jim heimlich zu beobachten, wobei mir zum Beispiel auffiel, daß er sich oft abendelang detaillierte Aufzeichnungen machte, die er nachher doch alle wieder verbrannte, bevor er seinen Schreibtisch verließ. Und schließlich brachte jener braune Kasten, den er fest verschlossen in einer seiner Schubladen aufbewahrte, mein sowieso schon allzu reges Vorstellungsvermögen zu den schlimmsten Vermutungen. „Mary", sagte er mir mehrere Male mit peinlicher Genauigkeit, „wenn mir irgend etwas zustoßen sollte, dann öffne sofort diesen Kasten und vernichte den Inhalt!" Und um diese Aussage zu bekräftigen, fügte er stets noch hinzu: „Versprich mir, daß du daran denkst! Versprich es mir!" Irgendwann war ich fest davon überzeugt, er arbeite für den CIA.

Als endlich der Schleier des Geheimnisses gelüftet worden war, erzählte mir Jim, daß dieses Flugzeug für die Einstellung und für die Geschwindigkeitsrekorde der übrigen Welt eine Herausforderung darstellen würde. Es zeigte sich schließlich auch, daß die YF–12A zu guter Letzt selbst die Rekorde der Russen brechen sollte.

Die Angaben über dieses Flugzeug vor der Presse und der Öffentlichkeit gingen um die ganze Welt und stellten Senatoren, wichtige Pressesprecher und sogar den Vize-Präsidenten der Vereinigten Staaten ins Rampenlicht. Da die YF–12A Jims „Kind" war und er auch der gefeierte Testpilot sein sollte, war dies sicherlich die Gelegenheit seines Lebens, weltweit bekannt zu werden.

Ich war schon bekannt dafür, daß ich meine Kinder immer zu den unmöglichsten Zeitpunkten bekam, und so wurde ich zusehends nervöser, als der 30. September näherrückte, an dem die feierliche Enthüllung des Flugzeugs stattfinden sollte. Inbrünstig hoffte und betete ich, es möge frühestens einen Tag nach diesem Termin auf die Welt kommen. Doch in meinem Innersten hatte ich bereits die düstere Ahnung, daß es nicht klappen würde.

Meine Vorahnung traf genau ins Schwarze. Um fünf Uhr morgens begannen die altbekannten Krämpfe und steigerten sich schnell ins Unerträgliche. Betrübt weckte ich Jim und schilderte ihm mit übermäßigen Entschuldigungen meinen unglücklichen Zustand. Er bemühte sich zwar, verständnisvoll zu wirken, doch es war ihm unmöglich, seine bittere Enttäuschung zu verbergen.

Wir erhoben uns, ohne ein Wort zu sagen, kleideten uns an und fuhren zum Krankenhaus. Da Jim schon früh an Ort und Stelle sein mußte, um noch letzte Anweisungen zu erteilen, abschließende Vorbereitungen zu treffen und vorausgehende Presseinterviews zu geben, setzte er mich vor dem Krankenhaus ab.

Mit meinem Koffer in der Hand erklomm ich mühsam die ausgetretenen Stufen und meldete mich allein am Schalter zur Geburt meines vierten Kindes an. Die Routinefragen auf dem langen Anmeldungsformular hatten gerade erst begonnen, als die diensthabende Schwester mich anhielt, weil ihr mein tiefes Atmen und mein verkrampfter Gesichtsausdruck auffielen. Sie merkte, daß jetzt keine Zeit mehr zum Ausfüllen war. Ich war ihr dankbar, denn es stellte sich heraus, daß sie recht hatte.

Zwischen Jim und mir begann sich ein merkwürdiges Muster zu entwickeln. Gegenüber der komplizierten Anordnung der

Umstände, wie sie in unserem Leben immer wieder auftraten, schienen wir hilflos zu sein. Wir gerieten mehrfach in solche Situationen wie jetzt diese, und der Riß zwischen uns beiden verbreiterte sich. Jim verpaßte die Geburt unserer Tochter Jan, und ich verpaßte den wichtigsten Tag seines Lebens.

Als ich nach Jans gut verlaufener Geburt unter Tränen über unsere verzweifelte Lage nachdachte, fragte ich mich, wie lange das Schicksal uns wohl noch solche schlechten Karten zuspielen wollte. Der Geheimauftrag, soviel war klar, hatte unserer Ehe einen schweren Schlag versetzt. Er hatte nicht nur unsere Schritte auf verschiedene Wege gelenkt, sondern wir hatten uns auch infolgedessen zu gesellschaftlichen Einzelgängern entwickelt. Da Jims berufliche Verbindungen nicht offiziell waren – er war weder berufsmäßiger Testpilot noch Student, und die Geheimhaltung seiner tatsächlichen Tätigkeit erweckte den Anschein, als arbeitete er mit Zivilisten zusammen –, war er schlecht einzuordnen, und so blieben wir von allen beruflichen und gesellschaftlichen Veranstaltungen ausgeschlossen.

Mit vier noch nicht schulpflichtigen Kindern besaß ich auch nicht genügend Freizeit, um Freundschaften zu schließen. Es war für mich ein offenes Geheimnis, weshalb nur wenige wirklich das Durcheinander auf sich nehmen wollten, die Kinder und mich bei sich zu haben. Schließlich hatte ich keinen einzigen Erwachsenen mehr, dem ich meine wachsenden Frustrationen und Befürchtungen mitteilen konnte, nicht einmal meinem eigenen Mann.

Aber auch bei Jim spürte ich eine zunehmende Enttäuschung über seine Arbeit in Edwards. Eigentlich sollte er dort der einzige Testpilot sein, aber nach seinem Unfall stellte man weitere Piloten ein, und er gewann seinen früheren Status nie mehr zurück. Daß er sich zweimal mit großen Aussichten um eine Stelle bei der NASA bewarb und diese dann jedesmal knapp verpaßte, trug nicht gerade zur Besserung seines schlechten Zustandes bei. Irgendwie hatte die Arbeit in Edwards ihren Reiz verloren, und er wurde bitter.

Etwa zu diesem Zeitpunkt, als wir beide das Gefühl hatten, es könne nicht mehr lange so weitergehen, tauchte an unserem düsteren Horizont ein Glücksstern auf, so wie ein Sonnenstrahl an einem dicht bewölkten Himmel. Der Zeitpunkt hätte nicht passender sein können.

Während seiner fünfjährigen Anstellung in Edwards war Jim mehrere Male als Nachrichtenträger zum Luftverteidigungskommando in Colorado Springs geflogen. Er hatte sich zu einem unentbehrlichen Verbindungsglied zwischen diesem für das Verteidigungssystem unseres Landes so bedeutenden Militärstützpunkt und den wichtigen Informationen entwickelt, die man dort über die neuesten Raketen, Abschußsysteme und Abfangjäger benötigte. Obgleich Jim eindeutig dafür qualifiziert war, das YF–12A-Programm zu übernehmen, dauerte es bis zur Versetzung von Colonel McDonald nach Japan, der den Posten bis dahin innehatte, bis man auf die Idee kam, wir könnten uns nach Colorado Springs verändern. Später erfuhren wir, für die betreffenden Verantwortlichen sei es selbstverständlich gewesen, daß Jim Colonel McDonalds Stelle übernehmen sollte.

Für mich hätte es keine größere Freude geben können. Da wir nun die schreckliche, heiße Wüste verließen, konnte ich ehrlich zugeben, wie verhaßt mir jede Minute meines Lebens dort gewesen war. Fünf Jahre lang hatte ich versucht, mich tapfer zu schlagen und mich und alle anderen davon zu überzeugen, daß es doch gar nicht so schlimm war. Nun konnte ich mir selbst gegenüber endlich einmal ehrlich sein. Daß wir außerdem noch an das, meiner Meinung nach, schönste Fleckchen der Erde ziehen würden, trug zu meiner großen Begeisterung noch bei. Bei dem Gedanken an das Grüne, an die Ausstrahlung der majestätischen Rocky Mountains, an das ideale Klima, den tiefblauen Himmel und den immerwährenden Sonnenschein hielt ich es vor Vorfreude kaum noch aus.

Am wichtigsten war jedoch, daß Jim und ich vielleicht noch einmal von vorne anfangen und unsere vergangenen Feindseligkeiten hinter uns in der sengenden Wüste zurücklassen konnten. Möglicherweise würden all die schmerzlichen Erinnerungen von der gnadenlosen Sonne verzehrt werden. Jim würde nun einen Schreibtischjob bekommen – keine Fliegerei mehr, sondern eine feste Arbeitszeit von acht bis fünf; keine Geheimnisse mehr, er würde immer an der gleichen Stelle sitzen und dort erreichbar sein. Mein Herz jubelte vor Hoffnung, Freude und Erwartung.

Jim und ich erlebten jetzt schon ein erneutes Gefühl der Zusammengehörigkeit, als wir uns auf dieses neue Kapitel unseres Lebens vorbereiteten. Wir lachten wieder, träumten wieder, neckten einander wieder zärtlich. Selbst die Kabbeleien der Kinder brachten uns nicht mehr so in Rage wie vorher.

Mit unserer Kinderschar konnten wir natürlich erst umziehen, wenn für eine Unterkunft gesorgt war. Deshalb fuhr Jim voraus, um ein Haus für uns zu suchen. Dies war unsere erste Gelegenheit, ein eigenes Heim zu kaufen. Schon der bloße Gedanke daran versetzte mich in prickelnde Aufregung. Auch wenn der knappe Monat, den Jim dazu brauchte, um etwas zu bekommen, mir wie eine Ewigkeit erschien, beklagte ich mich nicht. Genau das richtige Haus zu finden schien jetzt am dringlichsten zu sein.

Als Jim anrief, um mir mitzuteilen, er sei mit seinen Nachforschungen endlich ans Ziel gelangt, war ich hocherfreut. Doch so sehr ich auch bat, er weigerte sich, nur die geringste Beschreibung abzugeben, und erklärte standhaft, es sollte eine Überraschung werden. Er würde heute abend zurückkommen, und in einer Woche könnten wir in unser erstes wirkliches Zuhause umziehen. Ich konnte es kaum noch erwarten.

Auch ich hatte eine Überraschung für Jim. Alles stand bereit für die Möbelpacker, der neu erstandene Campingwagen war vollgestopft mit allem möglichen Proviant sowie mit den Sachen, die wir für die Reise brauchten, und die Kinder und ich warteten gespannt auf unsere Abfahrt. Da tauchte etwas völlig Unerwartetes auf. Am Morgen unserer Abreise hatte die acht Monate alte Jan ein paar komische rote Bläschen auf dem Gesicht. Zuerst hielten wir sie für Insektenstiche, doch als die drei, die wir am frühen Morgen entdeckt hatten, sich zu vermehren begannen, kam mir die gute Idee, doch einmal ihren Rücken und ihre Brust zu untersuchen. Was für ein fleißiges Insekt! Sein Name war „Windpocken“.

Es erschien uns unmöglich, mit einem kranken Baby zu reisen, das sein Unglück sicher bald mit den Älteren teilen würde, aber es blieb uns nichts anderes übrig. Unsere Möbel waren fort, und eine andere Familie wartete bereits darauf, sofort in unsere alte Unterkunft einzuziehen. So fuhren wir wie verabredet, nahmen den Weg wie geplant durch den sehenswerten Zion-Nationalpark und kamen Ende Mai 1969 nach einer wirklich schönen Reise in Colorado Springs an.

Wir hatten Colorado noch nicht erreicht, als wir im Radio von schweren Regenfällen und Überschwemmungen hörten, die sogar Todesopfer gefordert hatten. Obgleich mir die Menschen leid taten, die Besitz, Land und geliebte Menschen verloren hatten, genoß ich jeden Tropfen dieses Regens. Nach meinen unglücklichen Jahren in der trockenen, spröden Wüste faszinierten mich der Regen und das frische Grün, das er hervorsprießen ließ. Solange wir in Colorado lebten, freute ich mich immer besonders auf die Stürme. Ich stand dann immer lange an einem Fenster, von dem aus ich auf den Cheyenne Mountain und die gesamte Bergkette der Rockies hinausblickte, und beobachtete die drohenden grauen Wolken, die sich rasch zusammenballten und den blauen Himmel bedeckten, bis sie schließlich ihre kostbare, lebensspendende Last abwarfen.

Jim hatte eine gute Wahl getroffen. Unser neues Heim befand sich im Westen der Innenstadt von Colorado Springs, am Fuße majestätischer Berge. Die modernen Räume waren nach japanischem Muster groß und luftig angelegt. Die Küche war geräumig, und aus ihren riesigen Fenstern konnte man den eingezäunten Spielplatz der Kinder beobachten. Das Wohnzimmer hatte einen wundervollen Zimmergarten: Moosbedeckte Felsbrocken waren kunstvoll mit tropischen Pflanzen arrangiert. Ein offener Kamin für die wunderbaren, eisigen Wintertage vervollständigte das Bild – ein Traum war wahr geworden.

Wir bekamen auch nette Nachbarn, die uns alle herzlich liebten, sogar unsere vier kleinen Kinder. Oder soll ich sagen: besonders unsere vier kleinen Kinder? Wir wohnten in einer recht etablierten Gegend mit vielen älteren Leuten. Da waren zum Beispiel Ingaborg und Denny. Dieses liebe Ehepaar, das aus Schweden kam, war zu den Kindern wie Großeltern, und wenn eins von ihnen einmal fehlte, so wußte ich genau, wo ich zuerst nachzusehen hatte. Ihr einladendes Haus, dessen Türen immer offenstanden und wo die Keksdose für jeden zugänglich war, lag direkt hinter dem unseren und grenzte an den Kinderspielplatz; so war es eine natürliche Zuflucht für abenteuerlustige Kücken. Inga und Denny genossen jede Minute mit ihnen. Jan machte ihre ersten Gehversuche in ihrem Haus. Und dort war es auch, wo die Kinder zum ersten Mal viel über eine Reise zum Mond hörten, denn

Denny behauptete immer, er habe schon den Weltraum ausgekundschaftet und dabei mehrere Male auf dem Mond Halt gemacht. Zwischen Gutgläubigkeit und Skepsis hin- und hergerissen, lauschten die Kinder mit weit aufgerissenen Augen, wenn Denny in bunten Farben seine Reisen und die Dinge beschrieb, die er auf dem geheimnisvollen Planeten gesehen hatte. Er versicherte den Kindern, er habe für ihren Papa bereits eine Reise vorbereitet. Wir alle lachten darüber, denn in nur wenigen kurzen Monaten würde Jim die zulässige Altersgrenze überschritten haben. Außerdem wurden keine Astronauten gesucht, und eine Änderung der Lage war unwahrscheinlich.

All meine Hoffnungen und Träume in bezug auf dieses neue Leben in Colorado gingen in Erfüllung. Jim und ich kamen gut miteinander aus und erfreuten uns endlich eines normalen Familienlebens. Die Kinder wuchsen heran und entwickelten sich großartig, ich war nicht schwanger, unser Haus war schöner, als eine Frau es sich erträumen kann, und mein Ehemann war endlich fester Bestandteil unseres Zusammenlebens. Ich hätte um keinen Preis tauschen mögen. Ich hätte die glücklichste Frau auf dieser Seite der Erdkugel sein sollen, aber ich war es nicht. Und ich wußte beim besten Willen nicht, weshalb. Dicht unter der Oberfläche schien eine quälende Leere stets nur darauf zu warten, entweder hervorzubrechen und sich auszubreiten oder irgendeine Erfüllung zu finden. Aber welche, wußte ich nicht.

Ich begann zu vermuten, daß das tatsächliche Problem auf geistlichem Gebiet lag, denn im emotionalen, körperlichen und geistigen Bereich war doch alles in Ordnung. Ich wußte wirklich nicht, wohin ich mich wenden sollte, außer in die Richtung, die mir aus meiner Kindheit bekannt war. So verzweifelt war ich, daß ich etwas tat, was Jim mir streng verboten hatte. Heimlich fing ich an, zu der Gemeinde zu gehen, in der ich aufgewachsen war. Alles ging gut, bis ich in unserem ersten Sommer in Colorado Springs auf die Idee kam, die Kinder zur Ferienbibelschule zu bringen. Ich sagte Jim zwar, ich würde mit ihnen wegfahren, doch ich sagte ihm einfach nicht, wohin.

Ich glaube, inzwischen habe ich gelernt, daß niemals etwas wirklich heimlich geschieht. Zu dieser Zeit bildete ich mir jedoch noch ein, Jim täuschen zu können, und konnte überhaupt nicht

76

verstehen, weshalb er plötzlich in unser Versteck gestolpert kam. Stolpern ist wohl nicht ganz der richtige Ausdruck, denn er stampfte herein und verbot mir strengstens, die Kinder hierherzubringen.

Wenngleich ich mich äußerlich fügte, verschloß ich sorgfältig meine innere Rebellion. „Für wen hält er sich eigentlich, daß er kontrollieren will, was ich glaube?" murmelte ich vor mich hin, während ich mich wieder an die Arbeit machte. „Er benimmt sich, als könne er über Gott verfügen oder als sei er selber Gott."

Ich ließ mir nicht das geringste von meinen wirklichen Gefühlen anmerken. Unsere kleine See war jetzt glatt, und ich hatte nicht vor, nach all den Stürmen, die wir durchgemacht hatten, wieder Wellen hervorzurufen, die unser Boot zum Schaukeln brachten. So zeigte sich nach außen hin alles harmonisch. Innerlich jedoch ging ich zugrunde.

Trotz alledem war dies die glücklichste Zeit seit dem Beginn unserer Ehe, und ich begann mit leidenschaftlicher Entschlossenheit, mich in unserem neuen Leben einzurichten. Doch dann trat noch ein weiteres Ereignis ein, das die zunehmende Stabilität unserer Ehe zu bedrohen schien.

Infolge der Ortsveränderung, insbesondere des Klima- und Höhenunterschieds, waren eines oder mehrere der Kinder ständig krank. Während einer dieser Krankheiten kamen Jims Eltern zu uns zu Besuch. Es war nur natürlich, daß Jim ihnen all die besonderen Touristenattraktionen zeigen wollte, die Colorado in so überreichem Maße anzubieten hat. Ich gönnte ihnen ja auch, all diese Dinge zu sehen und daß sie sich während ihres Besuches bei uns wohlfühlten, doch ein zweites, damit rivalisierendes Gefühl kam in mir hoch, als ich feststellen mußte, daß Jim mit ihnen allein fortfuhr und ich allein zu Hause blieb, um kranke Kinder zu pflegen. Wenn sie dann tagtäglich zurückkehrten und wundervolle Erlebnisse schilderten, die ich nicht mitgemacht hatte, über lustige Vorfälle lachten, an denen ich keinen Anteil hatte, und die Route für den nächsten Tag planten, bei der ich nicht würde mitmachen können, wurde meine Eifersucht noch größer. Während sie die Landschaft durchstreiften und eine schöne Zeit miteinander verbrachten, brannte in mir der Neid, den zu verbergen ich mich bemühte, wenn sie zurückkamen.

Nach mehreren solcher Tage hatte ich meine Toleranzgrenze erreicht. In dieser Woche stand eine Cocktailparty anläßlich der Beförderung eines Kommandeurs auf dem Programm, eine jener Protokollveranstaltungen, bei denen man zu erscheinen hatte. Hier wollte ich mich rächen. Bevor Jim und seine Eltern sich am Morgen vor der Party zur Abfahrt für ihren Tagesausflug anschickten, rief Jim mir zu: „Mary, ich bin heute etwas früher zurück, damit wir genug Zeit haben, uns für die Party fertigzumachen."

„O, mach' dir darum nur keine Gedanken, Liebling", äußerte ich beiläufig. „Ich habe schon andere Pläne und werde heute abend nicht mitgehen." Ich wußte, daß mein Verhalten eine prompte Reaktion hervorrufen mußte, von der ich hoffte, sie würde ihnen den ganzen Tag verderben. Die Arbeit und seine Position waren Jim doch so wichtig.

Während er vor mir auf und ab lief, erkundigte er sich kühl: „Was willst du damit sagen?"

„Genau das, was ich gesagt habe", erwiderte ich. „Ich gehe heute abend *nicht* mit."

Jim wußte sofort Bescheid. Er hatte meine verärgerte Haltung in den letzten Tagen durchaus bemerkt, aber da er sich, wie so oft, genau zwischen seiner Mutter und mir befand, hatte er sich tapfer bemüht, den schwelenden Vulkan unter Kontrolle zu halten. Daß dieser früher oder später ausbrechen würde, wurde jetzt mehr als deutlich.

Er versuchte, sich und die Situation unter Kontrolle zu behalten, besonders in Gegenwart seiner Eltern, und starrte mich nur an und sagte sehr ruhig, aber mit deutlichem Ärger: „Du machst einen großen Fehler, da kannst du sicher sein." Mit diesen Worten wandte er sich um, knallte die Tür hinter sich zu und schloß sich seinen Eltern an.

Mein einziger Gedanke an diesem Tag war Rache; ich hatte richtige Rachegefühle. Jims Mutter, wie sie sich in meinen Gedanken abzeichnete, wurde die „andere Frau" in Jims Leben, und ich begann, mich an jeden Umstand seit unserer Heirat zu erinnern und diesen zu dramatisieren, an dem sie mich in den Hintergrund gestellt hatte, um in Jims Zuneigung die erste Rolle zu spielen. „Wenn sie nur anstelle ihrer beiden Söhne eine Tochter gehabt hätte", überlegte ich ärgerlich, „dann wäre sie vielleicht nicht so besitzergreifend."

78

Die Pläne, von denen ich Jim gegenüber gesprochen hatte, bezogen sich auf einen Film, den ich gerne sehen wollte – „The Sound of Music". Die schöne Liebesgeschichte der Maria nahm mich dermaßen gefangen, daß ich die Beschwernisse des Tages vollkommen vergaß und mit der Bereitschaft nach Hause zurückkehrte, die ganze Angelegenheit mit der Cocktailparty zu vergessen. Doch wenn ich sie auch vergessen wollte, so hatte Jim das nicht vor. Daß er statt seiner Frau seine Mutter mitgebracht hatte, hatte ihn in große Verlegenheit gestürzt, und er war den ganzen Abend damit beschäftigt gewesen, Entschuldigungen für mein Fehlen zu erfinden. Das konnte er nicht einfach so hinnehmen.

Eisige Kälte empfing mich, als ich nach Hause kam. Jims Eltern waren schon zu Bett gegangen, und er starrte mich nur schweigend an. Nach ein paar vergeblichen Versuchen, ein Gespräch anzufangen, war meine gute Laune dahin, und der angestaute Ärger kehrte zurück. Nachdem wir uns hingelegt hatten, sagte ich Jim deshalb in aller Deutlichkeit, was ich von seiner Mutter hielt. Immer noch keine Antwort. So wandte ich ihm meinen Rücken zu und versuchte einzuschlafen.

Je länger ich dalag, desto ärgerlicher wurde ich, und an Schlaf war gar nicht zu denken. Halsstarrig, impulsiv, stur und rebellisch stand ich schließlich auf, griff nach den Autoschlüsseln und beschloß, es Jim dieses Mal endgültig zu zeigen. Ich wollte den Wagen mit hoher Geschwindigkeit über eine Kaimauer stürzen und seine Mutter mit dem ganzen Chaos zurücklassen. Wie ich mich kenne, hätte ich meine zerstörerischen Pläne auch durchgeführt, wenn Jim nicht eingeschritten wäre. Er sprang auf, riß mir die Schlüssel aus der Hand und stieß mich aufs Bett zurück.

Hätten seine Eltern nicht nebenan geschlafen, dann weiß ich nicht, was passiert wäre. So jedoch fing Jim endlich an zu reden, und obgleich es mit gegenseitigen Anklagen, mit Tränen und Ärger begann, erreichten wir doch eine Klärung und scheinbar auch ein besseres Verständnis dafür, wie der andere sich fühlte. Am nächsten Morgen hatten sich die Wogen wieder geglättet, und Jims Eltern begannen, von ihrer Heimreise zu sprechen.

An allen vorherigen Maßstäben gemessen bestand gar keine Frage, daß das Jahr in Colorado Springs unser bestes war und auf der Glücksskala am höchsten stand. Hier begann ich auch, mich in

Ölmalerei zu versuchen. Großartigere Motive zu meiner Ermutigung hätte ich mir nicht vorstellen können. Unser Haus lag hoch im Vorgebirge und bot nach Westen herrliche Aussichten auf die Bergketten und nach Osten auf die Lichter der Stadt bei Nacht, wenn sie wie Edelsteine glitzerten. Wie sehr ich dieses Haus liebte, unsere Nachbarn, diese Stadt, diese Berge! Hier wollte ich für immer bleiben.

Nachdem wir genau zehn Monate an diesem wunderschönen Ort wohnten, veranstaltete ich eine Kupfergeschirrparty. Es war der 1. 4. 1966. Auf dem Küchentisch standen noch übriggebliebener Zitronenpudding und Fruchtcocktail, als Jim von der Arbeit nach Hause kam. Er betrat die Küche und sagte ganz sachlich: „Ich kann von diesem Dessert nichts essen. Astronauten müssen genau auf ihre Diät achten, wie du weißt."

„Wenn das deine Art von Aprilscherz ist", antwortete ich, ohne auch nur aufzusehen, „so finde ich ihn nicht sehr komisch."

„Das ist kein Spaß", beharrte er. Ich konnte ein Leuchten in seinen Augen und die unterdrückte Erregung in seiner Stimme wahrnehmen. „Ich glaube, wir haben einen Grund zum Feiern."

Wovor habe ich Angst?

In gewissem Sinne war es eine Mary Irwin mit einem gebrochenen Herzen, die schließlich, drei Monate nachdem Jim sich zur Astronautenausbildung gemeldet hatte, in Houston eintraf. Mein Herz war in Colorado, aber mein Ehemann war in Houston. Die Berge waren noch nie so schön gewesen wie in jenem Sommer, den ich noch in Colorado Springs blieb, um zu versuchen, unser Haus zu verkaufen. Jim flog an jedem Wochenende zu uns zurück, und wären die dazwischenliegenden Tage nicht so einsam gewesen, hätte ich diesen Zustand ideal gefunden. Sobald er da war, fuhren wir mit gefüllten Picknickkörben in den Cheyenne Canyon; die Kinder strahlten und freuten sich auf einen neuen, fröhlichen Familienausflug.

Während die Kinder im klaren Bergbach herumplanschten und durchs Wasser wateten, streckten Jim und ich uns auf den flachen Felsen oberhalb von ihnen aus (wir hatten sie liebevoll die „Jim-und-Mary-Felsen" getauft), wo wir uns sonnten und uns über die Ereignisse der vergangenen Woche austauschten. Obgleich wir fünf Tage der Woche voneinander getrennt waren, teilten wir uns an den verbleibenden zwei vielleicht mehr mit, als wenn Jim alle sieben zu Hause gewesen wäre. Trotzdem wurde es immer deprimierender, so viel alleine zu sein.

Doch so sehr ich es auch versuchte, ich konnte das Haus nicht verkaufen. Ich hielt es makellos sauber, was bei vier lebhaften Kindern nicht ganz einfach war. Es gefiel auch vielen Leuten, und sie zeigten Interesse, aber keiner kaufte es.

Und so sehr er es auch versuchte, Jim konnte für uns keine Unterkunft in Houston finden. Häuser, die man mieten konnte, gab es selten, besonders in der Größe, die wir brauchten. Wir wollten aber auch nicht noch eines kaufen, solange das andere nicht verkauft war. So zog der Sommer sich hin. Obwohl es mir schwerfiel, die Berge zu verlassen, war mir die Trennung noch unerträglicher als dieser Abschied.

Schließlich sagte ich zu Jim: „Ich halte das nicht länger aus. Jan schreit jedesmal ganz hysterisch, wenn du weggehst. Und der Abschied fällt uns allen immer so schwer."

„Schatz, ich tue mein Bestes, um ein Haus zu finden", erwiderte Jim geduldig. „Doch das einzige, was ich bisher auftreiben konnte, ist eine Drei-Zimmer-Wohnung, und soviel ich weiß, möchtest du ein Haus."

„Nun, ich will wiederum auch nicht so dringend ein Haus, daß wir für den Rest unseres Lebens so weiterleben müssen", erklärte ich nachdrücklich. „Laß uns in die Wohnung ziehen und endlich wieder eine Familie sein."

„Gut", fügte sich Jim, „aber was wird aus unserem alten Haus?"

„Dieses alte Haus ist mir jetzt ganz egal!" Ich wurde langsam ungeduldig. „Wenn wir nicht bald unsere Familie wieder beisammen haben, wird es keine Familie mehr geben. Wir fangen an, uns zu entfremden."

„Dann laß uns das Haus vermieten", entschied Jim schnell, „und nächste Woche umziehen. Wir können ja in der Wohnung bleiben, bis wir ein gutes Grundstück gefunden haben, auf dem wir uns ein neues Haus bauen können."

So beschlossen wir das bislang glücklichste Kapitel unseres Lebens mit einander tief widerstreitenden Gefühlen. Während wir in Richtung Texas fuhren, hatte ich den Eindruck, von meinen niedergedrückten Schultern werde eine Zentnerlast genommen, weil Jim die Bürde nun wieder mit mir teilen würde. Doch als wir nach drei Tagen Fahrt, eingezwängt in unserem Campingwagen ohne Klimaanlage, in Houston ankamen und ich die dunkle Smogwolke über der Stadt hängen sah und die schwüle, erdrückende Hitze spürte, verwelkte ein kleiner Teil meines Inneren. Ich bemühte mich, nicht mehr an die kühlen Berge, den blauen Himmel, die plätschernden Bäche und das wundervolle Haus zu denken, die ich gerade zurückgelassen hatte. „Daß wir wieder zusammen sind", sagte ich mir immer neu, „ist doch viel wichtiger, als wo wir sind."

Zuerst fand ich es berauschend, berühmt zu sein. Ich konnte die vielen Parties, Presseversammlungen und Fernsehauftritte gar nicht fassen; die neugierige Öffentlichkeit wollte uns unbedingt kennenlernen oder zumindest wissen, wie wir aussahen, und Leute wie der Bürgermeister, der Gouverneur und der oberste Militärchef behandelten uns wie Könige. Ich sonnte mich in der Aufmerksamkeit und fühlte mich langsam so, als sei ich wirklich jemand Besonderes.

Vielleicht hatte diese ganze Aufmerksamkeit ihr Gutes, vielleicht auch nicht. Ich werde mir dessen niemals sicher sein. Unser Leben in Colorado war gut gewesen. Wir hatten unsere wichtigsten privaten Differenzen ausgebügelt, und als wir nun in eine Position mit solch überwältigender Popularität emporgehoben wurden, nahm ich dummerweise an, unsere Schwierigkeiten seien überwunden. Ich war derartig unvorbereitet auf die nächsten sechseinhalb Jahre, daß es ein Wunder ist, daß ich sie überhaupt überlebt habe.

Fast augenblicklich wurde mir, ohne ein Wort von irgend jemand anderem, bewußt, daß Astronautenfamilien streng an ein bestimmtes öffentliches Image gebunden sind. Sie mußten patriotisch, typisch amerikanisch, mutig und sehr familienorientiert sein, kurz: Menschen, die stets das Richtige tun und sagen. Niemand hatte mir vorher gesagt, wie ich mich verhalten sollte, aber die Art und Weise prägte sich mir deutlich ein. Und ich wurde mir der Verantwortung bewußt, als ich feststellte, daß sich vollkommen fremde Menschen für unsere Kinder interessierten, für unser Haus, unsere Haustiere, unsere Hobbies. Ich wollte es gewiß nicht riskieren, dieses Image aufs Spiel zu setzen, wie trügerisch dies auch immer sein mochte.

Das Haus, in das wir zogen, war für ein Mietshaus überdurchschnittlich. Wir waren die ersten Bewohner dieses Gebäudes, und unsere Nachbarn waren sympathisch und stets neuen Kontakten aufgeschlossen. So hielten die Frauen Kaffeekränzchen ab, und die Kinder trabten zum Spielen und zum Leeren von Keksdosen und Schränken von einer Wohnung in die andere. Zunächst machte das alles noch Spaß, doch im Laufe des Jahres gefiel es uns immer weniger.

Wir wohnten nur drei Straßen von der Galveston Bay entfernt. Diese begeisterte mich zuerst, aber bald mußte ich feststellen, daß das Wasser vollkommen mit einer anekelnden, trüben graubraunen Substanz verschmutzt war. Auch entdeckte ich, daß in Houston Kinder im Sommer nicht draußen spielen. Massen von Insekten und drückende Hitze machten es unerträglich. Das war etwas, was unsere Kinder nur schwer akzeptieren konnten. Bei dem idealen Klima in Colorado hatten sie nach dem Aufstehen jeden Moment im Freien zugebracht.

Im ersten Jahr waren wir in unserer Nachbarschaft die einzige Astronautenfamilie. Ich habe mich oft gefragt, ob dies nicht teilweise der Grund dafür war, daß ich mich in der exklusiven Gesellschaft der Astronautenfamilien nie richtig akzeptiert fühlte. Ich bekam so wenig Kontakt zu ihnen, daß ich sie kaum kannte. In diesem Jahr bestand beinahe die einzige Gelegenheit zum Kennenlernen in dem allmonatlichen Kaffeekränzchen für Ehefrauen im Lakewood-Yacht-Club, an dem ich stets teilnahm. Aber ich hatte den Eindruck, sie hielten sich alle an ihren eigenen besonderen Freundeskreis. Ich fühlte mich ausgeschlossen und einsam, dabei sehnte ich mich danach, daß jemand aus dieser Gruppe sich für mich interessierte.

Glücklicherweise waren wir in diesem Jahr sehr beschäftigt, so daß ich keine Zeit fand, mich in meine wachsende Unzufriedenheit über dieses neue Leben hineinzusteigern, über das Astronautenprogramm, Houston, unsere kleine Wohnung und Jims zunehmende Abwesenheit. Nachdem wir es uns bequem eingerichtet hatten (falls sechs Leute sich in einer Drei-Zimmer-Wohnung mit kleinen, engen Räumen je bequem einrichten können), machte Jim mit uns einen Wochenendausflug nach Bay Colony an der Galveston Bay. Er war ganz begeistert. Pausenlos sprach er über die Gegend, wie schön sie doch sei, all die Fischer, die Krabbenfänger, die Segelboote, die wundervolle Atmosphäre hier. Ich gab mich selbst begeistert und malte im Geiste ein Bild, von dem ich annahm, es entspräche Jims Beschreibungen. Doch in Wirklichkeit dachte ich ständig: „Erzähl mir nicht, daß es in Houston tatsächlich irgend etwas Schönes gibt. Ich kann es kaum erwarten, das zu sehen. Gibt es denn noch irgend etwas anderes als diese sumpfige Ebene mit ihren Moskitomassen?"

Als der Wagen anhielt, schreckte ich auf. Ich hatte nach irgendeiner Veränderung Ausschau gehalten, wenn wir auch nicht weit gefahren waren.

„Ist es hier nicht wundervoll?" strahlte Jim und wies mit einer ausladenden Handbewegung um sich. „Würdest du nicht gerne hier an der Bucht wohnen?"

Ich konnte mir nicht vorstellen, daß er das ernst meinte. „Was soll denn daran schön sein?" erwiderte ich wie vor den Kopf geschlagen. „Ich kann keine Hügel oder etwas Ähnliches sehen, und außerdem ist das hier der übelriechendste Platz der Welt."

84

Hätte ich gewußt, daß Jim bereits ein Anrecht besaß, hier ein großes Grundstück zu erwerben, und schon die groben Pläne für ein zweistöckiges Haus mit Terrassen, die Ausblick auf die ganze Bucht boten, hatte, wäre ich mit meiner Mißbilligung vielleicht etwas vorsichtiger gewesen. Aber es war klar, daß ich in diesem widerlich riechenden Sumpf nicht glücklich werden konnte.

Aber wir fanden schließlich etwas Geeignetes in einer ruhigen, schattigen Sackgasse an der Nassau Bay. Wir machten einen Architekten ausfindig, der unsere Traumpläne zeichnete (sie erwiesen sich als fast identisch mit unserem geliebten Haus in Colorado), und begannen mit dem Bau. Die Aufgabe, ein Haus zu bauen, ist schlimm genug, aber irgendwie schien unseres schon von Anfang an mit Problemen belastet zu sein.

Vielleicht bestand unser erster Fehler darin, daß wir einen anderen Bauherrn beauftragten als denjenigen, der sonst jedes Haus in dem Gebiet erbaut hatte. Offensichtlich hielt man es für selbstverständlich, daß wir den gleichen nahmen, den die anderen auch gehabt hatten, aber wir waren von dessen Arbeit nicht besonders angetan. Es dauerte jedoch nicht lange, bis wir feststellten, daß dies anscheinend der Anfang einer Verärgerung unter unseren Nachbarn war, von denen einige auch Astronauten waren.

Ihnen mißfiel der zwei Meter fünfzig hohe Zaun, den wir entwarfen, um damit unseren wunderschönen Garten zu umgeben, der vor dem Wohn- und Eßzimmer lag. Wir meinten, er sähe von innen und von außen betrachtet schön aus; zusammengesetzt war er aus kleinen, halbmondförmigen Betonstückchen, die miteinander eine Art Gitter bildeten. Im Laufe der Zeit erkannten wir, daß wir einen miserablen Start gehabt hatten, dessen Folgen zum Teil während der gesamten sechs Jahre, die wir dieses schöne Haus bewohnten, spürbar blieben. Immer wieder befanden wir uns ihnen gegenüber in einer Verteidigungshaltung. Es war manchmal wirklich unangenehm.

Doch das Schlimmste von allem war, daß Jim die meiste Zeit fort war. So war ich diejenige, die sich mit eigensinnigen Bauarbeitern herumärgern mußte, die unbedingt ihren Kopf durchsetzen wollten. Ich mußte in knöcheltiefem texanischem Matsch herumwaten, nervös von der schwülen Luft und voller Sorge, mein

Traumhaus könnte danebengehen. Wenn Jim am Wochenende nach Hause kam, konnte ich aus seinen unterwürfigen Entschuldigungen dem Unternehmer gegenüber schließen, daß ich ihn in Verlegenheit gebracht hatte; oft schloß sich dann ein Streit über das Haus an.

Als das Haus an einem Tag im November endlich fertig war und wir umziehen konnten, waren die Kinder wild vor Aufregung. Sie rannten stundenlang im Haus und im Garten herum, kletterten auf die Bäume und benahmen sich wie kleine wilde Tiere, die plötzlich aus einem engen Käfig herausgelassen worden sind.

Noch vor dem Auspacken bestand unsere erste Amtshandlung darin, Joy und Jill, die die erste und die zweite Klasse besuchten, in ihrer neuen Schule anzumelden. Als ob wir noch nicht genügend Probleme hätten, bekam Joy Lernschwierigkeiten. Wir sahen darin Anpassungsprobleme infolge des Umzuges von Colorado und kamen zu dem Entschluß, ein Wiederholen der zweiten Klasse werde ihr helfen.

Die Bearbeitung unseres neuen, großen Grundstückes und die viele Gartenarbeit in diesem subtropischen Klima verschafften mir ausreichend Beschäftigung, ganz zu schweigen von der Versorgung der vier Kinder, den Näharbeiten für die Mädchen und mich, meinem Tennisunterricht, meiner Mitarbeit in einem Wohltätigkeitsverein und der liebsten meiner Beschäftigungen, der Malerei. Ich machte einen Kunstlehrer ausfindig und begann, mich ernsthaft in künstlerischem Ausdruck zu üben. Neben unserem Schlafzimmer richtete ich mir ein kleines Atelier ein, so daß ich die Welt hinter mir lassen und mich in Farben und Leinwand vertiefen konnte – zumindest so lange, bis die Schule aus war oder die Kinder aus dem Mittagsschlaf erwachten.

Erst mehrere Jahre später erkannte ich, daß das Jahr 1967 den Beginn der Veränderung meiner unausgeglichenen Gefühle darstellte.

In jenen ersten Monaten der chaotischen Umstellung kam es zur ersten Konfrontation mit der Tatsache, daß Astronauten in ständiger Gefahr leben, und mit der furchtbaren Gewißheit, daß einige von ihnen das größte Opfer, nämlich ihr Leben, bringen mußten. Es war am 27. Januar 1967. Ich war bereits zu meinen Eltern nach San Jose gefahren, wo wir ihre Goldene Hochzeit feiern wollten. Jim kam von Long Island, New York, zu uns geflogen und mußte jeden Moment eintreffen. Während ich noch an ihn dachte und mich fragte, wann denn wohl das Telefon läuten und er uns seine sichere Landung mitteilen würde, schaltete mein Vater den Fernseher ein, um die Fünf-Uhr-Nachrichten mitzubekommen. Da hörte ich es.

„Ein plötzliches und unerwartetes Feuer auf der Raketenstartrampe 34 in Cape Canaveral hat in weniger als fünfundzwanzig Sekunden das Leben dreier Astronauten gefordert. Gus Grissom, Ed White, Roger Chaffee – Männer, deren Namen jeder als Spitzenmannschaft für den ersten bemannten Apollo-Raumflug kennt."

Die ganze Welt war schockiert, doch ich erstarrte vor Schrecken. Wenn so etwas diesen Männern schon bei einem Routine-Test in der Raumkapsel passieren konnte, dann konnte es eines Tages auch Jim zustoßen. Ich hoffte nur, daß er noch nichts davon gehört hatte, damit er sich nicht während des Fluges aufregte.

Doch er hatte unmittelbar vor seiner Landung über das Radio seiner T-38 die Nachrichten gehört. Als er ankam, drängte ich auf Einzelheiten. Er wußte auch noch nicht viel mehr als ich, rief aber sofort in Houston an, um weitere Informationen zu bekommen. „Wie konnte bei all den Erfolgen, die unser Land zu verzeichnen hat, so etwas passieren? Ob es noch einmal passiert? Was wird die NASA jetzt machen?" Solche Fragen und Befürchtungen rotierten in meinem Kopf. Jim und ich sprachen von nichts anderem mehr, dachten an nichts anderes mehr, und auch wenn wir an den Feierlichkeiten der Goldenen Hochzeit teilnahmen, war es unser einziger Wunsch, nach Houston zurückzukehren. Früh am nächsten Morgen reisten wir ab.

Wir waren in dieser auserwählten Gruppe der Astronauten noch ziemliche Neulinge, doch wir fühlten jetzt eine eigenartige Verwandtschaft und Zugehörigkeit zu den anderen. Alle waren tief erschüttert, und keiner wußte, was die Tragödie eigentlich ausgelöst hatte. Eine staatliche Untersuchung zur Klärung des Falles sollte eingeleitet werden.

Der Begräbnisgottesdienst zwei Tage später war in der Tat ein trauriges Ereignis. Die Januarluft war eiskalt, der Himmel grau und deprimierend. Alle Astronautenfamilien waren vertreten, und der Innenraum der großen Seabrook Methodist Church war gefüllt mit mittrauernden Freunden. Ich erkannte nur John und Nancy Bull und Jack und Gratia Lousma, aber John erklärte mir, wer die anderen waren. Von meinem Platz aus waren nur zwei der Ehefrauen sichtbar – Betty Grissom mit ihren beiden Söhnen und Pat White.

Während des Gottesdienstes waren meine Augen ununterbrochen auf diese beiden Witwen gerichtet. Anstatt zuzuhören, saß ich wie taub da und versuchte nachzuempfinden, was sie wohl fühlten, versuchte zu verstehen, wie es sein mußte, dem Rest des Lebens ohne seinen Ehemann gegenüberzustehen. „Was sie wohl denken? Wie haben sie es verkraftet? Könnte ich meinen Mann für dieses Raumprogramm opfern? Ist es das denn wirklich wert?" Ich erschrak, als ich bei mir nicht einen Funken Bereitschaft vorfand, dieses Opfer zu bringen. Ich rückte näher an Jim heran, legte meinen Arm auf seinen und wischte mir die hervorbrechenden Tränen vom Gesicht.

Als der Gottesdienst zu Ende war, hörten wir alle die Düsenjäger zum Abschiedsgruß vorbeidonnern. Viele weinten ungeniert und heftig über die drei tapferen Männer, die nun nie wieder fliegen würden.

Ich habe noch oft an die Äußerung von Betty Grissom denken müssen, als alles vorbei war. „Ich werde die Telefongespräche vermissen", sagte sie. „Das war das meiste, was ich von ihm hatte. Die Telefongespräche." Obgleich in ihrer Stimme etwas Bitterkeit mitklang, fing ich an zu verstehen. Jim war viel häufiger fort als zu Hause, und die Saatkörner des Grolls waren deshalb bei mir bereits wieder aufgegangen. So beschloß ich nun, alle Gedanken, die mit dieser Tragödie zusammenhingen, beiseite zu schieben und das Beste aus den Umständen zu machen.

Das war wirklich ein schicksalhaftes Jahr – 1967. Es hatte beinahe den Anschein, als sei der Startrampenvorfall im Januar ein böses Omen gewesen, das eine ganze Folge von Todesfällen nach sich zog. Bis zu diesem Zeitpunkt konnte ich mich nur an den Tod eines einzigen Piloten erinnern – durch einen Flugunfall während unserer Stationierung in Edwards, in den ein entfernter Bekannter von uns verwickelt gewesen war. Doch plötzlich wurde unsere kleine Astronautenfamilie von einer Tragödie nach der anderen erschüttert.

Nur drei Monate nach der Beerdigung von Grissom, White und Chaffee kam der erste russische Kosmonaut, Lladimir M. Komanov, am 23. April beim Wiedereintritt in die Erdatmosphäre ums Leben. Für den Rest der Welt war diese Nachricht vielleicht wenig bewegend, weil Rußland für sie so weit weg ist, aber für mich, deren Mann sich gerade auf einen ebensolchen Flug vorbereitete, war sie alles andere als fernliegend. Wiederum war ich erschüttert, aber verdrängte es erneut aus meinen Gedanken, um zu überleben. Ich nehme an, daß die anderen Ehefrauen in ähnlicher Weise reagierten wie ich, aber wir waren bereits durch und durch auf dieses Image hin getrimmt – patriotisch, mutig, stets die richtigen Worte und die richtigen Taten.

Im Juni kam Edward G. Givens in der Nähe von Houston bei einem Autounfall ums Leben, und im Oktober starb Clifton C. Williams beim Absturz einer T-38 in Tallahassee, Florida.

Nancy Bull war unter den Astronautenfrauen meine nächste Freundin. An dem Tag, an dem die Nachricht von Cliftons Unfall eintraf, rief Nancy mich an, um sich zu erkundigen, ob ich mit ihr zusammen Beth Williams besuchen würde. Ich kannte Beth kaum, aber wollte mitgehen.

Niemand außer ihrem Mann hatte gewußt, daß Betty ihr zweites Kind erwartete, und als sie es uns erzählte, wurde deutlich, daß sie sowohl verletzt als auch zornig war. Sie und Clifton hatten so wenig Zeit dazu gehabt, einander kennen- und liebenzulernen. Nun lag ein ganzes Leben vor Betty, in dem sie ihre beiden Kinder allein erziehen mußte, von denen ihr geliebter Ehemann eines nie sehen würde.

Wieder rotierte es in mir vor Schock und Furcht. Wieder bemühte ich mich zu vergessen, daß auch wir nur einen Fuß breit vom Tod entfernt lebten.

Infolge all dieser Katastrophen fand in meinem Unterbewußtsein eine tiefe Veränderung statt. Vorher hatte ich es immer abgelehnt, mich dem Gedanken zu stellen, daß Jim durch seine Arbeit in Lebensgefahr schwebte. Ein dummes Verhalten für die Frau eines ehemaligen Testpiloten und jetzigen Astronauten, wie ich zugeben muß. Vielleicht rührte meine Vogel-Strauß-Politik von der Philosophie her: „Wenn ich an etwas nicht mehr denke und es vergesse, verschwindet es vielleicht." Das nannte ich dann auch noch Mut.

Bis gegen Ende des Jahres 1967 hatte sich mein vermeintlicher Mut allerdings als das entpuppt, was er wirklich war, und die wildesten, schrecklichsten Befürchtungen kamen an die Oberfläche. „Ich halte das einfach nicht mehr länger aus", dachte ich in stummem, ersticktem Protest. „Ich muß wissen, was die Zukunft mir und Jim bringen wird."

Und so waren mein Geist und meine Gefühle verwirrt genug, um in den nächsten Jahren im Schatten herumzustolpern. Ich trat hinaus in einen dunklen Abgrund und bemerkte es noch nicht einmal.

Können die Sterne es mir sagen?

„Nur Ihr Friseur weiß Becheid" beinhaltet wesentlich mehr Wahrheit, als der alte Werbefernsehspruch andeutete, und ich vertraute mich meiner Friseuse regelmäßig an. Ich hatte auch wirklich keinen anderen objektiven, unbeteiligten Zuhörer, mit dem ich sprechen konnte, und auch wenn eine Friseuse eine mehr oder weniger befangene Zuhörerin ist, die schließlich ihren Kunden gefallen möchte, schien sich meine wirklich sehr für mich zu interessieren.

Meine Probleme nahmen mit den Jahren immer mehr zu. Die meisten von ihnen kamen daher, daß ich, obwohl ich einen Mann hatte, in Wirklichkeit doch keinen hatte. Jim war siebzig Prozent der Zeit fort und dann an den Wochenenden, die er zu Hause verbrachte, entweder total erschöpft oder in Gedanken verloren; so war er eigentlich nur noch auf dem Papier mein Ehemann. Alle anderen Astronautenfrauen befanden sich in der gleichen mißlichen Lage, aber sie schienen besser darüber hinwegzukommen. Oder ich kannte sie vielleicht auch nur nicht gut genug, um über solche persönlichen Dinge Bescheid zu wissen. Oder lag es möglicherweise an jenem vergoldeten Image, in das wir eingeschlossen waren und das wir um keinen Preis trüben wollten? Woran auch immer es lag, ich wurde verzweifelt.

So erzählte ich an jenem denkwürdigen Freitagmorgen im Friseursalon wieder meine Probleme. Jody schien aufgeschlossener und einfühlsamer als sonst, und ich schüttete ihr all meine Sorgen aus.

Meine Kinder brauchten ihren Vater. Sie wurden älter, und ihre Bedürfnisse wuchsen. Wie zum Beispiel Fahrradflicken, was meine begrenzte mechanische Übung und Erfahrung nicht beinhaltete. Wie Hausaufgaben, besonders Mathematik, worin Jim ein Genie und ich eine absolute Niete gewesen war.

Bei zwei von den Kindern waren ernsthafte Lernschwierigkeiten aufgetreten, was die Not nur noch verstärkte. Ich wußte, daß sie gescheit genug waren, doch anscheinend konnten sie einfach nicht lernen. Ich versuchte jeden Weg der Hilfe, doch sie erwiesen sich alle als Sackgassen. Ich wußte, daß irgendwo eine Antwort liegen mußte, konnte sie aber nicht finden.

Allem anderen zugrunde lag das Problem des fehlenden Ehemannes und Vaters. „Warum kann ich nicht akzeptieren, daß dieses Fortsein zu Jims Beruf dazugehört? Warum kann ich mich nicht darauf einstellen?" O, ich kannte all die Paradeantworten, unter ihnen vor allem die, wie glücklich ich doch sei, überhaupt einen Ehemann zu haben. „Millionen von Frauen müssen jeden Tag alleine und ohne irgendeine Hoffnung auf Gemeinschaft verbringen", wiederholte ich pflichtbewußt. Aber es nützte nichts. Eine schwer greifbare Macht in meinem Inneren weigerte sich, alles hinzunehmen; dies führte in einen ständigen Zustand unterdrückten Ärgers – etwa vergleichbar mit einer angesteckten Zündschnur, die bei der geringsten Herausforderung zur Explosion führt. Und zu solchen Explosionen kam es immer regelmäßiger.

Gründe für meine kurze Zündschnur wußte ich viele: zu viele Kinder, zu wenig Freizeit, zu viel Arbeit, zu viele Aufgaben außer Haus, Houston mit seinem anstrengenden Klima und den Menschenmassen, das unrealistische Image von Astronautenfamilien – alles, was greifbar war. In Wirklichkeit ertrank ich in einem Meer von Einsamkeit, Selbstmitleid, Unsicherheit und Ängsten, – zum Beispiel, daß Jim sterben würde, daß ich ihn an eine andere Frau verlöre, daß ich durch die Konflikte wahnsinnig würde und daß die Kinder umkämen.

Nachdem Jody, meine kecke, kleine Friseuse, sich an jenem Freitag mein Leid angehört hatte, sagte sie: „Mary, ich kenne jemanden, der Ihnen helfen kann. Sie hat schon vielen Leuten geholfen, mir auch."

„Mir kann niemand helfen", antwortete ich verzagt. „Meine Probleme sind so kompliziert, daß schon ein Wunder geschehen müßte."

„Es ist immerhin einen Versuch wert, finden Sie nicht?" beharrte sie heiter.

„Nun, wer ist sie denn überhaupt, irgendein Genie?"

„Nein, sondern sie ist eine Wahrsagerin."

Ich muß geschockt oder erschreckt ausgesehen haben, denn sie fügte hinzu: „O, aber sie ist sehr fromm, Mary. Sie sollten die vielen Bibeln sehen, die sie in ihrem Hause hat. Und sie betet immer."

„Ach, ich weiß nicht, was ich davon halten soll, zu einer Wahrsagerin zu gehen, Jody", antwortete ich nervös. „Was macht sie denn, liest sie Handlinien oder aus Teeblättern? Außerdem würde Jim mich eher umbringen."

„Er braucht es ja nicht zu erfahren. Und wenn sie Ihnen hilft, nützt es doch jedem aus Ihrer Familie, besonders Jim", argumentierte Jody vorsichtig.

„Ich muß es mir wirklich einmal überlegen, Jody. Irgendwie habe ich Angst davor."

„Ich sage Ihnen mal was, Mary", bot sie schließlich an. „Das einzige, was Sie tun müssen, ist, sie anzurufen und ihr den Tag, die Stunde, den Monat und das Jahr Ihrer Geburt mitzuteilen. Falls Sie Ihre Meinung noch ändern, braucht sie ja noch nicht einmal zu erfahren, wer Sie überhaupt sind. Jedenfalls kann sie Ihnen eine Menge über Sie sagen, ohne das zu wissen. Sie werden sicher nicht enttäuscht sein."

Der Köder war ausgeworfen, und ich trieb gefährlich nahe an den Angelhaken heran. Tatsächlich las ich schon seit einiger Zeit jeden Tag mein Horoskop in der Zeitung und stürzte mich auf jeden Zeitschriftenartikel, der etwas mit meinem Sternzeichen zu tun hatte. Der bloße Gedanke daran, über eine positive, kinderleichte Methode zu verfügen, um meine Zukunft kennenzulernen, lockte mich in unerklärlicher Weise. Als ich den Salon verließ, hatte ich Name, Adresse und Telefonnummer der Wahrsagerin sicher in meiner Brieftasche verwahrt. Während meiner Heimfahrt vermischte sich die Aufregung mit Besorgnis.

Eine Woche lang dachte ich darüber nach. „Soll ich diese Edna anrufen? Nein, es wäre nicht richtig. Ich habe gehört, daß Wahrsagerei gefährlich ist. Andererseits, wenn ich nur einmal hingehe, schadet es vielleicht nicht, und ich kann herausfinden, ob sie wirklich so fromm ist, wie Jody sagt. Denn wenn sie wirklich fromm ist, kann Wahrsagerei doch gar nicht so schlecht sein."

So argumentierte ich hin und her. Meine zahllosen Probleme, über die ich absolut keine Kontrolle mehr hatte und die täglich zuzunehmen schienen, brachten mich an den Rand der Verzweiflung. Hier war ein einziger Strohhalm, an den ich mich klammern konnte – nicht viel, aber wenn ich nur die Zukunft kannte, war ich vielleicht eher fähig, mit der Gegenwart fertig zu werden. Das war immer noch besser, als selbst völlig vom rechten Weg abzukommen. Und manchmal fürchtete ich, daß ich dem schon erschreckend nahe war.

Rückblickend erkannte ich, daß ich im Grunde geistliche Hilfe brauchte, aber da ich nichts finden konnte, was meine quälende Leere füllte, rannte ich von einer Beschäftigung zur anderen und blieb doch unbefriedigt.

Am darauffolgenden Freitagmorgen, kurz vor meinem wöchentlichen Friseurtermin, wählte ich Ednas Nummer. Jody hatte recht gehabt. Das einzige, was sie wissen mußte, war: 31. Januar 1938 um 5 Uhr morgens. Einfach nur das. Falls ich beschloß, mich mit ihr zu treffen, konnte ich in einer Woche wieder anrufen. Es würde ein paar Stunden dauern, meine Tabelle für eine Deutung vorzubereiten.

Ich hatte angebissen, und ich wußte es. Es bestand nun gar keine Frage mehr, daß ich anrufen würde. Ich konnte es kaum noch abwarten, diese Verabredung zu treffen, und dann konnte ich den verabredeten Termin kaum noch erwarten. Sorgfältig wählte ich Donnerstag, ein Uhr mittags. So blieb genug Zeit, bevor die Kinder aus der Schule kamen, und es war ein Tag vor Freitag, an dem Jim zum Wochenende nach Hause kam.

Als ich zu der ländlichen Adresse fuhr, die Jody mir auf einem kleinen Zettel notiert hatte, beschlich mich ein eigenartiges Gefühl. Wie einen Teenager, der die Schule schwänzt, um sich mit einem verbotenen Freund zu treffen. Das kleine Haus befand sich mehrere Meilen außerhalb der Stadt inmitten eines 25 Morgen großen Farmlandes. Unter normalen Bedingungen hätte ich diese Fahrt aufs Land genossen, aber meine Nervosität hielt mich davon ab, auch nur irgend etwas wahrzunehmen. Ich zitterte regelrecht, und ich konnte nicht sagen, ob es an meiner Aufregung oder an meiner Furcht lag. Ich wußte, daß ich mich in gefährliche Gewässer begab, aber ein Zwang, den ich nicht verstand, trieb mich vorwärts. „Sie weiß überhaupt nichts über mich – noch nicht einmal, wer ich bin. Kann sie mir bei so wenig Information überhaupt etwas über mich sagen? Vielleicht spricht sie nur ganz allgemein und bringt mich dazu, zu sagen, was sie wissen möchte. Ich werde überhaupt nichts sagen und sie einfach reden lassen. Dann werde ich wissen, ob an ihrem Können etwas Wahres dran ist."

Der Privatweg zu ihrem Grundstück war schwer zu entdecken, und ich lief eine Zeitlang umher und versuchte, die Telefon-Relais-Station zu finden, die auf meinem Zettel erwähnt war. Straßen- und Hinweisschilder gab es hier nicht. Fünf Minuten vor meiner Verabredung gab ich auf und wandte mich aus reiner Verzweiflung einem mir unwahrscheinlich erscheinenden Kiesweg zu. Und siehe da, eine Meile weiter entdeckte ich die Relais-Station!

Ich stand auf der großen Vorderveranda eines bescheidenen, ganz in Weiß gebauten Hauses und wartete darauf, daß die Tür sich öffnete. Es war ein frischer Märztag. Eine Herde fetter Schafe graste auf einer eingezäunten Weide, die einen niedrigen, rauh behauenen, ungestrichenen Schuppen umgab, und ein braunes Pferd trottete auf einer anderen herum. Soweit ich sehen konnte, gab es sonst nichts als flaches, baumloses Land.

Die kleine Frau, nicht größer als einen Meter fünfzig und hell gekleidet, erschien gerade rechtzeitig. Ich hatte beinahe meinen Mut verloren und eilte schon zu meinem Auto zurück.

„Wollen Sie nicht hereinkommen?" sagte sie freundlich. Da ich meinen Namen nicht ausplaudern wollte, lächelte ich bloß und nickte. „Nehmen Sie doch schon einmal Platz, ich komme sofort." Sie verschwand in der Küche, und ich hörte, wie sie ein Telefongespräch beendete.

Ich war froh, erst einmal Zeit zu haben, mir meine Umgebung anzusehen. Meine Augen sprangen von Gegenstand zu Gegenstand; sorgfältig werteten sie alles aus in der Hoffnung, irgendeinen Einblick in den Lebensstil und die Person zu gewinnen, in deren Gewalt ich mich möglicherweise begab. Der Fußboden war mit altmodischem Linoleum und verblaßten Brücken ausgelegt; die Möbel waren billig, abgenutzt und sahen aus, als seien sie einem Katalog von 1920 entnommen. Zahlreiche Nippsachen standen herum, und an den Wänden verstreut hingen unbestimmbare Bilder aller Größen. Das einzige Bild, an das ich mich noch genau erinnere, war ein großes Gemälde, das Jesus darstellte. Auch fielen mir drei aufgeschlagene Bibeln auf, die auffällig ausgelegt waren – eine lag auf der Anrichte, eine stand auf einem Tisch, an die Wand gelehnt, und die dritte befand sich auf einem kleinen Tischchen in der Nähe des Sofas, auf dem ich saß

Die Bibeln waren es, die mich beruhigten. Sie hatten eine wichtige Rolle in meiner religiös orientierten Kinderstube gespielt, und da mir die Vermutung gekommen war, mein Mangel sei geistlicher Natur, entspannte ich mich etwas. „Vielleicht entdecke ich einen richtigen Zusammenhang zwischen Religion und Astrologie", überlegte ich. „Hat Gott denn nicht auch die Sterne und Planeten geschaffen? Sie haben bestimmt noch einen anderen Zweck, als als Schmuck zu dienen. Möglicherweise hat gerade diese Frau meine Antworten." Ich war offen, empfänglich und aufnahmebereit für jeden Ratschlag, den diese neue Ratgeberin mir geben würde.

Als Edna lächelnd eintrat und sich vorstellte, erschreckte mich diese etwa fünfzigjährige Frau mit dem unnatürlich wirkenden rotgefärbten Haar und dem von einem früheren leichten Schlaganfall etwas verzerrten Mund für einen Moment. Aber ihre freundliche Art und ihre deutliche Wärme entwaffneten mich vollständig, und nach wenigen Minuten fühlte ich mich wohl.

Nachdem wir ein paar der üblichen Scherze ausgetauscht hatten, holte Edna meine Geburtstabelle hervor, die sie sorgfältig berechnet hatte, und erklärte mir mit peinlicher Genauigkeit jeden Aspekt. Ihr zufolge hatten sich bei meiner Geburt die Planeten und der Mond offensichtlich in einer bestimmten Konstellation befunden, die über mein weiteres Leben bestimmte. Meine Tabelle sah etwa so aus (die eigentliche war noch länger und wesentlich detaillierter):

Geburtsdatum: 31. Januar 1938, 5 Uhr

Wassermann:	Wasser + Luft = Leben
Mond:	Wenn der Mond eine direkte Linie mit dem Mars bildet, achten Sie auf Ihren Weg. (Daten waren angegeben.)
Jupiter:	Als Jupiter mit Saturn und Uranus ein Dreieck bildete, hatten Sie eine schwere Ehekrise. (Weitere Daten.)
Saturn:	Sie machen sich sehr viel aus Kleintieren und aus Antiquitäten.
Uranus:	Sie lassen sich sogar zum Streit mit Polizisten provozieren, wenn Sie sich im Recht fühlen. Seien Sie vorsichtig mit Ihrem Zorn – er ist sehr zerstörerisch, besonders für Sie selbst.

Venus:	Macht Sie zu einer Wasserträgerin; Sie werden der Menschheit auf eine nützliche Weise dienen.
Mars:	Schönheit und Musik üben eine seltsame Wirkung auf Sie aus.

Ein- oder zweimal schien es so, als befände sie sich beinahe in Trance, während sie sich auf eine besondere Einzelheit konzentrierte. Wenn sie mir ihre Geschichte wiedergab, sagte sie mehrmals vorher: „Gott hat mir gezeigt, daß..." Das klang zuverlässig, und ich glaubte ihr.

Wie sie dazu fähig war, präzise Informationen über bestimmte Ereignisse in meinem Leben zu geben, konnte ich mir nicht erklären. Sie wußte beispielsweise die Zahl meiner Kinder, ihren Geburtsort und ihr Geschlecht und bot mir als Hilfe für die Erziehung und um den Kindern gegenüber Fehler zu vermeiden ihren Rat an. Sie wußte das Jahr und den Monat von Jims Flugunfall. Als sie begann, eine grobe Karte zu zeichnen, um mir zu zeigen, wo wir an der Nassau Bay wohnten, als sie auf eine Eckparzelle in einer Sackgasse wies und die Bereiche im Garten einkreiste, wo ich Bäume gepflanzt hatte, beugte ich mich beinahe atemlos und gebannt über das Tischchen zwischen uns. Zu diesem Zeitpunkt wußte ich noch nicht, daß sie nicht nur Wahrsagerin, sondern auch ein Medium war, genauso wie ihre Mutter und ihre Großmutter vor ihr.

Schließlich griff sie nach einem ganz normalen Kartenspiel und sagte mir, ich könne ihr drei beliebige Fragen stellen, auf die ich eine Antwort suchte. Darauf war ich bereits vorbereitet, denn Jody, meine Friseuse, hatte mir geraten, meine Fragen schon bereitzuhalten.

Als erstes wollte ich wissen, ob unsere Ehe von Bestand war. Ich hatte schon alles, was ich bekommen konnte, über die Vereinbarkeit unserer beiden Tierkreiszeichen gelesen. Jim und ich hatten so viele Probleme, daß ich mir die Frage gestellt hatte, ob wir zueinander paßten oder nicht. Falls nicht, so wäre es besser, ich fand es jetzt heraus und konnte etwas ändern. Obgleich Edna auf diese Frage nicht direkt antwortete, waren ihre Äußerungen dazu mehr bejahend.

Als zweites fragte ich, ob ich noch ein Kind bekommen würde, und wenn ja, ob es ein Junge sein würde. Ich könnte, antwortete sie, aber das Kind würde ein verkrüppeltes Bein haben. Dies würde Jims Selbstbewußtsein vernichten, das war mir klar, denn er konnte nicht ertragen, was nicht perfekt war.

Meine letzte Frage war kurz und direkt: „Wird mein Mann zum Mond fliegen?" Sofort erkannte sie, daß ich die Frau eines Astronauten war, und antwortete mit einem festen „Ja!".

Als die Sitzung vorüber war, fuhr ich schwach und erschüttert zu Nancy Bull, um die vierjährige Jan abzuholen, auf die sie aufpaßte.

Obwohl ich Nancy kurz erzählte, wie es gelaufen war, ging ich nicht in Einzelheiten, denn über zu vieles mußte ich mir erst einmal selbst klarwerden. Es war noch bei Nancy, wo mir plötzlich auffiel, daß mein Körper von der Taille abwärts eiskalt war.

Während der beiden Wochen vor meinem nächsten Termin versuchte ich, mich an jede Einzelheit meines Gespräches mit Edna zu erinnern, damit ich seine Auswirkungen und seine Bedeutung für mein Leben zu rekonstruieren und auszuwerten vermochte. Ob es überhaupt richtig war oder nicht, eine Wahrsagerin zu konsultieren, fand in meinen Überlegungen keinen Platz. Da ich in mir selbst nicht die notwendige Kraft hatte, um meine ständig zunehmenden persönlichen Probleme zu lösen, fühlte ich mich berechtigt, mich an irgendeine Person zu wenden, die dazu in der Lage war. Eine selbstgerechte Einstellung begann sich breitzumachen. Jetzt befand ich mich mitten im Leben und mußte nicht mehr hilflos darauf warten, bis es weitere niederschmetternde Ereignisse hervorbrachte. Wenn ich die Zukunft kannte, mußte mir das doch dabei helfen, meine verworrenen Angelegenheiten zu entwirren. Nun besaß ich einen goldenen Schlüssel, eine simple Lösung, und ich hatte vor, mich dieser mysteriösen Magie ohne Bedenken auszuliefern.

Jim war dermaßen von der NASA und dem Raumfahrtprogramm vereinnahmt, daß ich beschloß, ihn nicht dadurch zu stören, daß ich ihn über meine neueste Verbindung informierte. Immer mehr lebten wir jeder sein eigenes Leben und waren unfähig, in die Welt des anderen einzudringen oder ihm die eigene mitzuteilen. Keiner von uns wollte es so, aber wir hatten es mit einer Macht zu tun, die über unserem privaten Leben stand. Zuerst kam die NASA, ob es uns gefiel oder nicht. Der Erfolg des

Raumfahrtprogrammes unseres Landes hing von der totalen Hingabe jedes Beteiligten ab.

Jims langersehnte Beförderung, zu der es kurz vor meinem ersten Besuch bei der Wahrsagerin kam, gehörte mit zu meinen Enttäuschungen. Ein Aufrücken im militärischen Rang wurde normalerweise von einer Beförderungsparty begleitet, und ich wollte sehr gerne eine solche Party für Jim veranstalten. Natürlich war er nicht da. Ich erfuhr von seinem Erfolg sogar nur am Telefon, und es ergab sich nie die Gelegenheit zum Feiern. Ich fühlte mich so abgewiesen, so isoliert, für Jim in seiner Karriere völlig nebensächlich.

Das Raumfahrtprogramm machte rasche und bedeutende Fortschritte. Obwohl der historische Flug von Apollo 11 mit der ersten Landung des Menschen auf dem Mond noch gar nicht stattgefunden hatte, befand sich Apollo 12 bereits in Vorbereitung, und Jim bereitete sich mit Dave Scott und Al Worden fieberhaft auf einen möglichen Einsatz als Ersatzmannschaft vor. Das bedeutete natürlich, daß die Ersatzleute bei einer möglichen Verhinderung oder Disqualifizierung der ersten Mannschaft in letzter Minute sofort bereit sein mußten, in die Raumkapsel zu steigen.

Diese Verantwortung war so riesig, daß Jim und ich die Verbindung zueinander verloren. Wenn er am Wochenende zu Hause war, sprachen wir sogar nur selten über die Schul- und Verhaltensschwierigkeiten der Kinder oder Erziehungsprobleme oder die ganz normalen Familienangelegenheiten, die Mann und Frau gewöhnlich miteinander besprechen. Ich versuchte ihn in seiner knapp bemessenen Zeit abzuschirmen und alles leicht und angenehm zu gestalten. Wir konnten uns auch nicht über Jims Arbeit unterhalten, denn ich verstand nichts davon. So kam die Kommunikation zwischen uns fast ganz zum Stillstand.

Obwohl ich versuchte, oberflächlich alles glatt erscheinen zu lassen, ärgerte ich mich sehr über Jims Abwesenheit. Andererseits war es für mich auch schwierig, nachdem ich die ganze Woche über alle Beschlüsse und Familienpläne allein hatte fassen müssen, jetzt die Kontrolle abzugeben, und gelegentlich merkte ich, daß ich mich auch über seine Gegenwart gar nicht freute. Alles das, so erkenne ich nun, gab Jim das Gefühl, von mir und den Kindern abgeschnitten zu sein.

Mein nächster Besuch bei der Wahrsagerin war weniger traumatisch und die Tabelle für den April weniger detailliert und verwickelt. Wieder durfte ich drei Fragen stellen, aber dieses Mal mußten sie sich auf jemand anderen als auf mich beziehen.

Ich hatte mich schon lange gefragt, was meine Freundin Nikki, die ich aus meiner Mannequinzeit in San Jose kannte, wohl machte, denn ich hatte den Kontakt zu ihr verloren. Nikki und ich hatten viele unserer tiefsten Geheimnisse miteinander geteilt und schöne Stunden zusammen verbracht, aber ich wußte, daß sie in ernsthaften Schwierigkeiten steckte. Ihr Mann hatte sie mit ihren drei Kindern sitzengelassen. Als Edna mir sagte, Nikki habe sich mit einer Überdosis Tabletten getötet, brach mir das Herz, und ich schluchzte hemmungslos. Ich erkannte jedoch, daß ein Teil des Schmerzes mir selbst galt, und der Gedanke erschreckte mich, daß meine Probleme auch solche Ausmaße erreichen und mich in die gleiche Verzweiflung stürzen könnten.

Nachdem ich endlich meine Fassung wiedergewonnen hatte, sah ich mir wieder die Fragen an, die ich mir vor meiner Abfahrt so sorgfältig zurechtgelegt hatte. Meine Freundin Nancy Bull hatte gerade eine schlimme Fehlgeburt hinter sich; dabei hatte sie sich so sehr nach dem Kind gesehnt. Deshalb wollte ich gerne wissen, ob sie noch Kinder bekommen würde. „Ja", sagte Edna, „zuerst einen Jungen, dann ein Mädchen." Das traf tatsächlich ein, wenn Nancy mich auch auslachte, als ich ihr erzählte, was Edna gesagt hatte. Sie und John hatten nämlich beide beschlossen, daß sie nur noch ein Kind wollten.

Auch meine letzte Frage betraf die Bulls. „Wird Nancys Mann, John, zum Mond fliegen?" John hatte ernsthafte gesundheitliche Probleme und rang zur Zeit um einen Entschluß, ob er die NASA und das Raumfahrtprogramm verlassen sollte oder nicht. „Nein, John wird nicht zum Mond fliegen und bald aus dem Programm aussteigen", lautete Ednas feste Antwort. Sie hatte recht. Ich erzählte Nancy nie etwas von meiner dritten Frage.

Innerhalb kurzer Zeit wurden Edna und ich Freundinnen. Ich brauchte jemanden, an den ich mich klammern konnte. So nahm diese freundliche, mütterliche Person, der ich all meine innersten Geheimnisse anvertrauen konnte, diese Stelle ein und begann, von meinen Sinnen, meiner Seele und meinem Geist Besitz zu ergreifen. Sie war nicht schuld daran. Ich war es selbst. Wissentlich und freiwillig öffnete ich mich ihrer Freundschaft und ihrem überredenden okkulten Einfluß. Ich hatte von Anfang an gewußt, daß ich mich auf ein gefährliches Spiel einließ, aber ich ging darauf ein und spielte mit.

Das erste Warnsignal dafür, daß ich mich in Schwierigkeiten begab, bestand darin, daß ich mich von allen Menschen außer Edna vollkommen zurückzog. Die Astrologie wurde mir überwichtig, und Edna war der einzige Mensch, dem ich mich mitteilte. Sie hatte die Antworten – ich hatte die Fragen. „Was wäre ich für ein Narr, wenn ich nicht auf sie hören würde", dachte ich. Also hörte ich auf sie.

Schließlich wurde die Astrologie zu meiner Religion. Es war zwar bestenfalls eine durch und durch ichbezogene Annäherung an religiösen Glauben, aber zu diesem Zeitpunkt war es mir nicht anders möglich, da ich so vollkommen ichbezogen war. Ich war ganz am Ende und begann zu glauben, daß ich niemanden, selbst Gott nicht, mit meinen Problemen belästigen konnte. Meine Suche nach einem Ersatz endete in der Wahrsagerei. Ich fühlte, daß ich die Astrologie „erfahren" hatte, und in meinem Innersten hielt ich sie für wahr und glaubte fest an die Wirkungen kosmischer Rhythmen und Schwingungen. Die Fähigkeit, meine eigenen persönlichen Entscheidungen zu treffen, schwand nun vollkommen, und ich war hilflos von meinem Horoskop und Ednas Interpretationen abhängig. Selbst in Kleinigkeiten konnte ich ohne astrologische Hilfe zu keinen logischen, praktischen Entscheidungen mehr kommen. Dies hätte mir ein zweites Warnsignal sein sollen, aber weder beachtete ich es, noch machte ich mir etwas daraus.

Das dritte war Jim. Mein anfänglicher Grund, mich der Wahrsagerei zuzuwenden, war es ja gewesen, unsere Eheprobleme zu lösen. Hätte ich klar gesehen, so hätte ich erkannt, daß unsere Beziehung nach dem Einsetzen meiner okkulten Abhängigkeit noch zerbrochener und zerstörter wurde als je zuvor. Aber ich war schon so verblendet, daß ich es niemals hätte zugeben können, daß in der Astrologie nicht das Heil lag, denn genau das erwartete ich.

Jim wußte nie genau, wie tief ich mich in diese Welt der Finsternis verstrickt hatte. Es ließ sich leicht vor ihm verbergen,

weil er nur selten zu Hause war, und wenn, so war er es nur körperlich. Ich wußte, daß er dagegen sein würde, wußte aber auch, daß
ich im Recht war – zumindest rechtfertigte ich mich damit mir
selbst gegenüber.

Ich erinnere mich nur an zwei Gelegenheiten, bei denen ich ihn
auch in diese Richtung drängte. Ich hatte Edna für ihn eine
Geburtstabelle errechnen lassen und bat ihn, er möge sie sich von
ihr interpretieren lassen. Er ging hin, erwähnte jedoch niemals
seinen Besuch und ließ beim Nachhausekommen die Tabelle still-
schweigend in seiner Nachttischschublade verschwinden.

Ein paar Monate später machte Edna eine erschreckende
Prophezeiung, die mich an den Rand des Wahnsinns trieb. Jim
arbeitete zur Zeit bei Grumman Aircraft in New York an einem
komplizierten Raumschiff-Simulator. „In Jims Simulator ist ein
Draht falsch angeschlossen", sagte Edna ruhig, „und wenn er nicht
in Ordnung gebracht wird, wird ein verheerendes Feuer ausbrechen."

Obwohl Jim nicht viele Worte gemacht hatte, wußte ich, daß er
in Edna eine gewaltige Schwindlerin sah. Ich hatte beschlossen,
sie in seiner Gegenwart nicht mehr zu erwähnen, deshalb befand
ich mich in einem schrecklichen Dilemma. Ich hatte Angst, es ihm
zu erzählen, und Angst, es nicht zu tun. Die letztere Angst gewann,
und sobald er von Grumman nach Hause gekommen war, brachen Ednas Vorhersage und ein Sturzbach aufgestauter Befürchtungen aus mir hervor und sprudelten beinahe zusammenhanglos
heraus. Jim wartete, bis ich fertig war. Dann fing er an.

„Solange ich lebe, will ich kein weiteres Wort mehr von dieser
verlogenen Sternguckerin hören", rief er verärgert. „Es ist mir ganz
egal, was sie sagt; ich will es nicht wissen, und du brauchst es mir
nicht mehr zu erzählen. In dieser Apparatur befinden sich
Tausende von Drähten und Dutzende von Schaltplänen. Man
würde mich ja für einen totalen Idioten halten, wenn ich damit
ankäme, daß irgendeine blöde Wahrsagerin erzählt hat, ein
winziger Draht sei verkehrt, und wir dürften das nächste Jahr
damit verbringen, das Labyrinth nach ihm zu durchforsten." Mit
diesen Worten stapfte er hinaus, und wir verbrachten das ganze
Wochenende in totalem Schweigen.

Offensichtlich hatten meine Freundinnen, von denen sich alle
von mir zurückgezogen hatten, sofern ich es nicht selbst getan

102

hatte, meine Probleme kommen sehen, fühlten sich jedoch nicht in der Lage, mir zu helfen. Nur eine versuchte, etwas Hilfreiches zu unternehmen. Ohne mein Wissen lud DiAnne Jim zum Essen ein, um mit ihm über meine Verbindung zu Edna zu sprechen. „Es ist schwer zu erkennen, was ein anderer Mensch fühlt oder denkt", schrieb sie mir später, „aber ich bekam den deutlichen Eindruck, daß Jim das wirkliche Ausmaß deiner Verwicklung in die Astrologie nicht kannte." Aus Angst, man könne ihr vorwerfen, sie mische sich in alles ein, verfolgte sie die Sache nicht weiter und wußte zu diesem Zeitpunkt auch nicht, was sie noch hätte unternehmen können.

„Ich war so sehr gegen die ganze Sache", schrieb sie, „daß wir beide uns an diesem Punkt immer weiter voneinander entfernten. Du wünschtest dir so sehr, ich würde mich auch auf die Wahrsagerei einlassen, und anstatt die Sache mit dir durchzukämpfen und dir zu helfen, fing ich an zurückzuscheuen. Seit dieser Zeit habe ich tatsächlich immer das Gefühl gehabt, daß ich dich im Stich gelassen habe und einfach in die gute alte Welt der Oberflächlichkeit zurückversunken bin. Eine nicht sehr tapfere, aber nur allzu menschliche Krankheit."

Im Verlauf der Wochen und Monate bekam ich das schrecklich hilflose Gefühl, im Treibsand zu stecken, und ich sank langsam, aber ständig. Ich schien nichts ergreifen zu können, was mir Halt gegeben und den Zug nach unten aufgehalten hätte. Am 5. Mai 1968 ging ich beinahe unter. Mein Bruder Claire, der mir am nächsten und liebsten war, kam auf eine tragische und unerwartete Weise ums Leben.

Das Gewitter

Als ich die Stimme meines Schwagers Ernie vernahm, wußte ich sofort, daß es sich um keinen gewöhnlichen Telefonanruf handelte. Es war an einem Maiabend, und unsere ganze Familie hatte sich gerade um den Abendbrottisch versammelt. Als das Telefon klingelte, sprang ich auf, um abzunehmen, etwas irritiert darüber, daß jemand um fünf nach sechs anrief, zu einer Zeit, wo normalerweise alle Leute essen. Ernie, der Mann meiner Schwester Donna, bei der ich in Washington gewohnt hatte, bevor Jim und ich heirateten, hatte noch nie angerufen; folglich versetzte mich der Klang seiner Stimme am anderen Ende der Leitung gleich in Alarm. Ich wußte sofort, daß irgend etwas nicht in Ordnung war.

„Was ist los, Ernie?" drängte ich direkt.

„Ich habe eine schlechte Nachricht für dich, Mary. Sitzt du gerade?"

Ich saß nicht, und ich setzte mich auch nicht. Furcht hatte mich ergriffen, und in den wenigen Sekunden, bevor er fortfuhr, versuchte ich, mich zusammenzunehmen, wie die Nachricht auch immer aussehen mochte, die er mir zu übermitteln hatte. „Jemand von der Familie ist gestorben. Ich weiß, daß es so ist. Ist es Mutter, Vati? Oder einer meiner Brüder? – Sie fahren ja immer, als seien sie auf der Rennstrecke von Indianapolis. O, mein Gott, wie soll ich das aushalten?"

„Ernie, sag' schon. Was ist los?"

„Mary, es geht um Claire. Er ist tot. Er ist gestern von einem Felsen in den Santa Cruz Mountains abgestürzt, und heute haben wir ihn gefunden. Am Montag soll die Beerdigung stattfinden. Wenn du kommen kannst, werden wir ein Quartier für dich besorgen."

„O, Ernie, nein, nein – das kann nicht wahr sein", schrie ich. „Wie konnte das passieren? Um Himmels willen, wie konnte das nur passieren?"

„Nun, Mary, die beiden Kameraden, mit denen Claire zusammen war, haben uns erzählt, daß sie zu dritt mit Claires

Hund Sunny in seinem Lieferwagen in die Berge gefahren sind, um nach einer Geisterstadt zu suchen. Du weißt ja, wie leidenschaftlich Claire alte Flaschen gesammelt hat, und ich nehme an, daß er hoffte, dort ein paar zu finden. Nachdem sie den Wagen abgestellt hatten und ausgestiegen waren, hat Claire seinen Kameraden gesagt, sie sollten in die eine Richtung gehen, er wolle mit Sunny die andere einschlagen, und in der alten Geisterstadt würden sie sich treffen. Doch Claire tauchte nie dort auf. Seine Freunde warteten bis Sonnenuntergang auf ihn und fuhren dann mit dem Wagen in die Stadt zurück. Heute morgen machte sich ein Suchtrupp nach dem Ort auf, an dem sie Claire zum letzten Mal gesehen hatten. Als sie nach Sunny riefen, fing der Hund sofort zu kläffen an, kam angerannt und führte sie zu Claires Körper. Der Felsen war fünfundzwanzig Meter hoch, Mary. Wir sind sicher, daß er sofort tot war."

„Ich kann es nicht glauben. O, ich kann es einfach nicht glauben", klagte ich. „Wie verkraften Mutti und Vati es, Ernie?"

„Es ist für uns alle sehr schmerzlich, Mary, besonders für Vikki. Du weißt ja, daß sie erst jung verheiratet waren – noch nicht einmal ein Jahr, und sie kann sich kaum fassen."

Als das Gespräch beendet war, legte ich wie betäubt den Hörer auf. Noch zu geschockt, um weinen zu können, ging ich ins Eßzimmer und erzählte Jim alles, was Ernie gesagt hatte; dann begab ich mich in mein Zimmer. Zum ersten Mal in meinem Leben verstand ich, was „ein gebrochenes Herz" bedeutet. Ein tiefer, aufwühlender Schmerz preßte meine Brust zusammen und schien mir allen Atem zu nehmen. Nun begann ich zu schluchzen, ich konnte gar nicht aufhören. Weil ich nicht wußte, wohin ich mich um Trost wenden sollte, griff ich nach meiner Bibel und preßte sie an mich. Ich hatte schon jahrelang nicht mehr darin gelesen, aber irgendwie war das einzige, was ich in dieser verzweifelten Stunde zu tun wußte, dieses Buch festzuhalten.

Die ganze Zeit wartete ich darauf, daß Jim hereinkam. Auch wenn unsere Beziehung erschüttert und angespannt war, brauchte ich ihn so sehr, daß ich sicher war, er würde es spüren und versuchen, mich zu trösten. Doch er kam nicht.

„Warum? Warum? Warum konnte das passieren?" wiederholte ich in Gedanken ununterbrochen. Claire war erst siebenundzwanzig Jahre alt, noch nicht einmal ein Jahr verheiratet und hatte erst kürzlich sein Leben Gott übergeben und war entschiedener Christ geworden, nachdem er jahrelang suchend und rebellisch gewesen war. Das schien mir nicht gerecht zu sein. „Wo war denn Gott, als Claire ihn brauchte?"

Den Rest des Abends verbrachte ich mit nervösen Vorbereitungen: die Kinder unterbringen, Koffer packen, das Haus in Ordnung bringen und mich für die frühe Abreise am nächsten Morgen vorbereiten. Nancy Bull bot sich an, auf die Kinder aufzupassen. So beschloß ich, Joy und Jill bei ihr zu lassen, während ich Jimmy und Jan mit nach San Jose nehmen wollte.

Bevor ich mich voller Erschöpfung ins Bett fallen ließ, huschte ich außer Hörweite von Jim und rief Edna an. Nachdem ich ihr erzählt hatte, was vorgefallen war, folgte ein langes Schweigen. Schließlich sagte sie traurig: „Ich hätte es Ihnen sagen sollen, – ich hätte es Ihnen sagen sollen. Dann wären Sie ein wenig besser darauf vorbereitet gewesen."

„Mir was sagen sollen?" fragte ich.

„In der letzten Woche sah ich ganz klar, daß eine schwarze Wolke Sie umgab. Diese erschreckte mich, deshalb habe ich versucht, sie zu verscheuchen und mich davon zu überzeugen, daß ich sie mir nur eingebildet hatte. Aber sie verschwand nicht. Ich wußte, daß diese Wolke Tod bedeutete, und ich habe gedacht, es beträfe Sie selbst – deshalb habe ich es Ihnen nicht gesagt."

Mich ergriff ein kalter Schauer. Hatte irgendein geheimnisvolles Schicksal diesen Unfall so vorbereitet, daß er überhaupt nicht hätte verhindert werden können? Ich ging dann ins Bett, konnte aber nicht schlafen und warf mich die ganze Nacht unruhig hin und her. Ich versuchte, etwas von den verwirrenden Umständen zu verstehen, die mich zu verschlingen drohten. Sie waren wie die verstreuten Teile eines Puzzlespieles, und ich konnte noch nicht einmal zwei Stücke finden, die zueinander paßten. Diese Nacht war furchtbar, aber der Morgen war es nicht minder, denn nun mußte ich zum Flughafen eilen und nach San Jose fliegen, wo das Begräbnis mich erwartete. Die schwarze Wolke, die Edna gesehen hatte, senkte sich auf mein Leben herab.

Nachdem ich angekommen war, erfuhr ich, daß meine Schwester Lorraine und ihr Mann an dem Suchtrupp teilgenommen und als erste Claires zerschmetterten Körper entdeckt hatten. In mir verkrampfte sich alles, doch ich spürte, daß ich um Lorraines und der ganzen Familie willen stark sein mußte, die alle derartig vom Schmerz überwältigt waren, daß sie weder essen noch schlafen konnten. Ich gestattete es mir noch nicht einmal, mich so weit gehen zu lassen, daß ich in ihrer Gegenwart weinte. Weshalb ich meinte, die Starke sein zu müssen, weiß ich bis heute nicht. Jim kam zur Beerdigung von New York aus, und an diesem Tag konnte ich mich an seine Stärke anlehnen.

Als sich die Familie nach dem Trauergottesdienst um den Sarg herum versammelte, durchbohrte der Gedanke mein Herz: „Werde ich Claire jemals wiedersehen? Werde ich ihm im Himmel begegnen?" Ich sah das hübsche Gesicht an, aber ich fand keine Antwort. Doch in diesem Moment erkannte ich, daß mein angeblich christliches Leben keinerlei geistliche Basis besaß. Mein Leben lang hatte ich bloß „Kirche gespielt".

Während ich so dastand, kam mir etwas in den Sinn, was ich vor langer Zeit einmal im Gottesdienst gehört hatte. Etwas darüber, daß das Leben so flüchtig sei wie ein Dunst. Natürlich wußte ich nicht, woher diese Aussage stammte – ich nahm an, aus der Bibel. Aber das sprach mich so sehr an, und ich begriff, daß mein Leben genauso war wie Claires: flüchtig wie ein Atemzug. „Was wäre mit mir, wenn ich plötzlich sterben würde und Gott gegenübertreten müßte?" Wie erschreckend war dieser Gedanke für mich!

Ich kehrte zerbrochen nach Hause zurück. Wie konnte ich weiterleben? Meine Ehe lag in Trümmern; ich wußte um keine einzige Freundin, auf die ich zählen konnte, außer Edna. Gefühlsmäßig war ich total am Ende; geistlich kannte ich nichts als Schein und Heuchelei. Ich wünschte mir wirklich den Tod. Es gab nichts, wofür ich hätte leben können, außer für die Kinder natürlich. Ich war jedoch so deprimiert, daß ich das Gefühl hatte, es ginge ihnen sicherlich besser ohne mich. Ich hatte in allen Dingen so fürchterlich versagt.

In meinem depressiven Zustand verdächtigte ich sogar Jim der Untreue. Sobald ich konnte, ging ich zu Edna, um von ihr Klarheit zu bekommen. Schon lange Zeit hatte ich den Wunsch gehabt, sie zu fragen, ob Jim mich betrog, aber ich war zu stolz gewesen, auch nur die Möglichkeit zuzugeben.

Oder es lag an jener ungeschriebenen, unausgesprochenen und doch fest eingeprägten Furcht unter den Astronautenfamilien, daß Eheschwierigkeiten, die nicht mehr unter dem Deckmantel blieben, den betreffenden Mann automatisch davon disqualifizierten, an einem Flug teilnehmen zu können? In Nassau Bay kursierten beständig Gerüchte über Seitensprünge einiger der Männer, wenn diese nicht zu Hause waren. Keine von uns war so naiv, daran zu zweifeln, daß so manche Frauen eifrig mit unseren Männern flirteten, zumal sie über alle Maßen von diesen Supermännern beeindruckt waren.

Wieder beantwortete Edna mir meine direkte Frage über Jim nur vage. Dies verfestigte nur noch meinen Verdacht, und als ich sie nicht festnageln konnte, erklärte ich ihr, daß ich Jim verlassen werde. Sie bat mich, nicht so impulsiv zu handeln, indem sie mir versicherte, die gegenwärtige Sternkonstellation werde sich in Kürze auflösen, dann werde alles besser werden. Auch sagte sie mir, daß Jim mich nie mehr annehmen werde, wenn ich ihn jetzt verließe. Also blieb ich.

Währenddessen rang ich weiterhin mit der Frage, die mir bei Claires Beerdigung gekommen war. Es schien mir geradeso, als ob mein toter Bruder von Zeit zu Zeit auferstand und mich fragte: „Mary, was wirst du nun tun? Wenn du dich nicht um deine Seele kümmerst, werden wir uns in der Ewigkeit niemals wiedersehen." O, ich wollte mich darum kümmern, aber ich wußte nicht wie. Ich tastete und suchte nach Antworten. So begann ich auch, meine Bibel zu lesen, um sie zu finden.

Eines Tages las ich etwas, das mir half, meinen Schmerz über Claires Tod zu lindern und mein ständiges „Warum, Gott?" zu beenden. Es hieß dort: „Der Gerechte ist umgekommen . . . und niemand achtet darauf. Ja, der Gerechte ist weggerafft durch die Bosheit und geht zum Frieden ein. Es ruhen auf ihren Lagern, die recht gewandelt sind" (Jesaja 57, 1–2).

Das war ein Anfang, doch nur ein schwacher, denn weitere Antworten konnte ich nicht finden. Tatsächlich wurde das Verhältnis zwischen Jim und mir nur noch schlechter. Ich beschloß, meine Suche nach geistlicher Erfüllung in meiner alten Gemeinde fortzusetzen, wodurch Jim nur noch ärgerlicher wurde. Aber ich wußte wirklich nicht, wohin ich mich wenden sollte, und so schien es mir immer noch besser, in diese Gemeinde zu gehen als in gar keine. Jim war nicht damit einverstanden und verbot mir, die Kinder mitzunehmen. „Ich will nicht, daß sie auch noch so durcheinandergebracht werden wie du", sagte er einmal bitter. So stand ich Samstag morgen früh auf und verließ nach der Zubereitung des Frühstücks bald das Haus. Gegen ein Uhr kam ich zurück, richtete das Essen und legte mich danach so bald wie möglich zu einem langen Mittagsschlaf ins Bett. Am nächsten Tag, am Sonntagmorgen, wiederholte Jim den ganzen Vorgang für die Kinder und sich.

Ich war mir dessen wohl bewußt, daß Jims Beschwerden stichhaltig waren. Er konnte nur am Wochenende zu Hause sein, und weil ich so stur darauf bestand, den Samstag zu heiligen anstatt mit ihm zusammen den Sonntag, verbrachte die ganze Familie überhaupt keine Zeit gemeinsam. Infolgedessen verlebten wir diese beiden Tage mit Streit und Beleidigtsein, zerrten die Kinder zwischen uns hin und her und spielten das Schweige-Spiel. Das war ein hoffnungsloser Weg, um eine Ehe oder ein Familienleben zu pflegen.

Aber die Prägung der Kindheit, ob sie nun richtig oder falsch ist, läßt sich nicht so einfach überwinden, und es fiel mir nicht leicht, die strengen Lehren abzulegen, die meine Eltern mir während der entscheidenden Jahre meiner Kindheit anerzogen hatten. Jim wiederum konnte das nicht verstehen und sich auch nicht anpassen.

Somit waren wir hoffnungslos an einem toten Punkt angekommen. Die Spannung wurde so unerträglich, daß wir uns nicht einmal mehr in Gegenwart der Kinder zusammennahmen, sondern uns beim geringsten Anlaß offen in ein Gefecht einließen. Zuvor hatten wir wenigstens immer noch so lange gewartet, bis die Kinder fest schliefen, oder Jim hatte sich geweigert, etwas zu sagen, und damit einen Streit unmöglich gemacht. Doch nun kümmerten wir uns nicht mehr darum. Ich wußte, daß die Kinder seelisch darunter litten und daß sie fürchteten, wir würden unsere Drohungen wahr machen – entweder einander umbringen oder uns scheiden lassen.

Ich hatte auch die Vermutung, daß Jim sich ernsthaft mit dem Gedanken trug, die Möglichkeit, den Traum seines Lebens verwirklichen zu können, aufzugeben. Da er für die erste Mann-schaft von Apollo 15 aufgestellt worden war, lagen zwei Jahre intensiver Vorbereitungen und Trainings vor ihm. Er war Tag und Nacht dermaßen davon in Anspruch genommen, daß er sich sogar selbst als einen wandelnden, lebenden, atmenden Automaten bezeichnete. Natürlich hätte ich mich von dem damit zusammen-hängenden Ruhm gefangennehmen lassen sollen, hätte lächeln und mich über die Erfolge meines Mannes freuen und mit der Unterstützung an seiner Seite stehen sollen, die er brauchte. Aber ich war dazu nicht in der Lage. In mir war nichts, das mich mit den notwendigen Energien versorgen konnte, die ich dafür benötigt hätte, um das zu sein, was ich sein sollte. Oder um zu Hause die Atmosphäre zu schaffen, die Jim brauchte, um die hohen Erwartungen zu erfüllen, die man an ihn stellte.

Nachdem ich mich die ganze Zeit über ergeben dem unmög-lichen NASA-Image angepaßt hatte, begann ich nun zu erkennen, daß die Frau eines Astronauten zu sein beinahe soviel bedeutet wie eine Null zu sein. Als der erste Glanz verblaßt war und ich klar sehen konnte, begann ich mich gegen die vielen „Du sollst" und „Du sollst nicht" der NASA aufzulehnen, gegen die Einsamkeit, gegen die Ängste und die Zweifel, gegen die Verantwortung für Haus und Kinder, für Autos, Handwerker, Zahnärzte, Ärzte und Krankheiten und gegen die ganze Last von Sorgen und Durchein-ander, den dieser ganze fehlgeleitete Lebensstil mir auferlegte. Daß Jim ebenso ein Opfer dieses Images war wie ich, bezweifelte ich zu keiner Zeit, – aber die schwarze Wolke wurde dermaßen undurchdringlich, daß ich schließlich an den Punkt kam, an dem ich mich um das dumme NASA-Image nicht mehr scherte. Ich wollte ja ohnehin nicht die Frau eines Astronauten sein, weshalb sollte ich also weiterhin mein Leben und das meines Mannes und meiner Kinder dadurch ruinieren lassen?

Wäre ich nur in der Lage gewesen, irgend etwas objektiv zu betrachten, so wäre mir die ganze Angelegenheit sicherlich in ihrer eigentlichen Lächerlichkeit und Absurdität aufgegangen. Ich engagierte mich stark in der Gemeinde und übernahm sogar eine Jugendgruppe. Dort war ich die lächelnde, überlegene, glück-liche Ehefrau eines Astronauten, die triumphierend dem Druck eines feindseligen Mannes standhielt, der es ihr verbot, die Kinder mitzunehmen. Zu Hause ließ ich die glückliche Maske fallen und verwandelte mich in eine verbitterte, klagende und rachsüchtige Ehefrau.

Im Laufe der Zeit holten meine Doppelzüngigkeit und meine Heuchelei mich ein, und ich erkannte, daß ich auf diesem Kurs nicht weitermachen konnte, ohne mein geistiges Gleichgewicht zu verlieren. Daß die Zeiger möglicherweise schon in die falsche Richtung ausschlugen, wurde zu einer quälenden Furcht – vielleicht für Jim ebenso wie für mich.

Schon war ich einem erneuten seelischen Schock ausgesetzt worden. Genau sechs Monate nach Claires Tod starb mein Schwager Ernie, der mich damals wegen Claire angerufen hatte. Ich fing an zu begreifen, daß das Leben eine bittere Krise nach der anderen bedeutet, ohne erkennbaren Plan oder Erklärungen.

An einem Sommermorgen – die Kinder spielten draußen im Garten – wusch und frisierte ich mein Haar und begann dann, das Haus zu putzen. Während ich wie abwesend den Staubsauger über den Wohnzimmerteppich schob, schien mein Geist von einer schweren Last niedergedrückt zu werden. Ich grübelte über die hoffnungslosen Umstände, denen ich ausgesetzt war, nach. Dieses Haus, das ich putzte und in dem ich einst jede Einzelheit geliebt hatte, erschien mir heute wie ein verhaßtes Gefängnis. Ich war gefangen in einem Chaos unlösbarer Probleme und wußte nicht, wohin ich mich noch wenden sollte. Die zukunftsvorhersagende Astrologie, der ich mich anvertraut hatte, um Klarheit in die Verwirrung zu bringen, hatte diese nur noch mehr verdichtet. Die Tätigkeiten in der Gemeinde taten zwar gut, solange ich mich dorf befand, doch ich kehrte ja doch immer nur in das gleiche Elend zurück, das ich verlassen hatte, und hier konnte ich die vorgebrachten, erhabenen Prinzipien nicht anwenden.

Ich starrte aus dem Fenster auf den lieblichen kleinen Vorgarten mit den hübschen Blumen, auf das üppige grüne Gras und die schönen Fels- und Blumenbeete. Heiße Tränen des Selbstmitleids begannen hervorzubrechen. Ich schaltete den Staubsauger aus, setzte mich auf das Sofa und begann, über die Ereignisse der vergangenen paar Monate nachzugrübeln. „Möchte ich denn noch so weiterleben? Ist es das überhaupt wert? Warum soll ich eigentlich noch länger gegen Jim ankämpfen?

Warum nicht einfach aufgeben und ihm seinen Willen lassen?" Als unsere Probleme in meinen Gedanken so verzerrt und unüberwindbar wurden, wurde ich innerlich vollkommen resigniert und erschöpft und legte mich müde auf das Sofa zurück. „Jim liebt mich sowieso nicht, warum soll ich mir also noch um irgend etwas Gedanken machen?" Unbewußt wurde ich gewahr, daß ich leer in die Luft starrte, während ich in geistigen Trancezustand hinüberglitt. Als ich so dalag, gab ich die Hoffnung auf und zog mich total aus meiner Umwelt zurück.

Es war nicht einmal mehr erschreckend für mich, daß der geistige Zusammenbruch, vor dem ich mich so gefürchtet hatte, mich nun wohl wirklich erfaßte. Nachdem ich so lange auf verlorenem Posten gekämpft hatte, erschien es mir geradezu tröstlich, meine Selbstbeherrschung loszulassen und einfach aufzugeben. Es war in der Tat so tröstlich, daß ich nie mehr in die Wirklichkeit zurückkehren wollte.

Ich habe keine Ahnung, wie lange ich so in diesem Zustand liegenblieb, bevor die Kinder hereinkamen. Ich war mir ihrer Gegenwart vollkommen bewußt, und doch war ich es auch wieder nicht. Ich wußte, daß sie mir Fragen stellten, die ich nicht beantwortete. Oder konnte ich sie auch gar nicht beantworten? Obwohl ich alles hörte und wußte, was um mich herum vor sich ging, fand ich keinen Zugang dazu – so als sei ich anwesend, doch innerlich vollkommen ausgeschaltet.

Die Kinder wurden beunruhigt. Jill glaubte, ich sei tot und fing an zu weinen. Joy versicherte ihr, das sei nicht wahr. Nachdem sie jede erdenkliche Methode ausprobiert hatten – bettelten, an mir zerrten, schrieen –, kamen sie schließlich auf eine Idee: Sie nahmen sich vor, alle verbotenen Dinge zu tun, die ihnen einfielen, in dem Glauben, das werde mich genügend aufstören, um einzugreifen. Es war ein eigenartiges Gefühl, sich aus nichts etwas zu machen. Als ich die Hoffnung und den Willen zu kämpfen aufgab, hatte sich in meinem Inneren etwas ausgeschaltet, und ich besaß keine Macht, es wieder einzuschalten.

Das Telefon klingelte. Obgleich ich es hörte, schien es weit fort in einer anderen Welt zu sein. Nichts in mir rührte sich. Viel später erfuhr ich, daß Joy meine Freundin DiAnne angerufen und ihr immer wieder gesagt hatte, mit ihrer Mama sei etwas nicht in

Ordnung. Und als DiAnne sie fragte, was es denn sei, wiederholte sie beständig, ich liege nur auf dem Sofa und würde weder etwas sagen noch etwas tun. Joy war so erschrocken und bat sie, herüberzukommen. Es war dann DiAnne, die auf die Idee kam, meine Nummer zu wählen in der Hoffnung, mich damit zu einer Reaktion zu bewegen. Als ich jedoch nicht antwortete, rief sie bei der NASA an und schickte mir einen Arzt.

Der Doktor muß wohl schon beim ersten Hinsehen bemerkt haben, was hier vor sich ging, denn anstatt mir ein Medikament zu geben, versuchte er sofort, mich durch Schläge ins Gesicht, durch Ansprechen und durch Drohungen zurückzuholen. Als ich nicht darauf reagierte, übertrug er einer Nachbarin die Aufgabe, sich um die Kinder zu kümmern, hob mich auf den Arm, trug mich zu seinem Wagen und fuhr mich zur NASA. Alle Ärzte der NASA hatten strengste Anweisung, alle ungünstige Publicity so still wie möglich zu handhaben. Wenn ich also ohne das Wissen der Presse und der gierigen Öffentlichkeit, die beide nur darauf warteten, den winzigsten Teil einer Sensation aufzuschnappen, behandelt werden konnte, war dem Raumfahrtprogramm und Jim sehr damit gedient.

Da die Möglichkeit bestand, daß ich Drogen genommen hatte, wurde mir der Magen ausgepumpt. Ich hatte den ganzen Tag noch nichts gegessen, folglich war der Vorgang des Würgens und Brechens fürchterlich. Doch eigenartigerweise betraf die ganze elende Prozedur nur meinen Körper – während ich, mein wirkliches Ich, davon total losgelöst und unberührt blieb. Was auch immer sie mit meinem Körper anstellten, so konnten sie mir doch nichts anhaben, und in gewisser Weise fühlte ich mich zum ersten Mal seit Jahren richtig frei. Frei von der erdrückenden Last, frei von dem Gewicht einer zu großen Verantwortung, frei von dem Bemühen, die Dinge in die richtige Richtung bewegen zu wollen und doch ständig nur zu scheitern. Nun konnte ich ausruhen.

Da man nichts in meinem Magen gefunden hatte, begann Dr. McGee nun, mir eine Unmenge von Fragen zu stellen. Wieder hörte ich und hörte doch nicht. Nur mein schlaffer Körper und mein glasiges Starren begegneten seiner Fragerei. Nach vielen vergeblichen Versuchen, mich aufzuwecken, wurde mir plötzlich, wie aus jener anderen Welt, ein Wort vernehmbar. Ich rang darum, es von mir fernzuhalten, aber es verschwand nicht mehr. Zuerst war es nur schwach, doch dann wurde es immer eindringlicher und forderte immer mehr meine bewußte Aufmerksamkeit. „Jim . . . Jim . . . Jim . . . Jim." Dann hörte ich es deutlich: „Ich werde Jim verständigen müssen!" Ich konnte mich immer noch nicht regen, doch ich spürte, wie langsam ein paar Tränen über mein Gesicht liefen. Der Arzt sah sie auch, und er wußte nun, daß er auf die eigentliche Quelle meiner Sorgenflut gestoßen war.

Nun machten der Druck und die Gewalt der Güte Platz, und er fing an, mich behutsam, ja fast väterlich zu fragen, ob mich irgend etwas bedrücke und ob ich darüber sprechen wolle. Immer noch keine Antwort. Nur Tränen. Hätte ich gewußt, wie viele andere Frauen diese Ärzte mit ihren unbestimmten Beschwerden beschäftigten, die nie genau erklärt werden konnten, daß man sie hätte heilen können, so hätte ich vielleicht mein beladenes Herz entlasten können. Aber ich wußte es nicht. Ich hielt mich für die einzige, der es so erging. Und darum schämte ich mich.

Schließlich fuhr ein Ambulanzwagen der NASA vor, man brachte mich hinein und dann ins Methodisten-Krankenhaus von Houston. Sobald Dr. McGee mich eingewiesen und die diensthabende Schwester kurz informiert hatte, ging er wieder. Dann erschien ein Neurologe, um mich zu untersuchen. Er hörte meine Herztöne ab, fühlte mir den Puls, testete die Reflexe und prüfte hier und da noch etwas. Endlich wandte er sich ab und sagte in einem Ton, der deutlich seinen Widerwillen über die vertane Zeit kundwerden ließ: „Warum in aller Welt hat man denn mich gerufen? Die braucht doch gar nicht mich. Die braucht einen Psychiater!"

Nun drangen zwei Befürchtungen scharf durch die mir selbst zugelegte Schale ein. Erstens fürchtete ich, sie würden Jim anrufen, den ich gar nicht sehen wollte. Ich wollte ihn überhaupt nie mehr wiedersehen.

Die zweite Befürchtung hatte der Neurologe in mir wachgerufen. „Er sagt, ich brauche einen Psychiater. Er glaubt, ich bin verrückt. Vielleicht bin ich das wirklich. Vielleicht habe ich nicht nur die Hoffnung aufgegeben und mich zurückgezogen; viel-

114

leicht habe ich tatsächlich meinen Verstand verloren, und sie bringen mich jetzt für den Rest meines Lebens in eine Irrenanstalt. Ich sollte besser bald etwas sagen, sonst komme ich noch in große Schwierigkeiten."

Es kann nur noch aufwärtsgehen

Die psychiatrische Abteilung im siebenten Stockwerk des Methodisten-Krankenhauses konnte die fröhlichste und optimistischste Seele deprimieren. Nachdem der Neurologe gegangen war, erschien ein Psychiater, brachte mich in einem Rollstuhl in den siebten Stock und wies mich dort ein. Ob er mir Fragen gestellt oder mich untersucht hat, weiß ich nicht mehr. Inzwischen war ich seelisch vollkommen zerstört und wollte, wie am Anfang, keinen Menschen mehr sehen.

„Ich bin so müde. Bitte lassen Sie mich doch schlafen!" bat ich die erste Krankenschwester, die in meine Nähe kam. Zu meiner großen Erleichterung stellte sie keine weiteren Fragen, sondern brachte mich gleich zu Bett und gab mir ein starkes Beruhigungsmittel. Ich war seelisch und körperlich dermaßen erschöpft, daß ich am liebsten für immer eingeschlafen wäre. Ich bemerkte nicht, wie die Zeit verstrich. Als man begann, mich aufzurichten, weigerte ich mich, denn es schien mir so, als hätte ich nur einen Moment lang geschlafen.

Bei dem Bemühen um klares Denken hörte ich immer wieder jemanden schreien: „Nein, nein, nein!" Ich sah mich in meinem Zimmer um, doch außer einer ungeduldigen Schwester war dort niemand. Später erfuhr ich, daß die Schreie von dem Mädchen aus dem Nebenzimmer kamen, das sich heftig gegen die aufgezwungene Schockbehandlung wehrte.

Es schien, daß mehr Schlaf für mich nicht vorgesehen war, denn man begann nun damit, mir in rascher Folge Pillen zu verabreichen und mich mit Fragen zu überschütten: „Glauben Sie, daß die Menschen sich gegen Sie verschworen haben? Hören Sie eigenartige Stimmen? Haben Sie Schwierigkeiten beim Urinieren? Empfinden Sie Groll gegen Ihren Vater? Hassen Sie Ihre Mutter?" Obgleich mein Verstand noch etwas benebelt war, erkannte ich bei den Fragen eine bestimmte Reihenfolge und Ähnlichkeit, so verschieden sie sich auch anhörten. Deshalb bemühte ich mich, ohne Widersprüche zu antworten. Die Fragerei nahm gar kein Ende. Mir war so, als würde sie überhaupt

Mary als Photomodell; vor ihrer Ehe mit Jim aufgenommen.

Marys Familie: Vordere Reihe (von links nach rechts): Jean, Kate, Mutter, Donna, Lorraine. Hintere Reihe (von links nach rechts): Claire, Mace, Mary, Vater, Paul, Art, Jim.

Familie Irwin im Jahre 1965 (von links nach rechts): Jill, Mary, Jimmy, Jim, Jan (auf Jims Schoß) und Joy.

Mary und Lurton Scott,
unmittelbar nachdem
Jim und Dave auf dem
Mond gelandet sind.

Mary arbeitet während
Jims Flug an einem
Sammelalbum mit Zei-
tungsausschnitten.

Jimmy und Jan stellen ein Sammelalbum für ein Kinder-Kranken-haus zusammen.

Unten:
Ein Besuch im Kon-troll-Zentrum der NASA während des Fluges. Von links nach rechts: George Lowe, Lurton Scott, ihre Mut-ter, Mary, Neil Arm-strong, Dr. Gilrath von der NASA.

Mary vor dem NASA-Museum während Jims Flug.

Ein herzliches Willkommen für Jim bei seiner Rückkehr vom Mondflug.

Oben rechts: Mary im NASA-Kontroll-Zentrum während des Apollo-15-Fluges.

Jim verläßt das Flugzeug und schließt Mary in seine Arme; nach seiner Rückkehr vom Apollo-15-Flug am 8. August 1971.

Die heimgekehrten Astronauten halten sofort nach ihrer Landung auf dem Luftwaffenstützpunkt Ellington kurze Ansprachen an die Begrüßungsmenge; mit ihnen im Rampenlicht stehen ihre Kinder.
Von links nach rechts: Dave Scott, Merrill Worden, Al Worden, Joy, Jim, Jan, Jimmy, Jill.

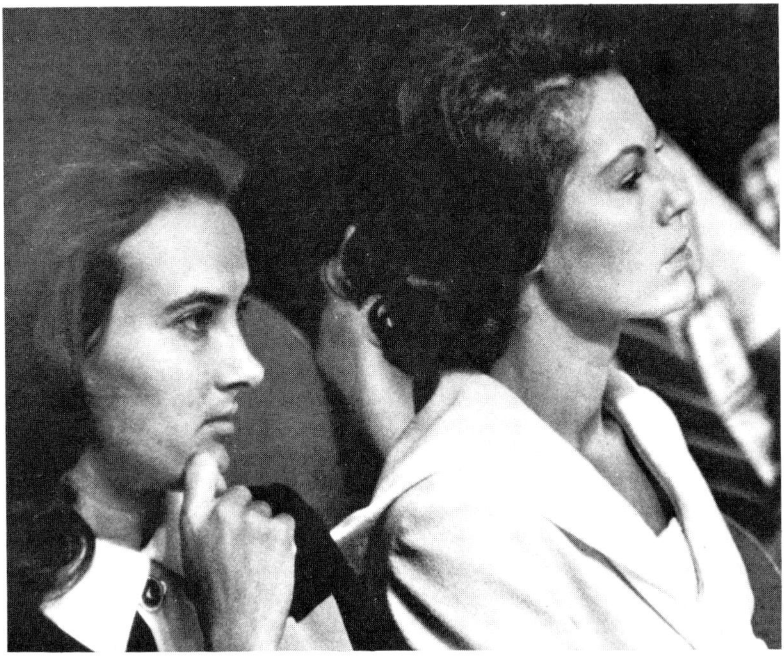

Lurton und Mary lauschen ihren Männern, die auf einer Presse-Konferenz von ihrer dreitägigen Monderkundung berichten.

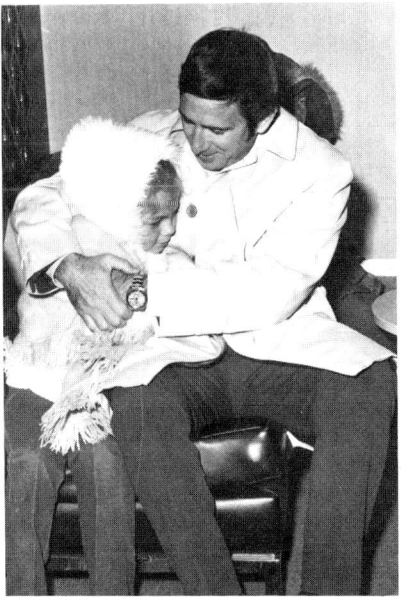

Jim und Jan auf dem Flughafen in Amman, Jordanien.

Die Mannschaft von Apollo-15 verbringt einen Urlaubstag in Bled, Jugoslawien, bevor sie von ihrer Weltreise zurückkehrt.

Während des Fluges bei der NASA: Lurton Scott, Neil Armstrong, Mary.

Die Astronauten von Apollo 15 erhalten am 24. August 1971 den Friedens-Nobel-Preis. Von links nach rechts: Lurton und Dave Scott, U-Thant, Sekretär der Vereinten Nationen, Al Worden, George Bush, Mary und Jim Irwin.

Mary, Jimmy und Jim im Hause von Prinz Hussein, dem Bruder von König Hussein, in Jordanien.

Jim und Mary genießen während ihrer Weltreise eine Schlittenfahrt in Jugo-slawien.

Das Symbol von „High Flight".

Eine Veranstaltung der Welt-Evangelisations-Bewegung in Capetown, Süd-Afrika. Von links nach rechts: „Bruder Bill" Rittenhouse, Jill, Mary, Jim.

Mary und Madalene Harris (rechts) arbeiten am Manuskript.

Rechte Seite: Mary während des Fluges.

Ein glücklicher Moment für Jim und Mary.

nicht mehr aufhören. Wenn ein Fragesteller verschwunden war, kam der nächste und begann wieder von vorne.

Dazwischen versuchte ich zu schlafen oder ein Buch zu lesen, das ich am ersten Tag meiner Haft aufgestöbert hatte. Als ich in einer dieser Pausen mich wieder einmal in mein Buch vertiefte, spürte ich plötzlich die Gegenwart eines anderen Menschen im Raum, und als ich aufsah, entdeckte ich Jim, der unentschlossen im Türrahmen stand. Er zögerte, so als wüßte er nicht, ob er hereinkommen oder besser draußen bleiben sollte. Ich sagte kein Wort, starrte ihn nur leer an. Jegliches Gefühl war von mir gewichen.

Schließlich kam er herüber zu meinem Bett, beugte sich ernst und ausdruckslos über mich, um endlich zu sagen: „Was machst *du* denn hier? Eigentlich sollte *ich* hier sein."

„Da hast du sicher recht", stimmte ich grausam zu.
Wir hatten einander wenig zu sagen. Ich wollte ihn immer noch nicht sehen und hatte auch kein Verlangen danach, irgend etwas zu erklären. Wir waren füreinander zwei total fremde Menschen, ohne jede Gemeinsamkeit. Nachdem er fort war, dachte ich über unsere zerbrochene Beziehung nach. Immer wieder fragte ich mich: „Wie ist es nur möglich, daß zwei Menschen schon so lange zusammenleben können und einander doch nur so wenig kennen? Wie können zwei, die sich einmal so sehr geliebt haben, sich nur so weit voneinander entfernen?" Es erschien mir unbegreiflich.

Nur zweimal während meiner Woche im Krankenhaus kam der Psychiater, aber das reichte mir auch vollkommen. Er erschien mir so unpersönlich, ja feindselig, so sehr darauf aus, mich zu beunruhigen. Was ich brauchte, war meine Ruhe. Außerdem ärgerte mich, daß er immer wieder auf seine Uhr sah, als würde ihm jede Sekunde leid tun, die er opfern mußte. Doch der Höhepunkt war, als er anfing, meine Beschäftigung mit der Wahrsagerei zu untersuchen. Zunächst erkundigte er sich in einer so kritischen Weise nach Edna, daß er mich in die Defensive trieb. Dann deutete er an, ich hätte mich wohl am Ende in eine Abhängigkeit von der Astrologie begeben. Daraufhin weigerte ich mich, auch nur noch ein Wort zu sagen, und drehte mein Gesicht zur Wand. Innerlich kochte ich. Wer mochte ihm wohl erzählt haben, daß ich eine Wahrsagerin aufsuchte? Wenn sich herausstellt, daß Jim es war, dann wird er das noch bitter bereuen!

Die Krankenschwestern begannen mich zu drängen, ich solle doch an der Therapie teilnehmen. Wieder wurde ich wütend und schrie sie an: „Hauen Sie ab! Ich bin müde, und ich will schlafen. Ich bin nicht hierhergekommen, um Körbe zu flechten!" Es kam mir gar nicht in den Sinn, daß das Verhalten des Arztes und der Schwestern, von mir als überaggressiv und unhöflich empfunden, vielleicht nur die spontane Reaktion auf mein Benehmen war. Ich war dermaßen introvertiert, ichbezogen und egoistisch geworden, daß für mich nichts mehr zählte als meine eigenen Bedürfnisse. Ich konnte gar nichts mehr richtig einordnen, sondern sah alles nur noch in direktem Bezug zu mir. Ich arbeitete mit niemandem zusammen.

Es war wohl am zweiten Tag, als ich beschloß, im Hof spazieren-zugehen. Sicherlich tat ich es nicht, um jemanden zu treffen. Ich hatte kein Bedürfnis nach Menschen. Ich wollte ganz einfach nur einmal aus diesem Käfig herauskommen, dessen vier Wände mich zu erdrücken schienen.

Ich werde niemals den glasigen und leeren Ausdruck auf den Gesichtern der Patienten vergessen, die ziellos herumschlurften oder entmutigt dasaßen, gegen die Wand oder in die Luft star-rend. Die Hoffnungslosigkeit und Verzweiflung auf diesen Gesichtern verfolgen mich immer noch. Es waren lebende Menschen, und doch hatten sie ihre Existenz aufgegeben.

Ich fand einen Stuhl und beobachtete von dort aus eine Zeitlang die mitleiderregenden Gestalten. Welche Umstände mögen sie in eine solche Mutlosigkeit getrieben haben? Mein Geist arbeitete nur langsam wegen der Beruhigungstabletten, die ich rund um die Uhr bekam. Ich hätte gerne gewußt, ob diese Leute auch solche Tabletten bekommen haben! Als ich aufblickte, sah ich ein Mädchen von einem verriegelten Raum her aus dem Fenster star-ren. Voller Schrecken erschauderte ich, stand schnell von meinem Stuhl auf, lief durch die Halle und außer Sichtweite. Beim weiteren Herumwandern stieß ich auf ein kleines Zimmer, in dem sich nichts befand außer einem Klavier. Ich spielte darauf ein paar einfache Kirchenlieder, und in meinen verwirrten Geist zog ein wenig Frieden ein.

Am dritten Tag wurde ein junges Mädchen eingewiesen, das eine Überdosis Schlaftabletten genommen hatte. Ich erfuhr, daß sie deshalb so verzweifelt war, weil sie ein uneheliches Kind erwartete. Mir war sofort klar, daß ich sie besuchen –, und versuchen mußte, ihr so gut wie möglich zu helfen. Jahrelang hatte ich mein eigenes Geheimnis sorgfältig und peinlich gehütet, weil ich fürchtete, irgend jemand könne es herausfinden oder erraten. Aber jetzt wußte ich, daß ich es erzählen sollte. „Haben Sie keine Angst davor, Ihr Baby auszutragen", ermutigte ich geduldig diese arme, verwirrte Seele. Wir verbrachten an diesem Tag viel Zeit im gemeinsamen Gespräch, und als ich ging, hatte ich das bestimmte Gefühl, jemandem ein ganz klein wenig geholfen zu haben.

Von einem gelegentlichen Ausflug zum Klavier abgesehen, verbrachte ich den Rest der Woche in meinem Zimmer. Draußen in der Halle und den Aufenthaltsräumen diese menschlichen Ruinen zu sehen, entnervte mich schrecklich. Ich konnte ihren Anblick einfach nicht mehr ertragen. Angenommen, ich würde auch so werden wie diese Menschen – was dann? Ich war nicht in der Verfassung, mich mit einer solchen Aussicht zu beschäftigen. Meine einzige Alternative bestand darin, mich in meinem öden, einsamen Zimmer zu isolieren, zu lesen oder zu schlafen. Die meiste Zeit schlief ich und konnte dann allen quälenden Gedanken entgehen.

Der Psychiater, zu beschäftigt, um sich um mich zu kümmern, und den ich ohnehin nicht sehen wollte, entließ mich genau acht Tage nach meiner Einweisung ins Methodisten-Krankenhaus nach Hause zu Jim. Der Arzt bestand darauf, daß ich weiterhin auf unbestimmte Zeit die Beruhigungsmittel, sowie einige andere Medikamente einnehmen sollte, die er für meine Wiederherstellung für notwendig hielt. Also holte Jim mich nach Hause.

Die Kinder waren vor Freude außer sich, mich wiederzusehen. Doch schon allein das Haus zu betreten, diesen Schauplatz von so viel Kummer, ließ mich erstarren. Durch das erlebte Trauma hatte sich überhaupt nichts verändert, und ich kehrte an denselben verzweifelt hoffnungslosen Ort zurück, den ich verlassen hatte. Meine Empfindungen waren zwar durch die zahlreichen Medikamente, die ich konsumierte, abgestumpft, doch ein schweres Gewicht lastete immer noch auf mir und erstickte jede Hoffnung auf eine Änderung. Von dieser Last ermüdet, wollte ich nur noch schlafen und entweder mit der Entdeckung aufwachen, daß alles nur ein schlechter Traum gewesen war – oder überhaupt nicht mehr wach werden. Letzteres schien mir immer mehr der einzige **Ausweg** zu sein.

Bevor wir das Krankenhaus verließen, hatte Jim den Arzt gefragt, ob er mit mir zur King Ranch in Granby, Colorado, fahren könne. Dies wäre in der Tat gut für mich, hatte der Doktor geantwortet. Also packte Jim die Kinder und mich ins Auto, fuhr in die Berge, von denen er wußte, daß ich sie über alles liebte – und hoffte auf ein Wunder.

Der Juli in den Rocky Mountains kann nicht beschrieben werden, man muß ihn erlebt haben. Als wir die erstickende Feuchtigkeit Houstons, die sumpfige Flachheit und den deprimierend grauen Himmel hinter uns ließen, fragte ich mich, ob das Bergparadies aus meiner Erinnerung eigentlich den Tatsachen entsprach. Möglicherweise hatten die dazwischenliegenden Jahre mit ihren vielen Sorgen alles glorifiziert. Aber es war genau so, wie ich es mir voller Sehnsucht vorgestellt hatte, sogar dadurch weit besser, daß zu den Bildern in meinen Gedanken jetzt noch die Geräusche und Gerüche traten. Da waren die rauschenden Bergbäche, die über glänzendes Geröll sprangen, die sanften Brisen, die im Espenlaub säuselten und die Pinienzweige schaukelten, das Lied der Vögel über unseren Köpfen, der Geruch von Pinien und Zedern, von frischer Erde, brennendem Holz im offenen Lagerfeuer oder von Wiesen, überzogen mit duftenden Blumen wie ein Teppich. „Ach, könnte ich doch nur das wieder einfangen, was ich bei unserem Umzug nach Houston verloren habe!", schrie mein Herz. „Aber ich bin so müde. Ich fürchte, ich habe gar keine Kraft mehr, mich danach auszustrecken – oder darauf zu hoffen – oder es mir überhaupt zu wünschen. Es ist zu spät!" dachte ich.

Ich hatte den starken Verdacht, daß dies Jims letzter Versuch war, unsere Ehe und unsere Familie zu retten. Die King Ranch, die dem wohlhabenden John King gehörte und die dieser auch betrieb, erschien dafür als der ideale Ort. King war ein Freund der Astronauten. Er hatte alle herzlich eingeladen, auf dieser wundervollen Ranch seine Gäste zu sein. Wir brauchten ihn bloß noch anzurufen, um ihm unsere Ankunftszeit mitzuteilen.

Die Kinder verbrachten mit Reiten, Schwimmen, Ballspielen und Angeln eine herrliche Zeit. Jim war meistens mit ihnen zusammen, während ich die Tage mit Ausruhen, Spaziergängen, Nachdenken und Lesen ausfüllte. Ich hatte es so gewollt. Wir brachten es aber auch zu einem gemeinsamen Familienausflug. Eine Nacht zelteten wir in nicht allzuweiter Entfernung von der Ranch.

Solange es keine größeren Schwierigkeiten gab und ich die meiste Zeit allein verbringen konnte, ging alles glatt. Doch am Freitagabend kam es zwischen Jim und mir zu einer fürchterlichen Szene.

Im Zusammenhang mit meiner Suche nach innerem Frieden war ich Vegetarier geworden, benutzte keinerlei Kosmetika und Make-up mehr und hatte beschlossen, peinlich genau den Sabbath einzuhalten. Deshalb weigerte ich mich an diesem Abend, Fleisch zu essen und nach dem Abendessen an einer Gala-Festlichkeit teilzunehmen.

Entsprechend dem öffentlichen NASA-Image hatte Jim sorgfältig unsere Ehezwistigkeiten verdeckt. Dieses Image jetzt zu beflecken war schon schlimm genug, aber da sich wegen des Konflikts zwischen uns immer mehr Spannung angestaut hatte, reagierte Jim besonders heftig. Ich begann hysterisch zu schluchzen, wir beide warfen uns grausame Anklagen an den Kopf, und das bittere Ende war meine Versicherung, so könne ich auf keinen Fall weitermachen, und eine Scheidung sei unausweichlich. Jim teilte mir daraufhin mit, dies bedeute dann das Ende seiner Astronauten-Karriere, und er hoffe, ich sei froh, das erreicht zu haben.

Die Kinder hatten sich vor der Schlafzimmertür zusammengekauert und lauschten unserem wütenden Streit. Als sie mich sagen hörten: „Ich nehme dann Jill und Jan, und du kannst Joy und Jimmy haben!", begann eines von ihnen zu weinen.

Was wir während der Woche auch immer an Boden gewonnen haben mochten, ging an jenem Freitagabend wieder verloren. Jetzt war ich mir sicher, daß Jim mit aller Macht versuchte, mich in den Wahnsinn zu treiben, um mir dann die Kinder wegnehmen und mich in eine Anstalt abschieben zu können. Bei diesem Gedanken kam mir die Frage des Psychiaters wieder in den Sinn: „Glauben Sie, daß die Menschen sich gegen Sie verschworen haben?" In meinem Gehirn drehte sich alles, als ich eine Möglichkeit nach der anderen durchging. „Hat Jim sich gegen mich verschworen? Oder verliere ich wirklich den Verstand?" Ich gewann über diese Frage keine Klarheit. Jene hoffnungslosen, leeren Gesichter aus dem Krankenhaus tauchten aus meinem Unterbewußtsein auf und bauten sich vor mir auf. „O, nein, nein, lieber Gott, nein! Bitte, laß mir das nicht passieren!"

Damit endete unsere Woche auf der King Ranch, und alle Vermittlungsversuche waren vergeblich. Ich meinte meine Ankündigung ernst und besaß sogar schon die Adresse eines Anwalts, der eine Freundin von mir in ihrem Scheidungsverfahren vertreten hatte. Es war mein fester Entschluß, ihn anzurufen.

Jim wurde von seinem Training für den Apollo-15-Flug derartig in Anspruch genommen, daß er sich nicht länger als eine Woche freinehmen konnte. Ich war noch nicht im entferntesten dazu bereit, an den Schauplatz in Houston zurückzukehren. Deshalb rief Jim meine Freundin Virginia in Colorado Springs an und sorgte dafür, daß die Kinder und ich in einem Nachbarhäuschen am Cheyenne Boulevard unterkommen konnten. Eine Trennung würde vielleicht die Luft zwischen Jim und mir reinigen. Aber ich änderte meine Meinung über die Scheidung nicht im geringsten. Ich sah einfach keinen anderen Weg mehr.

Virginia war wie gute Medizin für mich. Immer zu Späßen aufgelegt, fröhlich, sorglos und jedem gegenüber offen und freundlich wie sie war, verstaute sie uns alle – ihre zwei Kinder, meine vier und uns beide – in ihrem Wagen und machte mit uns wundervolle Ausflüge in die Berge, zur nahegelegenen Canyon City und an all die anderen Orte, die mir während unserer Zeit in Colorado so lieb gewesen waren. Meistens war ich keine gute Gesellschafterin, und das wußte ich wohl. So mürrisch und in mich gekehrt muß ich für Virginia eine Last gewesen sein, aber wenn es so war, ließ sie es sich keinesfalls anmerken. Einen ganzen Monat lang stellte sie sich bereitwillig zur Verfügung.

Etwas erholter kehrte ich schließlich nach Houston zurück, aber nichts hatte sich geändert. Immer noch wollte ich den Anwalt anrufen und die Scheidung einreichen. Ich erzählte Jim sogar an einem Abend, daß ich am nächsten Morgen die gesetzlichen

Schritte einleiten würde. Er zeigte sich wieder unnachgiebig, und wie gewöhnlich geriet ich darüber in Wut. Weshalb ich den Anwalt nicht anrief, weiß ich nicht. Ich hatte es ganz fest vor, und normalerweise konnte mich nichts von meinem Vorhaben abbringen. Die einzige Erklärung ist in einem geheimnisvollen, unbekannten Plan zu suchen, den ich vollkommen übersah, der sich aber trotzdem erfüllte.

Ich schleppte mich in einem elenden Zustand durch die Tage. Alles war so schrecklich leer und ohne Sinn. Ich tat nur noch die notwendigsten Handgriffe, um den Haushalt in Gang zu halten. Jim und ich gingen uns so weit wie möglich aus dem Weg, denn wir hatten erkannt, daß ein Minimum an Kontakt die Explosionsgefahr herabsetzte.

Wenn wir uns gestritten hatten, schlief danach einer von uns auf dem Sofa. Zumeist war ich diejenige, die das Schlafzimmer verließ, und diese Nächte waren mir verhaßt. Das Sofa war unbequem, so daß ich unruhig schlief und am Morgen so erwachte, als hätte ich überhaupt nicht geschlafen. Der ganze nächste Tag war dann schon verdorben. Ich war gereizt wie ein Bär, und unser Konflikt bekam neue Nahrung.

Es war ganz eigenartig. Am Anfang schienen unsere Schwierigkeiten von Jims Abwesenheit herzurühren und von meiner Unfähigkeit, die Anforderungen seines Dienstes zu akzeptieren. Nun war es seine Abwesenheit, die uns noch zusammenhielt. Wäre Jim an sieben Tagen in der Woche daheim gewesen anstatt an zweien, hätten wir es wohl niemals durchgehalten. Ich fürchtete das Zusammenleben mit ihm, doch ich haßte zugleich den Gedanken, ohne ihn sein zu müssen. Oftmals wollte ich den ganzen Schauplatz einfach verlassen und mich nie mehr umsehen, aber ich konnte es nicht über mich bringen.

Wir versuchten es mit einem Eheberater, aber das brachte uns keine Hilfe. Ich hatte den Eindruck, Jim weigere sich, ehrlich gegen sich selbst zu sein, und er dachte, ich steigere mich in alles hinein. Wir waren beide nicht reif genug, um zu erkennen, daß die wichtigste Aufgabe *nicht* darin bestand, herauszufinden, wer recht hatte und wer nicht. Wir verwandten unsere ganze Energie darauf, uns gegenseitig die Schuld beweisen zu wollen. Hätten wir begriffen, daß das Zuschreiben von Recht und Unrecht keine Probleme löst und daß es eigentlich unsere Hauptsorge hätte sein müssen, unsere Probleme zu lösen, hätten wir vielleicht mehr Erfolg gehabt. Aber wir klebten an diesem Recht-Unrecht-Denken fest und kamen einfach nicht darüber hinaus.

Es gelang uns, ein weiteres Weihnachtsfest zu überstehen, wobei wir den Kindern und uns gegenseitig übermäßige Geschenke machten. Jim schenkte mir in diesem Jahr eine Nerzstola. Es war geradeso, als versuchten wir, die Leere unseres Heims zu überdecken und unsere Beziehung mit oberflächlichen Mitteln zu flicken. Wir wußten nicht, was wir sonst tun sollten.

Während der nächsten Monate fiel mir das Buch *Die Wunschbilder der Ehe* in die Hände. Wieder einmal fraßen Schuldgefühle an mir. Deshalb versuchte ich, das Buch ehrlich zu lesen, und ein schwacher Hoffnungsschimmer glimmte auf. Die Kommunikation zwischen Jim und mir war schon vor langer Zeit erstorben, deshalb war es schon sehr viel, meinen Mut zusammenzunehmen, um ihn auf dieses Buch hin anzusprechen. Zögernd und unter Entschuldigungen versuchte ich das, was ich gerade las, ins Gespräch zu bringen. Aber er zeigte keinerlei Reaktion, deshalb gab ich sofort auf und vertiefte meine Wunden ein weiteres Stückchen.

Als die Monate kamen und gingen, wunderten wir uns beide darüber, daß wir immer noch zusammen waren. Obwohl wir niemals direkt darüber sprachen, was wir ohnehin sehr selten taten, wurde es langsam deutlich, daß wir noch bis nach dem Apollo-15-Flug warten wollten. Mein Stolz verlangte zumindest das noch von mir, denn ich wollte es mir niemals nachsagen lassen, ich hätte Jims Ausstieg aus dem Raumfahrtprogramm verursacht und nicht nur seine Ehe, sondern auch seine Karriere ruiniert. Da er zudem der Held war, würde man ohnehin die ganze Schuld mir zuschieben.

Ich war des Schweigens so überdrüssig, des Lebens in meiner eigenen, engen Welt und abgeschnitten von Jim, des ständigen Sich-Zusammenreißen-Müssens, um keinen Ausbruch zu verursachen, der mich wieder tagelang seelisch total niederschmettern würde. Meine Sehnsucht nach Liebe, Zärtlichkeit und Verständnis wurde so stark, daß ich überzeugt war, nur die Scheidung bringe eine Lösung. Dieses Mal traf ich tatsächlich eine Verabredung mit einem Rechtsanwalt.

Irgendwo hatte ich einmal gelesen, es sei eine gute Methode, zwei Listen anzufertigen, um zu einer Entscheidung zu kommen. Deshalb nahm ich vor meinem Termin ein großes Blatt Papier und teilte es in zwei Spalten: „Gründe für mein Durchhalten – Gründe gegen mein Durchhalten". Als ich mit dem Ausfüllen fertig war, zählte ich sechsundsechzig Gründe, die *gegen* mein Durchhalten sprachen, während ich *dafür* nur einen eingetragen hatte. Diese eine Eintragung schließlich veranlaßte mich, meine Verabredung abzusagen und noch ein wenig länger zu warten. Ich hatte einfach nur geschrieben: „Es könnte gutgehen!" So abwegig das zur Zeit auch schien – wenn es nur eine einzige Chance dafür gab, daß diese Ehe noch gutgehen würde, so hatten meine Kinder es verdient.

Der Durchbruch

An einem ruhigen Aprilnachmittag hielt ich meinen Mittagsschlaf, während die Kinder draußen spielten. Da wurde ich plötzlich durch die elfjährige Joy unsanft ins Bewußtsein zurückgeholt,
die in mein Ohr schrie: „Jill ist tot! O, Mama, Jill ist tot! Komm
schnell! Komm doch!" Ich sprang sofort auf, warf mir den Morgen-
mantel über und rannte hinaus. Jill lag tatsächlich ausgestreckt auf
der Erde und atmete nicht. Zwischen Keuchen und Seufzern
gelang es mir endlich zu erfahren, was eigentlich passiert war. Jill
war auf einen hohen Baum im Garten unserer Nachbarn geklet-
tert und hatte schon beinahe die Spitze erreicht, als ihre Füße den
Halt verloren und sie aus einer Höhe von etwa zwei Stockwerken
herabstürzte, wobei sie während des ganzen Falls laut schrie.
Dann wurde sie steif und still und hörte auf zu atmen. Die Augen
ihres Bruders, ihrer Schwester und all der anderen Kinder, die sie
im Kreis umringten, waren vor Schreck weit aufgerissen.

Als ich Jills warmen Körper fühlte, spürte ich instinktiv, daß sie
zwar nicht tot war, aber auf jeden Fall sofort in Behandlung mußte.
Vorsichtig trugen Joy und ich sie ins Haus. Ich rief einen Arzt von
der NASA an, der sogleich einen Notarztwagen vorbeischickte.
Sie hatten Jill kaum in den Wagen getragen und die Hecktür
verschlossen, da kam Jim gerade von einem zweiwöchigen Lehr-
gang nach Hause. Sofort sprang er in den Ambulanzwagen und
fuhr mit zum Methodistenkrankenhaus. Nach der Behandlung
und einem Ruhetag war Jill wieder übersprudelnd, energiege-
laden und auf Bäume aus wie eh und je — nur daß sie jetzt ein gebrochenes Schlüsselbein hatte.

Mich interessierte Jims erste Reaktion, als er vorgefahren war
und den Notarztwagen erblickt hatte, und ich fragte ihn danach.
Ich hatte richtig vermutet. Er hatte angenommen, ich hätte einen
erneuten Zusammenbruch erlitten und würde ins Krankenhaus
gebracht werden. Aus dieser Folgerung konnte ich ihm keinen
Vorwurf machen, denn ich befand mich ständig in einer unausgeglichenen und niedergeschlagenen Verfassung.

Jims Flug rückte immer näher, und ich beschloß, die Kinder

besser darauf vorzubereiten, daß ihr Vater in Lebensgefahr schweben würde. Am 11. April 1970 nahmen wir sie mit zum Start von Apollo 13. Obgleich Jim und ich vorher schon verschiedenen Raketenstarts beigewohnt hatten, erlebte ich durch die Augen der Kinder alles noch einmal neu: das begeisternde Schauspiel, die prickelnde Aufregung und die Sensation einer solchen Weltraumfahrt. Sorgfältig achtete ich auf ihren Gesichtsausdruck und auf ihre Kommentare. Als die Rakete außer Sichtweite war, seufzte Jill und sagte verträumt: „Ich kann überhaupt nicht glauben, was ich da eben gesehen habe!" Jimmy war praktischer: „In der Schule werden sie mir bestimmt nicht glauben, wenn ich erzähle, daß ich so etwas gesehen habe!"

Als wir dort auf der Plattform standen, mitten zwischen beeindruckten und beinahe andächtig schweigenden Menschen, konnten wir noch nicht ahnen, daß Apollo 13 fast mit einer Katastrophe geendet hätte. Ebensowenig wußten die Astronauten Jim Lovell, Jack Swigert und Fred Haise bei ihrer rasenden Fahrt in den Weltraum, daß in der Bedienungskapsel, die sich unmittelbar hinter der Kommando- und der Mondlandekapsel befand, ein Sauerstofftank explodieren würde. Drei bange Tage lang kreiste die beschädigte Apollo 13 um den Mond und bediente sich der Energie, die in der Mondlandekapsel gespeichert war, bis es ihr endlich gelang, zur Erde zurückzukommen. Während wir geglaubt hatten, schon auf der Startrampe ein Wunder zu sehen, war diese Rückkehr ein noch weitaus größeres Wunder, von dem wir natürlich nichts ahnen konnten. Dieser Vorfall war für die Kinder eine gute Vorbereitung darauf, daß ein solcher Unfall auch in Zukunft möglich wäre.

Der Abschuß von Apollo 14 war für den 31. Januar 1971, meinen dreiunddreißigsten Geburtstag, angesetzt, und Apollo 15 sollte am 26. Juli des gleichen Jahres starten. Wir hatten nur noch eine Zeit von vier Monaten für unsere Ehe vor uns, bevor Jim fliegen würde.

Es zeigte sich, daß wir nicht das einzige Ehepaar waren, das seine Beziehung nur noch wegen des Fluges aufrechterhielt. Obgleich mir nie aufgefallen war, wie es wirklich um sie stand, hielten unsere Nachbarn Ed und Louise Mitchell eisern durch, bis Apollo 14, dessen Mondlandekapsel Ed gesteuert hatte, gelandet

war. Sobald der Beifall vorüber war und Loùise vor Presse, Fern-
sehkameras und einem jubelnden Publikum versichert hatte, wie
stolz sie auf ihren Mann sei, packte sie ihre Koffer, und die Ehe
war vorbei.

Aber konnten *wir* es noch so lange durchhalten? Wenn Jim zu
Hause war, stand diese Entscheidung auf des Messers Schneide,
und es kam oft zu bösen Szenen, harten Worten, verletzten
Gefühlen und trotzigem Schweigen.

Als ich eines Tages an meinem Autoradio herumdrehte, um für
meine angespannten Nerven irgendeine beruhigende Musik zu
finden, hörte ich plötzlich ein ansprechendes Lied. Eine Zeile ging
mir nicht mehr aus dem Sinn: „Er rührte mich an und machte
mich heil!" Mir kamen die Tränen, obwohl ich dies gar nicht
richtig verstand. Irgendeine empfängliche Saite war angeschlagen
worden, vielleicht mein verzweifelter Wunsch, heil zu werden. Ich
wußte doch nicht, wohin ich mich noch wenden sollte, nachdem
ich eigentlich alles ausprobiert hatte, was mir in den Sinn
gekommen war. Dann erzählte ein Mann aus seinem Leben, daß
er ganz am Ende gewesen sei, in jeder Hinsicht am Ende, und daß
er sich an Jesus Christus gewandt habe, der ihn aus seinem
Abgrund der Verzweiflung herausholte. Alles, was er sagte, schien
auch meinen Zustand zu beschreiben, denn mir war klar, daß ich
am Ende war. Das Gehörte bewegte mich derart, daß ich eine
Stationstaste auf diesen Sender einstellte, um ihn jederzeit wiederfinden zu können.

Ich nahm mir vor, öfter die Kinder zu fahren und die täglichen
Besorgungen für meine Familie mit dem Wagen zu erledigen,
damit ich diesen Sender hören konnte. In meiner tiefen Not klammerte ich mich an jedes einzelne Wort, an jedes Lied. Sie spielten
fast täglich eine Aufnahme von Ethel Waters: „In ihm ist alles, was
ich brauch'." Ich wartete schon immer gespannt auf dieses Lied.
Ein anderes lautete: „Bis hierher hat uns Gott gebracht" von J.T.
Adams. Ich kaufte mir diese Schallplatte, um die Worte auswendig
zu lernen und mitzusingen.

Die erste Sendung an dem Tag, an dem ich „zufällig" den Sender
eingestellt hatte, trug den Namen „Frei geworden". Ich bekam
heraus, daß es sich um eine wöchentliche Sendung handelte.
Deshalb fing ich an, dieses Radioprogramm in meinen
Terminplan einzukalkulieren, als handelte es sich dabei um eine

wichtige Verabredung. Und es war wirklich die wichtigste Verabredung in meinem Leben. Mein Herz war so hungrig und durstig, und was ich dort hörte, sättigte und erfrischte mich wie nie etwas zuvor. In jeder Sendung wurde die Geschichte eines Menschen vorgestellt, der von Leere und Verzweiflung und von seinem zerbrochenen Leben berichtete, aber auch davon, wie er einen neuen Anfang gefunden hatte, ein neues Leben, in dem seine Wunden geheilt und seine Hoffnungslosigkeit beendet wurden. Auf einer tieferen Ebene meiner Seele schien ich zu all diesen Berichten eine Verbindung herstellen zu können. Es war stets wie ein Rettungsanker, der einem ertrinkenden Menschen begegnet, und ich ertrank bereits seit langer Zeit.

Diese Leute erklärten ausführlich, wie ihr Leben sich verändert hatte und sie eine Wirklichkeit fanden, nach der sie so gesucht hatten. Doch ich konnte dieses Geschehen offensichtlich nicht auf mein Leben übertragen, obwohl ich das so gerne wollte. Gott weiß, daß es mein aufrichtiger Wille war.

Ich hatte es doch mit Religion und Kirche versucht. Aber hier schien es sich um etwas anderes zu handeln. Ich spürte es. Zeitweilig vermittelte mir dieses „andere" auch ein Gefühl der Freude.

Im Alltag setzten Jim und ich unseren Kampf fort. In unserem Eheversprechen hatten wir zugesagt, daß „wir beide ein Leib" werden wollten. Wir aber konnten uns nie einigen und verbrachten unsere ganze Zeit im Ringen um die Vorherrschaft. Und beide waren wir die Verlierer.

Als Jims Flug immer näher rückte und er arbeitsmäßig noch mehr unter Druck stand, kam er an jedem Wochenende in schlechter Stimmung nach Hause, müde und in sich gekehrt. Kaum war er eingetreten, entstand dicke Luft und Spannung. Explosiv wie ich bin, immer geradeheraus und äußerst unbeherrscht – im Gegensatz zu Jims stiller, beschaulicher und verinnerlichter Natur –, hatte ich eines Tages wieder einmal die Nase voll! Nach einem lauten Wortgefecht brüllte ich schließlich: „Wenn du dich wie ein Kind benehmen willst, dann werde ich dich auch wie eins behandeln!" Mit diesen Worten warf ich die Küchentür hinter mir zu, stieg in meinen Wagen und fuhr los.

Es war mir vollkommen gleichgültig, wohin ich fuhr. In der letzten Zeit hatte ich es mir immer mehr angewöhnt, nach einem

Streit zu flüchten. Ich nahm den Wagen, fuhr irgendwohin und parkte; dann stellte ich „meinen" Sender ein und weinte und betete. An diesem Tag fuhr ich ziemlich ziellos herum und ging in Gedanken noch einmal alle Ereignisse meines Lebens durch. „Wenn ich noch einmal zurückkönnte", fragte ich mich ständig, „was würde ich dann anders machen? Was würde ich ändern?" Ich wußte es wirklich nicht.

Plötzlich befand ich mich in der Nähe von Kemah, jenem alten Krabbenfischerhafen an der Wasserstraße zwischen Galveston Bay und Clear Lake. Es war ein warmer, windiger Tag, und da ich meinen Skizzenblock und die Zeichenausrüstung auf dem Rücksitz hatte, lenkte ich den Wagen in Richtung Ufer. Ein wenig Zeichnen würde meine Gedanken von dem Chaos ablenken, das in mir tobte.

Der Ort war an jenem Sonntagnachmittag beinahe verlassen. Ich steuerte meinen Wagen in eine Parklücke am Ende einer Reihe von Fischerläden, ging dann langsam ans Wasser und setzte mich dicht neben ein Krabbenfischerboot, das am Kai angebunden war. Das Wasser wirkte finster, ein sanfter Wind wehte zerknülltes und zerrissenes Papier umher.

Leere Flaschen, alte Holzstücke, aus denen rostige Nägel herausragten, und eine Menge anderer Abfall lagen überall herum. Ich begann zu skizzieren. Zuerst eine alte Flasche, dann ein Stück Holz mit zwei verbogenen Nägeln. Beim Zeichnen und Überlegen kam mir plötzlich der Gedanke: „Genauso sieht mein Leben aus. Ziellos! Wertlos! Umhergetrieben!" Alles erschien mir so sinnlos. Dann dachte ich an die Leute, die in der Sendung „Frei geworden" sprachen, und erinnerte mich, wie sehr ihr Leben dem meinigen geglichen hatte. Sie hatten sich verändert, aber ich wußte nicht, wie es geschehen war.

Mitten zwischen dem Abfall sitzend, blickte ich voller Verzweiflung nach oben und schrie hinaus: „Gott, mein Leben ist genauso wie dieser Müll! Es ist überhaupt nichts wert! Wer bin ich denn eigentlich? Warum lebe ich? Wohin gehe ich? Mach' doch etwas aus meinem Leben! *Bitte mach' etwas!*" In diesem Moment wurde mir bewußt, daß ich die ganze Zeit über versucht hatte, alles alleine zu schaffen, wenn ich hilflos gewesen war.

Dann passierte etwas Eigenartiges. Vor meinem geistigen

Auge, wie auf einem großen Bildschirm, sah ich zwei Ringkämpfer. Deutlich erkannte ich, daß einer von beiden Satan und der andere Jesus war! Sie rangen um meine Seele. Ich saß wohl fünfzig Minuten still da und beobachtete diese Szene. Als der Kampf vorüber war, erkannte ich, daß Jesus siegreich die Arme hob. Ich wußte, er hatte meine Seele gewonnen.

Ich senkte meinen Kopf und sagte leise: „Herr Jesus, wenn mein Leben es wert war, so darum zu kämpfen, dann will ich dir nachfolgen bis an die Enden der Erde. Ich weiß nicht so recht, was das Lied bedeutet: ‚Bis hierher hat uns Gott gebracht‘, aber ich habe vor, es herauszufinden. Hilf mir, Herr, zu einem befreiten Leben, für das du so gekämpft hast!“

Ich wußte nicht, was eigentlich geschehen war. Ich hätte es nicht zu erklären vermocht, aber ich spürte sofort, daß sich etwas verändert hatte. Ich fühlte mich gereinigt, innerlich reingewaschen. Mein beschwertes Herz war jetzt leicht und frei. Ich konnte wieder singen, und ich konnte wieder hoffen! Nun verstand ich, wovon im Radio gesprochen worden war. Solange ich aus eigener Kraft heraus versucht hatte, mein Leben zu verändern, es besser zu machen, ein besserer Mensch zu werden, war nichts geschehen. Aber in dem Moment, als ich nicht mehr auf mich selbst und meinen hoffnungslosen Zustand sah und nur noch auf Gott blickte *in dem Wissen, daß ich nicht das Geringste tun konnte, um mir selber zu helfen,* da geschah das Wunder. Dieses Wunder heißt Glauben. Vorher war es immer eigenes Bemühen gewesen – Versuche über Versuche, aber kein einziger Erfolg. Ich hatte sogar probiert, den Glauben zu „machen“, aber es war bloß ein intellektueller Griff nach geistlichen Fakten gewesen. Dies änderte sich erst, als ich mit meiner eigenen Kraft am Ende war und in meiner Hilflosigkeit total auf Gott blickte.

Jetzt erschien das alles einfach. Warum hatte ich so lange dazu gebraucht, um es zu begreifen? Weshalb war mein Herz so schwerfällig, mein Verstand so betäubt gewesen?

Ich blieb vielleicht noch eine Stunde lang dort sitzen, überlegte und betete und überdachte noch einmal mein Leben. Plötzlich verspürte ich keine Hoffnungslosigkeit mehr, und zum ersten Mal in meinem Leben war ich nicht einsam. Eine warme, sanfte und beschützende Gegenwart nahm von mir Besitz und erfüllte mich.

Ich wußte, daß ich nun allem entgegentreten konnte, was vor mir lag. Jedoch nicht mehr aus meiner eigenen Kraft heraus, denn deren Ende hatte ich gerade erreicht. Eine neue Kraft regte sich in mir, und eine tiefe Quelle der Freude begann zu sprudeln und überzufließen.

Sollte ich es Jim erzählen? Würde er mich verstehen? Ich bezweifelte es. Ob er überhaupt die Zeit hatte, mir zuzuhören? Würde es ihn interessieren? Vielleicht sollte ich am besten erst einmal alles für mich behalten? Wenn die Veränderung wirklich und beständig wäre, würde er es bemerken, auch ohne daß ich darüber spräche.

Nach diesem Entschluß erhob ich mich von dem beinahe heiligen Sitz, auf dem ich Gott begegnet war, und ging langsam zu meinem Wagen zurück. Aber ich war nicht mehr derselbe Mensch, der vor wenigen Stunden so verzweifelt an diesen Ort geschlichen war. Alles erschien mir jetzt verändert. Sogar der Abfall und der aufdringliche Gestank störten mich nicht. Ich hatte diese Gegend nie gemocht, aber heute war für mich alles schön. Die ganze Welt war erfüllt mit Frieden, Freude und Schönheit. Ich selbst war die Veränderte, und ich wußte es.

Es ist etwas Schönes und Gutes vorhanden,
ER hat meine ganze Verwirrung verstanden.
Ich konnte nur Trümmer und Hader ihm geben,
doch ER machte Schönes aus meinem Leben.

132

Im Wettkampf mit dem All

Der 26. Juli rückte näher, und mit den letzten Monaten intensiven Trainings wurde es für Dave Scott, Al Worden und Jim Irwin ernst, die drei Männer, die für den nächsten Mondflug vorgesehen waren.

Jim war jetzt noch weniger zu Hause als vorher, aber er versprach, jeden Abend anzurufen. Ich wartete immer sehnsüchtig auf diese Gespräche. Über das Telefon fiel der neue Versuch leichter, zwischen uns eine Verständigungsbrücke aufzurichten. Wir bauten mit aller Kraft an dieser Brücke.

Mein neues Leben verlangte nach Nahrung und Wachstum. Ich erfuhr erst viel später, daß es in der Bibel heißt: „Wer zu Christus gehört, ist ein neuer Mensch geworden. Was er früher war, ist vorbei, und etwas ganz Neues hat begonnen." Aber ich erlebte diese Tatsache. Genauso, wie ein neugeborenes Kind instinktiv nach Milch sucht, wurde ich von Dingen angezogen, die mich stärkten und mir dafür Verständnis brachten, was in meinem Inneren vor sich ging.

Ich hatte keinen Menschen, der mir dabei helfen konnte, aber dadurch, daß ich mit einem neuen Bewußtsein für das Gehörte meinem Radiosender lauschte, entdeckte ich zwei Quellen. Zuerst wurde endlich die Bibel ein offenes Buch für mich. Ich entdeckte in einem Buchladen eine Bibel, die in die heutige Sprache übertragen war, und begann eifrig darin zu lesen. Es war aufregend für mich, den Personen zu begegnen, deren Namen ich zwar in meinem Leben immer wieder gehört hatte, über die ich aber eigentlich nichts wußte. Nun konnte ich eine enge Beziehung zu ihnen knüpfen. Sie waren nicht länger verstaubte, weit entfernte, unnahbare Figuren für mich, sondern wirkliche Menschen aus Fleisch und Blut, mit Körper, Seele und Geist. Wie Elia zum Beispiel, der beschrieben wird als „ein Mensch wie wir" (Jakobus 5, 17). Nachdem ich die Berichte über ihn gelesen hatte, stellte sich eine tiefe Beziehung zu ihm ein.

Meine Reise durch die Bibel begann mit dem Johannesevangelium, und dort eröffnete sich mir ein völlig neues Verständnis der

Person Gottes in Jesus Christus. Tief in meinem Unterbewußtsein hatte sich in meinen frühen Erinnerungen das Bild eines finsteren, strengen, unnachgiebigen und kompromißlosen „höheren Wesens" festgesetzt, das alles sah und hörte und nur darauf wartete, sich bei der geringsten Herausforderung auf mich zu stürzen. Nun erkannte ich einen liebenden Vater, der sich um jeden Aspekt meines Wesens kümmerte, meine Sorgen kannte, der litt, wenn ich fiel, der aufs engste mit meinem Leben verbunden war. Mein Herz wurde ganz neu von Liebe ergriffen für den Gott, der mir an jenem Tag am Ufer begegnet war und meinen schwachen Schrei vernommen hatte.

Meine nächste Entdeckung waren christliche Bücher. Sie wurden in jenen ersten Jahren meines geistlichen Wachstums zu meinen besten Freunden. Ich konnte mir keine bessere Gesellschaft als meine Bücher denken und verbrachte Stunden damit, eines nach dem anderen durchzulesen und aus jedem unbezahlbare Einsichten zu schöpfen, die allmählich und Schritt für Schritt meine niedergeschlagene und negative Lebensanschauung verwandelten.

Eines der ersten Bücher, das mir in die Hände fiel, war „Faszinierendes Frausein", das mir meine Freundin Betty auslieh. Dieses Buch war der eigentliche Anfang der Heilung unserer Ehe. Ich begann einzusehen, welch erschreckende Fehler ich begangen hatte. Tatsächlich hätte die gewaltige Anzahl dummer, gedanken- und sinnloser Reaktionen auf an sich ganz harmlose Situationen mich an den Rand der Verzweiflung treiben können. Dieses Buch zeigte ganz praktische Möglichkeiten auf, um zerbrochene Beziehungen wieder zu reparieren. Eigentlich, so dachte ich mir, hatte ich nichts mehr zu verlieren; weshalb sollte ich also nicht meinen Stolz hinunterschlucken? Er war das größte Hindernis für einen Fortschritt. Es fiel mir schwer, zuzugeben, wie sehr ich unrecht gehabt, welch große Fehler ich begangen hatte. Ich konnte mich nicht immer zu diesen Geständnissen durchringen. Wenn ich meinem Stolz die Herrschaft überließ, gab es unweigerlich Rückschritte. Brachte ich ihn zu Gott, der ihm einen tödlichen Schlag versetzen konnte, ging es mit mir vorwärts.

Ein Vorschlag in meinem neuen Buch, um die Schranken zwischen Jim und mir niederzureißen, schien einfach, ja geradezu lächerlich zu klingen. Ich begann, kleine Liebesbriefchen zu schreiben und sie in seine Wäsche zu schieben, wenn ich ihm jede Woche seinen Koffer packte. Wie töricht das auch sein mochte, er reagierte positiv darauf und stellte gerührt fest, daß ich mir wirklich etwas aus ihm machte. Es war schon sehr lange her, seit ich ihm das letzte Mal hatte sagen können, daß ich ihn liebte, denn es hatte sich so viel Feindseligkeit zwischen uns angestaut. Es war sogar schon lange Zeit her, seit ich überhaupt das letzte Mal gedacht hatte, ihn zu lieben, geschweige denn es gesagt. So erschien es mir weniger schwer, es ihm erst einmal zu schreiben, und bald konnte ich dies von ganzem Herzen tun. Ich gewann Freude an diesem kleinen Abenteuer, als ich spürte, wie Jim sich zusehends für mich erwärmte.

Bei der Aufrichtung dieser neuen Beziehung zwischen uns entdeckte ich einige recht unangenehme Dinge an mir selbst. Am schwersten war die Tatsache zu akzeptieren, daß ich Jim nicht so annehmen konnte, wie er war. In mehreren schmerzlichen Begegnungen mit Gott mußte ich zugeben, was ich an Jim nicht mochte – seine passive Art, sein stilles Wesen, seine Unfähigkeit, unmittelbar auszudrücken, was er über eine Situation dachte, wenn ich ihn nach seiner Meinung fragte, und daß er Gefühle und Reaktionen immer erst prüfen und abwägen mußte, bevor er sie in Worte kleidete; sein Temperament. Gerade einige von den Dingen, die ich vor unserer Ehe besonders an ihm bewundert hatte, ärgerten mich nun am meisten an ihm. Es dauerte lange, bis ich die Antwort gefunden hatte, und als es soweit war, fiel es mir schwer, sie anzunehmen. Ich wollte die Kontrolle behalten. Entweder mußte es nach meinem Willen gehen oder gar nicht. Dieser Mann mußte sich so verändern, daß er zu mir paßte, oder unsere Ehe würde nicht gutgehen.

Der Grund dafür, daß ich so lange für diese Einsicht brauchte, lag darin, daß sich in mir immer sofort die Ausreden erhoben, sobald ich der Wahrheit nahe kam. „Aber Herr, du weißt doch, wie er sich aufführt. Du hast sein Temperament gesehen, und du hast gemerkt, wie er mich mit Schweigen behandelt – wie er es ablehnt, eine Situation mit mir durchzusprechen. Ich gebe ja zu, daß ich gewöhnlich die Gewalt über mich verliere, wenn es zu solchen Diskussionen kommt, aber er muß sich doch nicht immer in sein Schneckenhaus zurückziehen."

Solange ich noch anklagte und die Last der Schuld für mein Verhalten auf Jim abwälzte, hatte Gott keine Möglichkeit, mir zu helfen. Gleichgültig, wieviel Schuld Jim trug, konnte ich ihn doch nicht eher akzeptieren, wie er war und ohne jegliche Veränderung, bevor ich nicht erkannt hatte, daß für meine eigenen Handlungen nur ich selbst verantwortlich war. Und dazu kam es nicht über Nacht. Die unebene, steile Straße selbst zu Teilerfolgen war mit elendem Versagen ebenso gepflastert wie mit Siegen. Und das Versagen überbot die Siege um ein Vielfaches, zumindest am Anfang.

Es erwies sich für mich als schwierig, meine eigenen Reaktionen und Entscheidungen für mich zu verantworten, ohne Jim oder irgendjemand anderem die Schuld dafür zu geben. Ich hatte so lange das Spiel von der „armen Mary" gespielt, die für alles einen Sündenbock hatte – die Eltern, die älteren Geschwister, den Ehemann, die Kinder, die NASA, Houston, die Nachbarn –, daß ich mir praktisch nicht vorstellen konnte, wie ich mich den alltäglichen Problemen, die unsere komplizierte Super-Zivilisation mit sich brachte, ehrlich stellen sollte. Meine größte Schwierigkeit sah ich darin, Jim neu lieben und annehmen zu lernen. Da ich mich unfähig sah, dieses Vorhaben auszuführen, fing ich an, tiefer in mich einzudringen, und war überrascht, festzustellen, daß die Wurzel meiner Unfähigkeit, Jim zu lieben, daran lag, daß ich mich selbst gar nicht wirklich liebte.

Nun war ich verwirrt. Denn ich hatte meine egoistische und egozentrische Einstellung allem gegenüber immer als Beweis dafür angesehen, daß ich mich in übertriebener Weise liebte, und niemals auch nur im Traum das Gegenteil angenommen. Insgeheim fühlte ich mich minderwertig, abgelehnt und wertlos. Ich glaubte, jeder andere sei gescheiter, hübscher, begabter und besser als ich. Aber es war sehr schmerzhaft, in diese Jauchegrube unterdrückter Feindseligkeiten und Wunden hinabzutauchen, um herauszufinden, was sich eigentlich dort unten abspielte und – was noch wichtiger war – woran das lag. Deshalb hatte ich mich nie darum gekümmert. Ich hatte den Deckel sorgfältig verschlossen gehalten und ihn nur geöffnet, um eine andere Wunde, eine weitere Sorge, eine neue Niederlage in die vermeintliche Vergessenheit hinabzustoßen. „Aus den Augen, aus dem Sinn" bedeutete für mich: „aus der Welt".

Wie sehr ich mich doch irrte! Alles wurde in dieser Jauchegrube sorgfältig aufbewahrt und vergiftete von dort aus mein ganzes Dasein. Sollte es in mir jemals zu einer Reinigung und Heilung kommen, so mußte der ganze faulende Unrat auf irgendeine Weise herausgeholt und der heilenden Hand eines liebenden himmlischen Vaters überlassen werden. Aber dazu war ich noch nicht in der Lage. So versuchte ich zunächst einmal, meinen neugefundenen Glauben und Gottes unerschöpfliche Liebe und Geduld in Anspruch zu nehmen. Er segnete diesen Versuch. Unsere eheliche Beziehung begann sich zu verbessern.

Ein weiterer einfacher Rat in dem gelesenen Frauenbuch war das Lob. Ich konnte mich schon gar nicht mehr daran erinnern, wann ich Jim zum letzten Mal ein Kompliment gemacht oder ihn aufrichtig gelobt hatte. Auch das fiel mir am Anfang sehr schwer. Lange bestehende Gewohnheiten zerbrechen nicht so einfach. Man braucht Kraft und Durchhaltevermögen. Zu Beginn glaubte ich, meine Worte würden gestellt, unnatürlich und unglaubwürdig klingen. Vielleicht war es so. Als ich jedoch anfing, bei Jim das Gute und Lobenswerte zu suchen, war ich bestürzt, für wie selbstverständlich ich viele seiner Anstrengungen genommen hatte, mir einen Gefallen zu tun. Zum Beispiel mit dem Luftfilter, den er angebracht hatte, damit ich nachts durchschlafen konnte, ohne von meinen Asthmaanfällen wach zu werden. Als ich sah, wie sehr er sich über jedes Kompliment freute, war dies wiederum eine Entlohnung für mich.

Mein zweites Lese-Abenteuer führte mich auf die Geschichte von Nicky Cruz: *„Flieh, Kleiner, flieh!"* Als ich seinen Bericht las über die grausame Zurückweisung, die ihm zu jedem Zeitpunkt seines Lebens widerfahren war, regte sich in meinem Innern eine tiefe Welle des Nachempfindens. Ich hatte noch nicht viel über Ablehnung nachgedacht und war noch bei keinem meiner seelischen Probleme auf die Idee gekommen, es könnte sich dabei um die Folge frühkindlicher Zurückweisung handeln. Aber da ich aus einer so großen Familie stammte, in der beide Elternteile Tag und Nacht vollkommen damit ausgelastet waren, die Bedürfnisse und Anforderungen von zehn Kindern zu erfüllen, war es gar nicht so ausgeschlossen, daß ich als „Nummer neun" in dem Durcheinander untergegangen war.

Ich fing an, recht tief in diesen Bereich einer Zurücksetzung vorzudringen – ihre Symptome, ihre Ursachen, ihre Konsequenzen und ihre Therapie. Und das alles, weil die Geschichte von Nicky Cruz mir den Kern meines eigenen seelischen Leidens erhellt hatte. Bisher war ich nicht auf die Fährte dieser schwer faßbaren Ursache gestoßen, weil ich wußte, daß meine Eltern mich herzlich liebten und sich ihren Kindern, ihrem Heim und der Gemeinschaft in unserer Familie total hingegeben hatten. Wie konnte ich ihnen also vorwerfen, sie hätten eines ihrer Kinder abgelehnt, wo sie doch so offensichtlich alle liebten? Ich dachte natürlich nur an eine nach außen sichtbare Ablehnung. Es war mir nie in den Sinn gekommen, ihre totale Überlastung mit Verpflichtungen und die dadurch knappe Zeit für persönliche, individuelle Aufmerksamkeit als Ablehnung zu empfinden. Es spielte keine Rolle, daß sie mich trotzdem liebten. Weil ich ihre nüchterne, distanzierte Art der Liebe nicht als solche erkennen konnte, glaubte ich mich von meinen Eltern abgelehnt.

Langsam begann ich, die emotionale Schranke zwischen meinen Eltern und mir zu verstehen, die in mir immer wieder Schuldgefühle hervorrief, wenn ich über den Mangel an Wärme in unserer Beziehung nachdachte. Ebenso allmählich sah ich ein, daß meine Eheprobleme sich gar nicht um meinen Versuch drehten, Jim zu lieben. Weil ich so frühzeitig Ablehnung verspürt hatte, konnte ich Liebe weder geben noch empfangen. Ich war immer noch ein forderndes Kind, das verzweifelt nach Liebe und Zuwendung schrie, diese jedoch nicht anzunehmen vermochte. Jenes Gefühl der Ablehnung hatte in mir die Vorstellung hervorgerufen, ich sei es nicht wert, geliebt zu werden, und hatte mich für die Minderwertigkeitskomplexe vorprogrammiert, gegen die ich immer zu kämpfen gehabt hatte. Wenn meine Eltern mich nicht liebten, so hatte ich unbewußt kombiniert, dann war ich wohl ihrer Liebe nicht wert. Aus dem gleichen Grund konnte ich mich noch nicht einmal selbst lieben. Ich war dafür nicht gut genug. Diese Erkenntnis half mir ein bißchen, aber für die Veränderung eines so tief eingeprägten Musters bedeutete sie nur den Beginn einer langen Pilgerreise.

Nachdem nun ein Hoffnungsschimmer für das Überleben unserer Ehe am Horizont aufgetaucht war, verbrachten wir wieder häufiger eine schöne Zeit miteinander. Eine der ersten dieser Gelegenheiten war der Start von Apollo 14. Jim war natürlich schon dort; also fuhr ich mit den Kindern zusammen mit Betty in Jims hellroter Corvette von Houston nach Cocoa Beach.

Betty war meine älteste Freundin in Houston. Wir hatten uns gleich nach unserem Umzug von Colorado Springs in dem Wohnblock an der Galveston Bay kennengelernt. In der für ihre Persönlichkeit typischen Art war Betty eines Abends hereingekommen, bevor unsere Kisten ausgepackt waren, noch irgendetwas eingerichtet war. Die Wohnung war durcheinander, überall lagen Dinge verstreut, die Kinder saßen auf dem Boden herum und aßen, und ich war sprachlos vor Wut über diese aufdringliche Person, die einfach uneingeladen ankam und ungebeten einen Laib frischgebackenes Brot anschleppte. Ich versuchte, sie an der Tür abzufertigen und ihr das Brot schon dort abzunehmen, aber wenn Betty irgendwo hereinmöchte, dann hält sie nichts davon ab. Ich war so erniedrigt dadurch, daß jemand unsere totale Unordnung sah. Es war schon ein Wunder, daß wir trotzdem Freundinnen wurden. Wir wurden sogar enge Freundinnen, und viele Male hat Betty auf meine ängstliche, schuldbeladene, gehemmte Verfassung wie ein Medikament gewirkt.

Die Einzelheiten unserer Reise zum Start von Apollo 14 müssen von göttlicher Hand vorbereitet gewesen sein. Meine sämtlichen Erinnerungen an Reisen mit dem Auto wurden stets zu einem Alptraum, an den ich mich nicht gerne erinnerte! Der Kampf mit den Kindern, die Müdigkeit beim Packen und Säubern oft in später Nacht, Zeitdruck, äußerste Erschöpfung, Herumgebrülle, Klagen, immer wieder Pausen, damit kleine Kinder ihr „Geschäftchen" erledigen konnten, verlorengegangene Schuhe und verlegte Kleidungsstücke – es dauerte nie lange, bis Jim und ich so wild waren wie Löwen im Käfig, die Kinder und einander anschrien und uns wünschten, wir wären niemals losgefahren. Keine Reise war solche Strapazen jemals wert gewesen.

Man kann sich meine Überraschung vorstellen, als ich feststellte, daß Verreisen auch richtig schön sein kann. Die meiste Zeit über saß Betty am Steuer und ich las ihr etwas vor. Wir machten Pause, wenn wir Lust dazu hatten – um etwas zu essen, zu besichtigen, was uns interessant vorkam, oder auf einem schattigen, einladend aussehenden Rastplatz auszuruhen, einfach das, was uns gerade gefiel. Bettys völlige Zwanglosigkeit half mir, meine eigenen Hemmungen etwas zu überwinden und mich zu entspannen.

Vielleicht war der therapeutisch wertvollste Aspekt der ganzen Reise der tiefere Einblick in Bettys Leben, den sie mir gewährte. Obgleich ich immer geglaubt hatte, sie gut zu kennen, hatte sie viel von ihrer elenden Vergangenheit vor mir verborgen gehalten. Nun öffnete sie die fest verschlossene Tür und erzählte davon. Diese lachende, freundliche Seele, die aller Sorgen der Welt so ledig schien, rang mit einer qualvollen Last von Schuld und Versagen. Mit fünfzehn verheiratet, mit achtzehn geschieden und von ihrem zweiten Mann dazu gezwungen, ihre beiden kleinen Söhne aufzugeben und sie nie mehr wiederzusehen – das stellte ein größeres Leid dar, als ich es mir vorstellen konnte. Ich nehme an, sie teilte mir diese Geheimnisse nur deshalb mit, weil sie sich so sehr wünschte, ihre inzwischen herangewachsenen Jungen, die jetzt in Florida lebten, auf dieser Reise zu besuchen. Von dem Zeitpunkt an, da sie ihnen als Babys den Abschiedskuß geben mußte, hatte sie wenig Kontakt zu ihnen gehabt und war sich nun noch nicht einmal sicher, ob sie in ihr überhaupt die Mutter sehen würden.

Unser Besuch bei ihnen war schön, doch er brachte vor allen Dingen eine seelische Heilung für Betty und ihre Söhne. Die Großmutter, bei der sie aufgewachsen waren, hatte jede Gelegenheit genutzt, ihnen Haß gegen ihre Mutter einzupflanzen, die ihnen weggelaufen sei und sie alleingelassen habe. Das Bild, das sie ihnen malte, war das einer unmoralischen, hassenswerten, elenden, egoistischen Frau. Beide Jungen waren offensichtlich erleichtert, herauszufinden, daß ihre Mutter sie liebte und gar nicht das schreckliche Wrack war, das man ihnen geschildert hatte. Und mir half die Erkenntnis, daß manche Menschen noch schwierigere Probleme hatten als es meine eigenen waren.

Gleich nach unserer Ankunft in Cocoa Beach und in dem Motelzimmer, das Jim für uns gemietet hatte, wurden wir sofort von der endlosen Kette von Parties und Feiern gefangengenommen, die einen solchen Raketenstart immer begleiten; Imbisse, Ansprachen wichtiger Persönlichkeiten, Banketts, Cocktail-Partys, Sektfrühstücke. Tausende von Menschen reisten zu diesem historischen Ereignis an, und sie alle befanden sich in einer Hochstimmung. Betty und ich schlossen uns ausgelassen an und genossen jede Minute.

Der 31. Januar 1971, der Tag des Raketenstarts (und zugleich mein Geburtstag), dämmerte mit einem bedeckten, grauen Himmel und verhieß Regen. Die Atmosphäre war erfüllt von Enttäuschung. Der Start würde wie geplant erfolgen, aber wir würden die Rakete durch die dicke Wolkendecke hindurch nicht sehen können. Jeder hoffte von ganzem Herzen, daß der Himmel sich doch noch aufhellen würde.

An diesem Tag befanden sich überall in der Menge verstreut bekannte Persönlichkeiten im Überfluß. Da ich in der Gegenwart von Berühmtheiten jeder Art immer furchtsam und schüchtern bin, stand ich normalerweise nur zwischen den anderen und sah wie sie dem Spektakel zu. Nicht so Betty. Wenn sie jemanden kennenlernen wollte, stieß sie mich an und sagte: „Guck' mal, wer da drüben ist! Sollen wir nicht mal hingehen?"

Der Countdown rückte immer näher, und inmitten einer riesigen, aufgeregten Zuschauermenge sahen Betty, Jim und ich mit sinkender Laune, wie die ersten Regentropfen fielen. Ein katholischer Priester, der wenige Meter von uns entfernt stand, spannte einen gewaltigen, schwarzen Schirm über sich auf. Betty, selbst Katholikin, stürmte zu ihm und wandte sich verächtlich an den kleinen, molligen, etwas exzentrisch aussehenden Priester. „Pater, was soll denn Ihr Schirm da oben?" protestierte sie. „Wo haben Sie Ihren Glauben gelassen? Wissen Sie nicht, daß Sie direkt neben einem Baptistenprediger stehen, der Gott einen klaren Himmel noch zutraut?" Mit diesen Worten stolzierte sie zurück, während der arme, kleine Mann verdutzt seinen Schirm herunternahm und entschuldigend Dr. William Rittenhouse anblickte, den beliebten Astronauten-Pastor. „Bruder Bill", wie von diesen liebevoll genannt wurde, grinste breit und klopfte dem Priester auf den Rücken. Schließlich mußten sie beide lachen.

Unsere Hoffnung war nicht unangebracht, denn unmittelbar vor dem entscheidenden Moment verschwanden die Wolken, und der Himmel klärte sich auf. So konnten wir wieder einmal dem Triumph des Menschen über den Weltraum beiwohnen.

Es war für mich eine neue Erfahrung zu lernen, *im Glauben* zu beten. Ich hatte vor meiner Bekehrung oftmals gebetet, doch es war jedesmal eines der typischen SOS-Gebete gewesen – „Hilfe! Ich bin in Schwierigkeiten, und ich weiß nicht mehr, was ich noch machen soll!" Das hatte nichts mit Glauben zu tun, sondern war nur ein verzweifeltes Greifen nach irgend etwas, das vielleicht die gegenwärtige Not etwas lindern konnte. Selbst wenn ich meine Angst hinausgeschrien hatte, war ich mir nie sicher gewesen, wen ich eigentlich anrief und ob es etwas nützen würde. Ich wußte nur, daß alles andere fehlgeschlagen hatte. Weshalb es nicht noch mit Gebet versuchen?

Nun hatte ich einen mitleidenden, liebenden Vater, der sich mehr um meine Bedürfnisse kümmerte als ich selber, und ich war dankbar, in eine Familienbeziehung voller Wärme und Fürsorge einzutreten. Außerdem lernte ich es, mich nicht mehr nur in Notzeiten an Gott zu wenden, sondern ganz einfach immer mit ihm zu sprechen und meine innersten Wünsche und Gedanken mit dem Einen zu teilen, der gesagt hat: „Ich will dich nicht aufgeben und nicht im Stich lassen." Als ich begann, mich so im Glauben zu üben – im Glauben, ohne zu sehen –, beantwortete Gott viele meiner Gebete in überraschender, beeindruckender Weise. Jede übernatürliche Antwort stärkte meinen Glauben und erfüllte mich mit dem Geist eines kleinen Kindes, das seine Nöte einem liebevollen Vater vorträgt.

Am Anfang meines Lernens, mit Gott zu leben, war mein größtes Hindernis, mich ans Gebet zu *erinnern*, wenn Probleme auftraten. Dreiunddreißig Jahre hatte ich allein darum gerungen, mit dem Leben fertig zu werden. Das Gebet war nur eine letzte Zuflucht gewesen, wenn alle Hoffnung bereits aufgegeben war. Die Gewohnheit, mich selbst zu sorgen und mich selbst zu mühen, war so eingerissen, daß mich stets neu die Überraschung traf, wenn ich mich endlich daran erinnerte, daß ich doch eigentlich beten konnte, anstatt mir Sorgen zu machen. Schon lange bevor ich in der Bibel den Vers las: „Eure Wünsche werden nicht erfüllt, weil ihr Gott nicht darum bittet " (Jakobus 4,2), lernte ich das aus eigener Erfahrung.

Eine weitere wunderbare Veränderung geschah in mir, als ich lernte, *im Glauben* zu bitten. Je mehr ich mich an Gott anlehnte – ihm mein ganzes Vertrauen schenkte, ihm meine Nöte sagte, mich von ihm allein abhängig machte –, desto mehr lockerte sich meine erdrückende Abhängigkeit von Jim. Und als ich meinen Griff nach ihm lockerte, wurde er freier, er selbst zu sein.

Sieben Wochen vor Jims Flug waren wir nicht nur wieder vereint, sondern unsere Ehe wurde immer besser. Wir blickten *gemeinsam* voller Vorfreude auf den Gipfel von Jims ersehnter, aber auch hart erarbeiteter Karriere.

Sobald die Kinder Anfang Juni für die Sommerferien schulfrei bekamen, packten wir die Koffer und fuhren nach Cocoa Beach, wo Jim uns für den ganzen Monat ein Apartment am Strand gemietet hatte. Es war ein hübsches, supermodernes, weißes Stuckgebäude mit riesigen Balkonen inmitten von Palmen, tropischen Pflanzen und herrlichen Blumen gelegen.

Den ganzen Vormittag spielten die Kinder und ich am Meer, planschten in der schäumenden Brandung, sprangen über anrollende Wellen und liefen oft kilometerweit am Strand entlang. Der nasse Sand rieselte zwischen unseren Zehen hindurch, während wir nach seltenen Stücken für unsere Muschelsammlung suchten. Neue und interessante Funde waren für uns so aufregend, als hätten wir einen geheimen Schatz geborgen. Jeden Nachmittag brauten sich früh dunkle Wolken zusammen, bis der Himmel ganz bedeckt war und der Regen wie ein Sturzbach unseren Spielplatz am Meer überflutete. Keiner hatte etwas dagegen, einen Mittagsschlaf zu halten, während der Regen auf den Balkon und gegen die Fenster prasselte. Das Schönste war aber, daß Jim jeden Tag nach der Arbeit zum Abendessen nach Hause kam. Es war Jahre her, seit unserer Zeit in Colorado Springs, daß wir zum letzten Mal den Luxus hatten genießen können, jeden Abend einen Vater zuhause zu haben.

Am zweiten Wochenende dieser herrlichen Ferien wurden Jim und ich von Freunden eingeladen, mit ihnen zu den Bahamas zu fliegen. Andere Freunde boten sich an, auf die Kinder aufzupassen, damit Jim und ich einmal allein sein konnten. Was für eine erfrischende Erneuerung für Leib, Seele und Geist! Es erinnerte mich an die wundervollen Tage in Monterey, ganz am Anfang unserer Beziehung. Jeder Tag enthielt so viele goldene Stunden, daß ich wußte, ich würde sie für den Rest meines Lebens nicht mehr vergessen.

Lou, der lebhafte, alte Navykoch der Astronauten, lud uns alle am dritten Wochenende dazu ein, einen Tag auf seinem Hausboot zu verbringen. Die Kinder waren ganz aufgeregt, denn er hatte versprochen, mit uns zu den großen Wasserstraßen zu fahren und versteckte Buchten aufzusuchen. Wir kundschafteten sogar eine kleine Insel aus, und das Ganze hätte sich für die Kinder sicherlich zu einem Robinson-Crusoe-Abenteuer entwickelt, hätte es dort nicht eine solche Unmenge von Moskitos gegeben. Aber ihre Mutter hatte sie mit Insektenspray und permanenten Warnungen vor krankheitsübertragenden Insekten verfolgt.

Nur zu bald waren diese herrlichen Ferien zu Ende, und mit großer Traurigkeit packten wir unsere von Sand knirschenden Habseligkeiten zusammen, beluden den Wagen und fuhren wieder nach Hause. Jim nahm sich ein paar Tage frei, um uns zur Nassau-Bay zurückzubringen, mußte dann aber sofort wieder zum Kap um mit der üblichen dreiwöchigen Quarantäne vor dem historischen Flug von Apollo 15 am 26. Juli zu beginnen.

Mit gemischten Gefühlen fuhr ich ihn zum Flugplatz und sah zu, wie er und Dick Gordon, der Ersatzmann für Dave Scott, ihren Flugplan zurechtlegten. Ich wußte, daß viele einsame Nächte vor uns lagen, bevor wir wieder zusammensein konnten – fünf Wochen, um es genau zu sagen. Jim gab mir einen Abschiedskuß, ich scherzte ein wenig mit Dick und wandte mich dann rasch ab, damit Jim nicht die Tränen sehen konnte, die mir in den Augen standen und gleich über das Gesicht laufen würden. Ich saß im Wagen und sah zu, wie die beiden über das Flugfeld zu ihrem weißen NASA-T-38-Jet gingen, das Cockpit öffneten, zuerst ihr Gepäck verstauten und dann einstiegen. Kurz bevor Jim seinen Fallschirm umschnürte, wandte er sich noch einmal um und winkte mir zu. Ich blickte ihn wie durch einen Nebel an und flüsterte: „Komm schnell zurück, Liebling!"

Nur wenige Minuten später waren sie schon in der Luft. Ich sah ihnen nach, und mir kam es vor, als flögen sie geradewegs auf den Mond zu. Mein ganzes Leben hatte nur aus Wiedersehen und Trennungen bestanden. Ich blickte zum Himmel auf den verschwindenden Jet-Streifen und schluchzte laut: „O, lieber Gott, muß ich denn in meinem ganzen Leben demjenigen, den ich liebe, immer nur ‚Auf Wiedersehen' sagen? Wird er dieses Mal zurückkommen?"

144

Plötzlich regte sich in mir mein neugewonnener Glaube, und die Furcht und der Schmerz verschwanden. Frieden erfüllte mein Herz, und zum ersten Mal wußte ich *durch den Glauben,* daß ich Gott wegen Jims sicherer Rückkehr vertrauen durfte.

Auf zum Mond

In den drei Wochen vor dem Abflugtermin wimmelte es in unserer gewöhnlich so stillen Nachbarschaft von Reportern und Photographen. Sie erinnerten mich an Ameisen, wie sie überall herumkrochen und ihre Kameras auf der Straße, in unserem Garten und in den Bäumen aufstellten, um durch die Fenster hindurch zu knipsen. Sie saßen sogar schon abwartend vor unserem Eingang.

In den ersten paar Tagen brachte ich Geduld und Verständnis auf, weil ich ja wußte, daß Apollo 15 für die Nation zur Zeit „Thema Nummer Eins" war und diese Männer folglich nur ihrem Beruf nachgingen. Ich verbrachte Stunden damit, Interviews zu geben, alle möglichen Fragen zu beantworten und mich mit Kindern oder allein für Photos zu postieren. Wenn die Fragen zu persönlich wurden oder Themen berührten, die ich nicht mit der ganzen Welt diskutieren wollte, verweigerte ich die Antwort. Natürlich wurde mir das als sture Weigerung zur Zusammenarbeit ausgelegt, aber ich kam an einen Punkt, an dem mir das nichts mehr ausmachte. Ich wollte sie einfach nur noch los sein.

Sie machten Bilder von allem nur Erdenklichen – die Kinder beim Spielen, beim Fernsehen, wie sie ihren Papa auf dem Mond malen. Einige, die sie veröffentlichten, wirkten reichlich lächerlich, so zum Beispiel das Bild, auf dem ich im Vordergrund in meinem Garten kniee und scheinbar nach etwas grabe, und die drei Kinder hinter mir stehen. Es war nämlich ein kleines Rotkehlchen aus dem Nest gefallen, und wir hatten versucht, es zu füttern. Der Untertitel lautete: Mrs. Jim Irwin auf der Suche nach Würmern in Houston ... darauf warten die Kinder Jan, 6, Jimmy, 7, und Jill, 10.

Bald verlor ich meine Geduld mit diesem neugieren Volk, das sich in alles einmischte. Natürlich hatten sie ihre Aufträge, aber die hatte ich auch, und ihre Gegenwart bei Tag und bei Nacht störte meine notwendigen Routine-Aufgaben und ging, so empfand ich es, über den normalen Ruf der Pflicht weit hinaus. Als ich bemerkte, daß sie in den Bäumen an unserem Haus saßen, um Innenaufnahmen machen zu können, ließ ich von da an die Vorhänge fest verschlossen. Dann entdeckte ich, daß der siebenjährige

Jimmy mit einer teuren Kamera um den Hals im Haus herumlief und Aufnahmen machte. Als ich ihn ausfragte, hörte ich, er sei von einem der Photographen bestochen worden, Innenaufnahmen von den Zimmern und allen Familienmitgliedern zu machen. Ich war nun so weit, daß ich meine vier Kinder bedrohte, auch nur noch ein Wort mit einem Fremden in der Nachbarschaft zu wechseln.

Meine Zeit vor der Abfahrt zum Kap war mit der Versorgung eines Wurfes junger Kätzchen und mit Malerei ausgefüllt, ganz abgesehen davon, daß lärmende kleine Kinder unterhalten, versorgt und beruhigt werden mußten. Für die zwei Wochen unmittelbar vor dem Flug schickte ich Joy und Jill in ein Speziallager für lernbehinderte Kinder. Das würde nicht nur für sie eine Hilfe sein, sondern auch für mich die Möglichkeit bringen, weniger Durcheinander in einer ohnehin schon konfusen Situation zu haben.

Zu alledem kam noch, daß ich Jim sehr vermißte und eine gewisse Unsicherheit über seinen Flug verspürte. Jim rief jeden Abend an, und ich freute mich schon immer auf diesen Zeitpunkt, wenn ich ihm all das erzählen konnte, was sich den Tag über zugetragen, alle lokalen Neuigkeiten, die ich mitbekommen hatte, und zu erfahren, was er getan hatte. Er versicherte mir, er könne in Quarantäne nicht sehr viel unternehmen.

Endlich kam der langersehnte Tag unserer Abreise. Ich hatte Betty darum gebeten, die Kinder aus dem Lager abzuholen, und vor unserem Jetflug am Freitag mittag zog meine verwitwete Schwester Donna mit ihrem Sohn bei uns ein.

Es war schön, meine Schwester wiederzusehen. Seit wir uns das letzte Mal für einen längeren Zeitraum gesehen hatten – damals in jenen Monaten, die ich bei ihr wohnte, bevor Jim und ich heirateten –, war in den dazwischenliegenden Jahren so viel geschehen. Donna war nicht an Houston und den Betrieb bei der NASA gewöhnt oder an die Lebensweise der Irwins. Jedes für sich hätte genügt, um einen gewöhnlichen Erdenbürger durcheinanderzubringen. Sie und ihr Sohn lebten zurückgezogen in einer kleinen Stadt, umgeben nur von den Geräuschen der Vögel und Eichhörnchen. So war ihre große Aufregung über das weltbewegende Ereignis, das vor ihr lag, leicht verständlich, zumal nun noch der ungewohnte Lärm und die Unruhe hinzukamen, die vier Kinder so mit sich bringen. Für mich war dies die Lebensweise, die ich kannte.

Wir waren am Freitagnachmittag kaum am Luftwaffenstützpunkt Patrick eingetroffen, als ich sofort Jim anrief. Er bat mich, zu ihm in das Strandhaus zu kommen, in dem er sich an einsamer und isolierter Stelle in Quarantäne befand, damit wir vor seinem Flug noch einmal beieinander sein konnten. Weil Donna sich um die Kinder kümmerte, konnte ich leicht über Nacht wegbleiben und erst am Morgen zurück bei den Kindern sein. Ich rief Lurton Scott an, die attraktive, brünette Frau von Dave, mit der ich das Rampenlicht teilen würde, da Al Worden Junggeselle war.

Im Verlaufe unserer Diskussion darüber, was wir bei dem zu unserer Ehre veranstalteten Dinner anziehen sollten, erwähnte ich beiläufig meine Pläne für die Nacht. Ich nahm an, sie werde auch zu Dave gehen, und verlor deshalb vollkommen die Fassung, als sie sagte: „Mary, wie kannst du an so etwas überhaupt nur denken? Stell' dir vor, du hast irgendeinen Virus und bringst Jim durch die Ansteckung in Lebensgefahr? Die anderen Männer könnten sich genauso anstecken. Ja wirklich, der ganze Flug könnte in einer Katastrophe enden!" Drängend bat sie mich: „Geh' nicht hin! Bitte, geh' nicht hin!"

„Ich werde darüber nachdenken, Lurton", antwortete ich.

Drei Wochen lang hatte ich Jim nicht mehr gesehen. Was war das für eine Entscheidung! Angenommen, nur einmal angenommen, Jim kommt nicht zurück – und ich habe diese Nacht nicht mit ihm verbracht. Sehe ich ihn nie mehr wieder? Wie soll ich dann die Tatsache ertragen, daß ich uns beide um dieses letzte Zusammensein gebracht habe?

Andererseits, wieder nur angenommen, ich habe wirklich einen Virus und ruiniere die größte Gelegenheit seines Lebens? Könnte ich damit leben?

Nachdem ich lange Fakten und Gefühle gegeneinander abgewogen hatte, erschien mir doch die Entscheidung richtig, den Verstand über das Herz siegen zu lassen, und ich rief Lurton an, um es ihr mitzuteilen. Sie war sehr erleichtert, und wir begannen, unsere Garderobe für die besonderen Festlichkeiten zu besprechen.

Schon während der Unterhaltung bemerkte ich, daß mein Magen ein wenig durcheinander schien, aber ich schrieb es der Aufregung, den Nerven und der Flugreise zu. Vielleicht würde etwas Ruhe mir guttun und helfen, den langen, ausgelassenen Abend, der vor mir lag, zu überstehen.

Aber es wurde nicht besser, sondern schlechter. Plötzlich überkam mich ein Brechreiz. Ich stürzte zum Badezimmer, mußte mich jedoch schon auf dem Weg dorthin übergeben. Jetzt wird mein Magen sich wohl besser fühlen, nachdem er die Sachen los ist, die ihn gestört haben, und ich kann heute abend hingehen, sicherte ich mir selbst zu. Doch je länger ich dalag und auf ein Ende des Elends wartete, desto klarer wurde, daß es nicht vorübergehen würde, und zur Dinner-Party würde ich es schon gar nicht schaffen. Wieder rief ich Lurton an und bat sie, mich beim Gastgeber zu entschuldigen.

Die ganze Nacht über mußte ich immer wieder ins Bad laufen. Gegen Morgen hatte ich das Gefühl, in Ohnmacht zu fallen. Ich erkannte, daß es wohl besser sei, einen Arzt zu rufen. Normalerweise ist es ein einfacher Vorgang, einen Arzt anzurufen, aber da die Presse jede Bewegung beobachtete, konnte ein kleiner Fehler schon Jims Disqualifikation vom Flug bedeuten. Deshalb rief ich einen Arzt von der NASA an, der mich bei einer früheren Gelegenheit schon einmal behandelt hatte und bei dem ich den Eindruck hatte, ihm vertrauen zu können. Er schien nicht besonders aufgeregt über meinen Zustand zu sein, und als er gegangen war, nahm ich an, ich würde bestimmt am Nachmittag wieder wohlauf sein.

Er muß das nächste Telefon benutzt haben, denn fünfzehn Minuten später war schon ein kleines Ärzteteam da und begann mir Vorwürfe zu machen, daß ich nicht das medizinische Hauptquartier der NASA angerufen hatte. Sie entnahmen Blut- und Urinproben und fingen an, mich gründlich auszufragen. „Haben Sie Jim oder irgend jemanden von der Mannschaft gesehen? Sind Sie sicher, daß Sie mit keinem von ihnen in Kontakt gekommen sind? Haben Sie auch keinen Zeitpunkt vergessen, an dem möglicherweise doch einer von ihnen dem Virus ausgesetzt gewesen ist?" Ich war so geschwächt, daß ich ihr Weggehen kaum erwarten konnte.

Ach warum mußte ich nur krank werden, dachte ich voller

Selbstmitleid, und damit meine ganze Reise und all die aufregenden Partys verderben, auf die ich mich so freute? Ich kann noch nicht einmal die neuen Kleider anziehen, die ich mir extra für diese Partys gekauft habe.

Anläßlich des Fluges waren zwei meiner Brüder gekommen, Art und Mace, und gegen Samstagabend fühlte ich mich stark genug, um mit ihnen hinauszugehen und Jim hinter einer Glasscheibe wiederzusehen. Ich hatte Jim schon Wochen vorher versprochen, daß ich bei der Preisverleihung von „Manned Flight Awareness" seinen Platz einnehmen und für ihn Autogramme verteilen würde. Obwohl ich schwach und wackelig auf den Beinen war, blieb ich dreißig Minuten bei der Preisverteilung und fuhr dann weiter, um Jim kurz zu sehen.

Hinter der Glasscheibe wirkte er wunderbar entspannt, hatte eine tiefbraune Gesichtsfarbe und schien in jeder Weise für seinen Flug bereit zu sein, der in wenigen Stunden begann. In dem Wissen, daß ich ihn nun nicht mehr wiedersah, bis er nach dem Mondflug auf dem Luftwaffenstützpunkt Ellington landen würde, hatte ich gegen meine Gefühle anzukämpfen, um nicht in Tränen auszubrechen. Doch vor ihm lagen noch Stunden, die angefüllt waren mit letzten Anweisungen, Körpertraining und Simulator-Übungen, deshalb wollte ich Ermutigung ausstrahlen, nicht Tränen und Sorge.

Bevor wir in unser Motelzimmer zurückkehrten, beschlossen wir, auf einen Vorschlag von Jim hin, um die Abschußrampe herumzufahren und uns die Rakete einmal aus nächster Entfernung anzusehen. Obgleich unser Raum einen Blick auf das Raumschiff freigab und ich schon mehrmals die Vorhänge zurückgezogen hatte, um mir das gigantische, dreißig Stockwerke hohe Objekt aus der Ferne anzuschauen, war es mir nicht größer als ein Finger erschienen. Nun jedoch stand ich unmittelbar davor, sah die massive, hell angestrahlte, marmor-weiße Gestalt, aus der klare Nitrogendämpfe gen Himmel stiegen und erkannte erstmals die gigantische Größe. Die Dämpfe stiegen langsam auf, und ich wußte, daß diese nur dann sichtbar waren, wenn die Rakete mit Treibstoff gefüllt und also flugbereit war. Ein eigenartiges Gefühl der Leere erfaßte mich. Denn obgleich Jim während all unserer Ehejahre immer wieder umhergereist war, hatte ich wenigstens doch stets

150

gewußt, daß er sich immer noch auf demselben Planeten befand wie ich. In wenig mehr als dreißig Stunden jedoch würde er sich auf dem Weg in eine andere Welt befinden, eine geheimnisvolle, nahezu unerforschte Welt, die ich nie würde sehen können. Nur sechs Menschen aus unserer Welt und zu aller Zeit hatten jemals überhaupt ihren Fuß auf dieses Licht der Nacht gesetzt.

Körperlich verausgabt und schwach kroch ich ins Bett, konnte aber nicht einschlafen. Mein Magen rumorte, aber dieses Mal nicht von dem Virus, sondern wegen der Erwartungen und Befürchtungen. Deshalb fing ich an zu beten. Als ich mein ängstliches Herz vor dem Gott ausschüttete, der den Mond geschaffen und dort in den Weltraum gesetzt hat, beruhigte ein unaussprechlicher Friede meinen Geist. Lange Zeit lag ich da und sah aus dem Fenster auf den Vollmond, voller Verwunderung über die Veränderung, die in meinem Herzen vorgegangen war, und das einfach nur dadurch, daß ich es wie ein Kind meinem Vater hingelegt hatte, der gesagt hat: „Ich gebe euch meinen Frieden!" (Johannes 14,27b). Soweit ich zurückdenken konnte, war ich schon immer ein Sorgengeist gewesen; deshalb konnte ich nicht genug staunen über das Wunder meines veränderten Herzens.

Am Sonntag faulenzte ich in unserem Zimmer herum, um mich ganz zu erholen und an Jims größter Stunde voll teilhaben zu können. Er hatte schon immer höher hinausgewollt, und nun hatte er seine Chance. Er rief mich an diesem Abend an, und wir führten unser letztes Gespräch vor seinem Start am Montag. Nach diesem Anruf lag ich wiederum stundenlang wach und spekulierte über den Start und unsere Zukunft. Ich rief mir noch einmal die Bitterkeit der vergangenen Jahre ins Gedächtnis zurück und dachte darüber nach, ob das Ganze nun die Konflikte, die Einsamkeit, die Verwirrung und die Angst wert gewesen war. Schließlich übermannte mich ein etwas unruhiger Schlaf, aus dem ich erst kurz vor sieben Uhr vom Läuten des Telefons geweckt wurde. Nachdem ich mich eilig angezogen und ein wenig trockenen Toast und dünnen Tee hinuntergewürgt hatte, rannten die Kinder und ich, gemeinsam mit Donna, ihrem Sohn und meinen zwei Brüdern, noch vor acht Uhr zu einer wartenden Limousine, und wir wurden zu unserem Zuschauerplatz gefahren.

Unser Motel befand sich etwa fünfzehn Minuten Fahrzeit von

der Startrampe entfernt. An diesem Morgen schafften wir den Weg bei dem dichten Verkehr kaum in einer Stunde. Die Wasserstraßen wimmelten von Booten, die Strände waren gerammelt voll, und jeder nur erdenkliche Platz war besetzt. Über uns flogen Hubschrauber und wachten mit Habichtsaugen über das startfertige Raumschiff, damit nicht noch in letzter Minute irgend jemand hineinschlüpfen und den Flug sabotieren konnte. Die Sicherheitsmaßnahmen hätten nicht gründlicher sein können. Ohne Abzeichen kam keiner, aber auch absolut keiner, in die bewachte Zone; deshalb steckten wir die unsrigen während der Fahrt alle sorgfältig an.

Vor einigen Jahren hatte die NASA extra für die Familien der Astronauten eine Beobachtungszone eingerichtet, aber mit jedem Start war die Zahl der Angehörigen und Freunde, die sich dort einfanden, dermaßen angewachsen, daß Sue Bean vom Start ihres Mannes mit Apollo 12 kaum noch etwas sehen oder verstehen konnte. In der Erinnerung an diesen Vorfall hatte ich mir vorgenommen, das solle mir nicht passieren. Ich hatte unseren Pressemann darum gebeten, einen stillen, privaten Flecken zu suchen, zu dem wirklich nur die Familienmitglieder der Flugmannschaft Zutritt hatten. Der nun ausgewählte Platz war ideal zum Beobachten. Es handelte sich um eine kleine Erhebung unmittelbar an einem sumpfigen Wasserarm, und wenngleich er die von der NASA als Mindestmaß vorgeschriebenen drei Meilen von der Rakete entfernt war, erschien er wesentlich näher angesichts der immensen Größe dieses über hundert Meter hohen Monsters, das dort über Startrampe A in Wartehaltung schwebte.

Die NASA hatte an nichts gespart, um unseren kleinen Flecken gemütlich und angenehm zu gestalten. Ein großer Bildschirm in Verbindung mit einem Lautsprecher war installiert worden. Er war mit der Startzentrale verbunden, so daß wir deutlich dem Countdown folgen konnten, und Lou, der Koch der Astronauten, hatte Sandwiches, Kaffee, Punsch und eisgekühlten Tee für uns angerichtet, so daß wir etwas zu uns nehmen konnten. Für die etwa zwanzig Personen standen Stühle bereit, aber nur wenige waren in Gebrauch. In Erwartung des Kommenden war jeder aufgeregt. Wir standen schwatzend und lachend herum, und die Erregung stieg ständig an, während wir auf den spannenden Moment warteten. Außer Lurtons und meinen nahen Angehörigen waren nur noch Jan und Neil Armstrong und Mike Collins bei uns. Die Kinder buddelten in der Erde oder spielten Fangen. Die Erwachsenen tauschten alle Informationen aus, die sie über die Weltraumforschung besaßen. Neil und Mike waren unerschöpfliche Quellen für technische Details, und dadurch wurde die Beobachtung des Startvorganges für uns alle noch interessanter. Weder Photographen noch Presseleute hatten Zutritt zu unserer kleinen Gruppe.

Schon um neun Uhr morgens wurde es unerträglich heiß. Es wehte kaum ein Lüftchen, und die Sonne brannte vom Himmel. Ich fühlte mich verschwitzt und klebrig.

Alle paar Minuten brüllte die Flugkontrolle über die Lautsprecher: „Alles in Ordnung!" Wenn ich diese Worte hörte, drehte sich mein Magen, und mein Herz klopfte wild vor Erwartung – ungefähr so wie vor der ersten Abfahrt auf der Achterbahn.

Die letzten dreißig Minuten vor dem Start kamen mir endlos lange vor, und offensichtlich waren alle anderen genauso nervös und aufgeregt. Um halb zehn kletterte ich auf einen Klappstuhl, um ja nichts zu verpassen, aber ich war noch so schwach, daß mein Bruder Art mich festhalten mußte. Um Punkt 9.34 Uhr, als die Stimme über den Lautsprecher schrie: „Zündung!", quollen aus dem Fuß der Rakete große, weiße Rauchwolken, augenblicklich gefolgt von Feuer, das aus dem Rauch hervorschoß. Der Lärm der Maschinen war ohrenbetäubend. Der große Vogel hob sich zunächst langsam vom Boden ab, gewann mit jeder Sekunde jedoch weitere Triebkraft, richtete seine spitze Nase nach oben und flog auf die zerklüfteten Berge des Mondes zu. Obgleich der glühend-weiße Schwanz mich blendete, konnte ich meine Augen nicht von der majestätischen Rakete abwenden, wie sie nach oben raste, um schließlich hinter einer dünnen Wolkenschicht zu verschwinden. Solange ich sie noch sehen konnte, fühlte ich mich Jim nahe, aber als sie verschwunden war, packte mich die Einsamkeit, und ich wollte weinen. Jim befand sich in dieser Rakete, und all die Jahre der Vorbereitung und die Tränen, die sie mit sich gebracht hatten, waren vorbei. Mein Herz flog mit ihm hinauf, und ich würde erst wieder zur Ruhe kommen, wenn die kleine Kapsel mit ihren Fallschirmen sanft in den blauen Fluten des Pazifik gelandet war.

Es würde fast fünf Tage dauern, bis die Raumfahrer ihr hohes Ziel erreichten und Dave und Jim über eine schwankende Leiter in zentimeterdicken Mondstaub hinabsteigen würden, der seit der Schöpfung unberührt dort gelegen hatte. Währenddessen gab es für mich nichts weiter zu tun, als die Sachen zu packen, nach Hause zurückzufahren und zu warten. Die Kommunikation mit dem Raumschiff wurde automatisch nach Houston umgeschaltet, sobald der Start-Tower seine Aufgabe erfüllt hatte; deshalb mußte ich also dorthin zurückkehren, um den weiteren Verlauf zu verfolgen.

Bevor wir zum Luftwaffenstützpunkt Patrick und in unser Zimmer zurückkonnten, wurden Lurton und ich ins „Holiday Inn" zu einer Pressekonferenz gebracht. Allmählich hatten wir uns an diese Pressesitzungen gewöhnt, und sie machten uns keine Schwierigkeiten mehr. Jahrelang hatten wir „zur zweiten Garnitur" gehört und waren im Hintergrund der Geschehnisse geblieben. Nun wurden wir emporgehoben, um mit unseren Männern die Aufmerksamkeit der Weltöffentlichkeit zu teilen. Wie froh war ich, daß Jim und ich zusammengeblieben waren und wir diesen Triumph seines Lebens gemeinsam erleben durften!

Wieder zuhause, waren unsere Gedanken und unsere Zeit mit nichts anderem mehr erfüllt als mit dem Monddrama. Meine Schwester und Jims Eltern blieben während des gesamten Fluges bei mir. Die meiste Zeit sahen wir mit abgestelltem Ton auf den Fernsehschirm und lauschten der „Quak-Box", die die NASA auf dem Nachttisch neben meinem Bett installiert hatte. Über dieses kleine Gerät wurde jedes Gespräch aus dem Raumschiff übertragen. Mehrere Tage lang war ich etwas in Unruhe, weil ich Jims Stimme gar nicht hörte, immer nur Als oder Daves. Ich fragte mich langsam, ob Al vielleicht aus Versehen Jim hinausgeschubst hatte und es jetzt verschwieg. Abends, wenn die Männer im Raumschiff schlafen gegangen waren, kam Dick Gordon, Daves Ersatzmann, zu uns herüber, um mir zu berichten, was im Laufe des Tages alles durchgesickert war. Die meisten Astronauten waren den ganzen Tag über bei der Missionskontrolle und beobachteten den Flug.

Zweimal gingen auch Lurton und ich zur Missionskontrolle und setzten uns in den VIP-Bereich (Very Important Person), aber unser Betreuer verweigerte uns dieses Privileg in kritischen Momenten, wie bei der Mondlandung oder beim Wiederabheben vom Mond. Natürlich wollten wir gerade das miterleben, aber man versuchte, uns zu schützen, falls irgend etwas schiefgehen sollte.

An dem Tag, für den die Mondlandung vorgesehen war, klebten wir alle vor dem Bildschirm und der „Quak-Box". Mama und Papa Irwin saßen mit mir auf meinem Bett, die Kinder waren überall im Zimmer verstreut, und Charlie Duke saß auf dem Fußboden. Charlie war für Apollo 16 vorgesehen und hatte schon im Simulator trainiert; deshalb wußte er genau, was Jim und Dave jetzt gerade sahen. Ich wußte es auch. Jim hatte mich zu mehreren Trainings im Simulator mitgenommen, einem Übungsgerät, das in bezug auf Größe und Instrumente genau der Mondlandekapsel entspricht, so daß ich das Gebiet des Landepunktes genau kannte. Jetzt hörten wir ununterbrochen Jims Stimme, wie er Dave die Computerinformationen für die Landung durchgab. Sie klang ruhig und gefaßt. Ich beobachtete Charlies Gesichtsausdruck. Seine Augen leuchteten auf, und die Muskeln seiner Hände, Arme und des Gesichts spannten sich an, als sie dem bezeichneten Landepunkt bei den Hadley-Appenines näher kamen. Wir wagten kaum zu atmen, aus Furcht, die Landung zu verpassen. Plötzlich hörten wir Jim „Bam!" sagen und wußten, daß sie nun die Mondoberfläche erreicht hatten.

Erleichterung und überwältigende Freude durchströmten mein Herz, und ich griff nach meiner Bibel und schlug meine Lieblingsstelle auf – den dreiundzwanzigsten Psalm. Ich las laut vor, während Jims Mutter auswendig mitsprach: „Der Herr ist mein Hirte, mir wird nichts mangeln..." Tränen der Dankbarkeit liefen mir übers Gesicht. Als ich mit dem Lesen fertig war, senkten wir alle den Kopf zu einem kurzen Dankgebet. Was für ein überwältigender Moment war es für mich, der Erfüllung des lebenslangen Traumes des Mannes beizuwohnen, den ich liebte! Und was für ein Triumph war es, nach all den Jahren des Zweifelns und Fragens mit Sicherheit zu wissen, daß ich ihn liebte!

Zuerst hatte ich Schwierigkeiten, mir vorzustellen, daß einer dieser zwei federleichten Mondmenschen, die auf dem Bildschirm auf- und niederhüpften, wirklich mein Mann sein sollte.

Ich versuchte herauszufinden, welcher von ihnen Jim war, da beide vollkommen gleich aussahen. Dann bemerkten wir, daß Jim ein rotes Band um den Arm trug, und nun konnten wir die Männer auf den ersten Blick unterscheiden.

Die Expedition von Apollo 15 war von allen bisherigen Mondflügen am meisten wissenschaftlich orientiert und produktiv. So war auch der Landeplatz bei den Hadley-Appenines der schwierigste, der je angeflogen worden war, aber für die Wissenschaftler auf der Erde von größtem Interesse, weil es hier Berge, ein Tal und Krater gab, die von Vulkanausbrüchen herstammten. Dave und Jim sollten länger bleiben und mehr auskundschaften als alle ihre sechs Vorgänger. Das kleine Mondauto, der Lunar-Rover, der als erstes menschlich gesteuertes Fahrzeug über die Mondoberfläche fahren würde, war dafür vorgesehen, diese ausgedehnte Erforschung zu ermöglichen. Aber ich wußte auch um die geheimen Gefahren für das kleine Auto, und bis sie es ausprobiert und festgestellt hatten, daß es funktionierte, waren wir etwas angespannt.

Wie bei anderen irdischen Autos, so brachte auch der Rover ein Problem – die Vorderradsteuerung ging nicht. Nachdem sie allerdings eine kurze Testfahrt gemacht hatten, stellten Dave und Jim fest, daß es auch fuhr, wenn nur die Hinterradsteuerung funktionierte. Das einzig weitere Problem, um das ich wußte, konnte sich ergeben, wenn das kleine Auto mehrere Meilen vom lebenspendenden Raumschiff entfernt streikte. Dave und Jim würden keine Möglichkeit haben, per Anhalter zur nächsten Tankstelle zu fahren. Sie wären gezwungen, wie Känguruhs den ganzen Weg zurückzuhüpfen in der Hoffnung, daß ihre Sauerstoffvorräte reichten. Schnell verdrängte ich diese Sorge aus meinen Gedanken, denn ich wollte nicht die nächsten drei Tage mit solchen Ängsten zubringen.

Bevor ich es recht gemerkt hatte, war bereits der 7. August, der Tag der dramatischen Wasserlandung und der Rückkehr der Weltraumfahrer, gekommen. Das Abheben vom Mond, das Zurücklassen des kleinen Mondautos und die Verkoppelung von „Falcon" mit dem Mutterschiff „Endeavour" verliefen fehlerlos und gaben uns keinen Grund zur Besorgnis. Die Männer brachten ihre kostbare Fracht an Mondgestein und -erde planmäßig mit, stiegen zu Al Worden in die Kommandokapsel um, schlossen sorgfältig hinter sich die Luken und koppelten ihr treues „Falcon" ab, worauf Houston per Fernsteuerung seine Maschinen zur Explosion brachte und es auf der Oberfläche des Mondes zerschmetterte.

In Erwartung der Wasserlandung war unser Haus voller Freunde, die alle gekommen waren, um sich mit uns den dramatischen, unglaublich klaren Farbfernsehbericht von dem Ereignis anzusehen und mit uns zu feiern. Mama und Papa Irwin saßen bei mir im Schlafzimmer, und der Rest der Versammlung verfolgte das Ganze im Wohnzimmer über eine zweite Bildschirm-„Quak-Box"-Kombination.

Die Kameras hatten das Raumschiff schon mindestens fünf Minuten vor der Landung eingefangen, so daß wir mitansehen konnten, wie die hübschen, weiß-rot-blau gestreiften Fallschirme sich entfalteten und das schwankende Raumschiff abfingen, das nun vor- und zurückschaukelte. Einen schrecklichen Moment lang versagte beinahe mein Herzschlag, weil ein Fallschirm sich nicht öffnen wollte. Rasch schloß ich die Augen und schickte ein verzweifeltes Gebet um die Sicherheit der Männer zum Himmel; wieder einmal ereignete sich augenblicklich das Wunder des verwandelten Herzens, und ich war vollkommen ruhig. Eine Sekunde, nachdem ich meine Augen wieder geöffnet hatte, landete das Raumschiff sicher im strahlend blauen Pazifik, 285 Meilen nördlich von Hawaii, und fing an, auf und nieder zu tanzen. Auf meinem Bette sitzend begann ich, in die Hände zu klatschen und vor Freude zu jubeln wie ein kleines Kind.

Fast im selben Moment kletterten Froschmänner aus einem Rettungsfloß zur Kapsel hinauf und öffneten die Luke. Ins Floß stiegen drei Männer, die mit ihrem zwölf Tage alten Bart aussahen wie Grisly-Bären. Einer von ihnen beugte sich herab und spritzte sich Wasser ins Gesicht. Ich lachte, denn wieder einmal war ich mir fast sicher, daß es Jim war. Und ich hatte recht, wie ich später erfuhr, als ich ihn danach fragte.

Ich hatte „Bruder Bill" Rittenhouse, den Prediger der Baptistengemeinde von Nassau Bay, und seine liebe Frau Nell zu unserer Feier eingeladen. Als der wartende Hubschrauber die Männer hochgeholt hatte, um sie zum Flugzeugträger „Okinawa" zu bringen, bat ich Bruder Bill, mit uns ein Dankgebet zu sprechen. „Dank sei dir, du himmlischer Vater, für die sichere Landung dieser Mannschaft", begann er. Er brachte mit herzlichen Worten die Freude und die Dankbarkeit zum Ausdruck, die wir alle empfanden.

Zusätzlich zur „Quak-Box" hatte die NASA vorausschauend ein spezielles Telefon mit einem roten Lämpchen installiert, das irgendwie mit der „Okinawa" in Verbindung stand. Somit war es Jim möglich, uns anzurufen, sobald er das Schiff betreten hatte. Unser Gespräch war zwar nur kurz, aber schon allein seine Stimme zu hören bedeutete unaussprechliche Freude. Vor ihm lagen mehrere Stunden intensiver physischer Untersuchungen, doch zunächst durfte er sein erstes festes Essen nach zwölf Tagen zu sich nehmen – Steak!

Am nächsten Abend fuhr uns Bill Der Bing, unser Protokollchef von der NASA, zum Luftwaffenstützpunkt Ellington, um die Mannschaft in Empfang zu nehmen, wenn sie von Hawaii eingeflogen wurde. Sie waren die ersten, die sich nicht einer weiteren dreiwöchigen Quarantäne unterwerfen mußten. Die NASA hatte aus ihren früheren Flügen die Erfahrung gewonnen, daß eine Infektion der Erdenbewohner durch irgendwelche mysteriösen Mondbakterien ausgeschlossen sei. So würde Jim fast sofort mit uns nach Hause kommen können.

Schon lange vor der Landung konnte ich das große Flugzeug sehen und hören, das unsere tapferen, aber erschöpften Raumfahrer heimbrachte. Obgleich es schon spät war, nämlich kurz nach 21 Uhr, und das Wetter trüb und regnerisch, hatten sich über eintausend Menschen eingefunden, um die Männer willkommen zu heißen. Jim und Al kamen glattrasiert heraus, aber Dave hatte seinen zwei Kindern versprochen, daß sie seinen Bart bewundern dürften. Als sie die Treppe herunterstiegen, rannten unsere vier Kinder los und brachten ihren Vater, der vom Weltraum her noch etwas wackelig auf den Beinen stand, beinahe aus dem Gleichgewicht, als sie ihm um den Hals fielen. Dann wandte Jim sich mir zu, legte mir eine duftende, rote Nelkengirlande um und küßte mich liebevoll. Dies war für uns beide ein sehr zärtlicher Augenblick.

Die drei Männer erstiegen dann eine hölzerne Plattform, von

wo aus sie die mit Regenmänteln und Schirmen bewaffnete Empfangsmenge begrüßten und den feuchten Leuten erklärten, wie sehr sie sich über die Anteilnahme all derer freuten, die so viel von ihrer Zeit geopfert hätten, und wie froh sie seien, wieder zuhause zu sein. Natürlich wollten viele Menschen ihnen die Hand schütteln und persönlich gratulieren.

Als wir endlich zuhause und Jims Eltern gegangen waren, um die Nacht in einem Apartment von Freunden zu verbringen, war es bereits sehr spät. Unsere erschöpften Kinder gingen bereitwillig zu Bett. Jim und ich waren allein und sprachen über die Ereignisse der letzten beiden Wochen. Ein eigenartiges Gefühl ergriff mich. Es erinnerte mich ein wenig an einen Morgen nach Heiligabend. Nach Monaten aufgeregter Vorbereitung und Planung bleibt nur ein geplünderter Baum in einem Zimmer voller Unordnung zurück.

Jetzt war alles vorbei. Jim hatte den Höhepunkt einer schwer erarbeiteten und langersehnten Karriere erreicht, und cr war erst einundvierzig Jahre alt. Konnte das Leben ihm noch irgendeine Herausforderung bieten? Oder würde sich von nun an alles rückläufig entwickeln? Wieder einmal griff die Angst vor der Zukunft nach meinem Herzen.

Ein höherer Flug

In der ersten Nacht, in der Jim auf dem Mond war, ging ich hinaus in unseren Garten und starrte lange Zeit nach oben. Ich versuchte mir vorzustellen, was er jetzt wohl erlebte. Früher war der Mond mir immer so weit fort und unerreichbar erschienen, aber heute nacht hatte ich einen ganz anderen Eindruck von ihm. Er kam mir bekannt, persönlich und nah vor.

Als ich dann später im Bett lag, konnte ich meine Gedanken immer noch nicht abwenden, obgleich ich körperlich so erschöpft war. Beständig mußte ich über Jim nachdenken, der sich Hunderte von Meilen entfernt am Himmel befand. Während ich so wach dalag, bewegte ich mich in jede nur erdenkliche Position, um von meinem Bett aus den Mond erblicken zu können, aber wegen des zweieinhalb Meter hohen Zaunes, den wir aus Gründen des Sichtschutzes hatten errichten lassen, war dies unmöglich. Weil ich geistig immer noch hellwach war und mir ständig nur den Mond vorstellte, beschloß ich schließlich, für Jim zu beten. Ich stand also auf und kniete neben meinem Bett nieder; dabei schielte ich noch einmal aus dem Fenster, bevor ich anfing. Dort schien, zu meiner großen Überraschung, voll der Mond herein – *also nur dann sichtbar, wenn ich kniete.* Wie aufgeregt war ich, daß ich auf das Geheimnis gestoßen war, wie ich den Mond von meinem Schlafzimmer aus sehen konnte! Nun durfte ich mit großer Hingabe für meinen Geliebten beten, der dort oben herumstreifte.

Wie sehr sehnte ich mich danach, daß Jim und ich zu einer geistlichen Einheit zusammenwachsen würden, fähig, einander mitzuteilen, was in unserem Inneren vor sich ging! Zurückblickend wurde mir klar, daß Jim Christ war. Das war es also gewesen, was er mir an jenem Tag in Dayton, kurz nach unserer Hochzeit, weiterzugeben versucht hatte. Ich konnte ihn damals nicht verstehen, weil mir die entsprechende Erfahrung fehlte. Mir wurde schmerzlich bewußt, daß ich ihm die Jahre hindurch nur wenig Ermutigung und Hilfe gegeben hatte, geistlich zu reifen. Wie hätte ich es aber auch können sollen? Ich war zu diesem Zeitpunkt geistlich ja noch gar nicht „von neuem" geboren.

Jim hatte getan, was in seinen Kräften stand. Er nahm die Kinder in die Sonntagsschule und in die Baptistengemeinde von Nassau Bay mit. Aber bei all den Zwistigkeiten bei uns zuhause war ihm kaum mehr möglich gewesen. Mir war aufgefallen, daß er in den vergangenen Monaten zunehmend an der Gemeindearbeit teilgenommen hatte – ja sogar vor der gesamten Versammlung sowie in einer anderen Gemeinde in Houston ein persönliches Zeugnis sagte. Aber wir beide konnten über diese Dinge anscheinend nicht miteinander sprechen. Wenn die Kommunikationsleitungen erst einmal auf einer tiefliegenden Ebene zerrissen sind, ist es beinahe unmöglich, sie wieder zu flicken.

Darum betete ich in jener ersten Nacht mit ganzem Ernst darum, daß Jims Mondabenteuer sich doch als geistlicher Anstoß und Beginn eines neuen gemeinsamen Lebens erweisen möchte. Ich bat Gott auch darum, Jim keine ruhige Minute mehr zu geben, bis er ihm sein Leben vollkommen anvertraut hatte. Danach waren Ruhe und Frieden in mein Herz eingekehrt, und ich schlief rasch ein. Ich besaß die Gewißheit, daß Gott mein Gebet erhören würde.

Einige Monate vor dem Flug hatte ich endlich genug Mut, um Jim von meiner Bekehrung zu erzählen und daß ich den Eindruck hatte, mein inneres Problem endlich in den Griff bekommen zu haben, da es vorwiegend geistlicher Natur gewesen sei. Mir war klar, daß ich ihm früher oder später davon berichten mußte, wobei mir „später" allerdings wesentlich lieber war. Er mußte ja zwangsläufig Verdacht schöpfen, daß irgend etwas vor sich ging, denn plötzlich ging ich mit neuem Eifer wieder in meine Gemeinde und übernahm voller Energie ehrenamtliche Aufgaben. In gewisser Weise wurde die Gemeinde mir zu meinem Alibi. Jim mißfiel das, denn er schien meine Gemeinde zu hassen, die Leute, die dorthin gingen, und alles, was mit ihr zusammenhing. Wenn jemals unser Prediger zu Besuch kam, verhielt Jim sich sehr abweisend, verließ das Zimmer oder ging gar aus dem Haus, um nicht in ein Gespräch verwickelt zu werden. Einmal brachte ich meine Jugendgruppe mit nach Hause, um mit ihnen Poster für unseren Gruppenraum zu basteln. Jim redete kein Wort mit ihnen. Die Kinder hatten sich so sehr darauf gefreut, mit einem Astronauten sprechen und ihm Fragen stellen zu dürfen, daß sein Verhalten mich in große Verlegenheit brachte und unbeschreiblich verletzte.

Es war also kein Wunder, daß ich mich davor fürchtete, mit Jim über meine Wende zu sprechen. Ich wußte, daß er entweder ärgerlich oder mit der Schweigebehandlung reagieren würde – wobei beide Antworten für mich Zurückweisung bedeuteten. Ich hatte recht. Er wurde wütend und mißverstand alles, was ich sagte, vermutete wohlüberlegte Versuche meinerseits, ihn zu verärgern. Meine vegetarische Ernährung und der Verzicht auf Schminke störten Jim gewaltig, ebenso wie die Einhaltung der Samstagsruhe, die meiner Meinung nach die Beachtung des Sabbathgebotes erforderte. Doch wenngleich mein Geständnis Jim gegenüber zu einem neuen Konflikt führte, verbesserte sich unsere Beziehung insgesamt zusehends, weil ich es lernte, mich täglich immer mehr auf die Kraft meines Herrn zu verlassen, anstatt auf mein Vermögen zu blicken.

In den Wochen nach seinem Flug arbeitete Jim ununterbrochen an Berichterstattungen – zuerst in unserem abgeschiedenen Heim, wo er Stunden um Stunden mit Schreiberei zubrachte, und später im Büro, um seine Entdeckungen und Eindrücke auf Kassettenrecorder zu sprechen. Als ihn jedoch dort Gratulanten und Freunde zunehmend störten, kehrte er in unsere Abgeschiedenheit zurück. Die *Time* und das *Life*-Magazin hatten gleichfalls alle drei Männer darum gebeten, ihre Berichte und persönlichen Erfahrungen zu Papier zu bringen. Aber die Kinder und ich hatten unseren Vater und Ehemann wenigstens bei uns zu Hause, obgleich er sehr beschäftigt war.

Das Jahr nach dem Flug war mit Terminen dermaßen angefüllt, daß ich wenig Zeit fand, über geistliche Ziele nachzudenken und weiterzukommen. Es wurde für mich notwendig, alle meine Gemeindetätigkeiten aufzugeben, um mich ganz der Aufgabe widmen zu können, mit Jim umherzureisen. Die NASA verlangte von ihren Astronauten sehr viel Reisen und schickte sie als Botschafter in der ganzen Welt herum.

Dieses Mal begleitete ich Jim, sooft es möglich war. Die NASA plante die Ehefrauen immer mit ein und bezahlte Unterkunft und Fahrt. Das ganze Jahr über warteten aufregende und unvergeßliche Erlebnisse auf uns, angefangen mit einem großen Umzug in

162

New York City am 26. August, dem sich ein Dinner und eine Broadway-Show mit Major Lindsay und seiner Gattin anschlossen.

Auf unserem Weg in diesem Jahr lag auch ein spezieller „Jim-Irwin-Tag" in Pittsburgh; ein Auftritt in Washington, Columbia, wo alle drei Apollo-15-Astronauten an einer gemeinsamen Sitzung des Kongresses teilnahmen und eine Ovation empfingen; ein weiterer gewaltiger Umzug in Chicago; ein Besuch im Weißen Haus und ein Essen mit dem Präsidenten und dem Vize-Präsidenten der Vereinigten Staaten; ein herrliches Wochenende in Camp David; eine Europareise; eine Audienz bei Papst Paul im Vatikan in Rom und eine Reise hinter den „eisernen Vorhang" nach Polen und Jugoslawien.

Die NASA verplante den größten Teil unserer Zeit und gestaltete unsere Reisen, aber an den Wochenenden hatten wir zumeist frei. Zum ersten Mal seit Jahren konnten wir an diesen kostbaren Tagen ein Familienleben führen. Anstelle seiner ersten Gehversuche in den vorangegangenen Jahren begann Jim nun, geistlich sprunghaft zu wachsen. Und ich durfte gemeinsam mit ihm Schritt halten.

Fast an jedem Wochenende erhielt Jim eine Einladung, in einer Gemeinde oder vor christlichen Gruppen zu sprechen. Dann verstauten wir gewöhnlich die ganze Familie im Auto und nahmen gemeinsam an der Versammlung teil. Wie überwältigend war es für mich, meinen Mann vor vielen Menschen offen über seinen Glauben sprechen zu hören, besonders wenn ich daran zurückdachte, daß er sich in früheren Jahren *nie* hatte geistlich mitteilen können.

Am 27. Oktober 1971 stand Jim im Astrodome in Houston vor 50.000 Süd-Baptisten und berichtete ihnen von dem geistlichen Impuls, den er auf dem Mond empfangen, und wie Gott dadurch sein Leben verändert hatte. Nach diesem Zeugnis verbreitete sich wie ein Blitz die Nachricht im Lande, Jim Irwin habe eine geistliche Botschaft, die er gerne weitergeben wolle, und nun hagelte es Anfragen.

Fast augenblicklich weiteten sich Jims gemütliche Wochenendausflüge mit dem Wagen explosionsartig aus. Nun mußten wir schon das Flugzeug benützen und flogen von Florida bis Kalifornien und von Chicago und Boston nach New Orleans im ganzen Land umher.

Als die Einladungen weiter zunahmen, wuchs zusehends der Streß, unter dem wir standen, so daß Jim, um Zeit zu sparen, gewöhnlich eine sechssitzige Cessna-320 mietete und die ganze Familie mitnahm. Anstatt nur einfach ein persönliches Zeugnis weiterzugeben, fing er nun an, ernsthaft das Evangelium zu verkündigen und die Menschen aufzufordern, Jesus Christus als ihren persönlichen Erretter anzunehmen.

Die NASA hatte Jim als Ersatzmann für Apollo 17 nominiert, und die gesamte Arbeitszeit in den nächsten sechs Monaten wurde für das Flugtraining verwandt. Die nun schon dritte Trainingswiederholung war für Jim nicht mehr sonderlich interessant, zumal seine Vorbereitung als Ersatz für den Platz des ersten Mannes Jack Schmidt galt, der zweifelsohne fliegen würde, selbst wenn die NASA bei einem Zwischenfall um seinetwillen den Flug verschieben mußte. Die NASA legte großen Wert darauf, einen Naturwissenschaftler auf den Mond zu schicken.

Es wurde immer deutlicher, daß Jims Lebensaufgabe in der zunehmenden Möglichkeit lag, seinen Glauben an Christus weiterzugeben, *nicht* in den Werbetouren, die die NASA veranstaltete, oder in Apollo 17. Er setzte sich voll für die NASA ein; aber sein Gesicht erhellte und veränderte sich immer dann, wenn der Samstag nahte.

Im Laufe dieses mit Reisen so angefüllten Jahres hatte sich eine dunkle Wolke zusammengeballt, und obgleich auch ich um die Möglichkeit eines Skandals wußte, behielt Jim das meiste davon für sich. Auf dem Heimweg von Jugoslawien, während wir hoch über dem Ozean flogen, beugte Jim sich zu mir herüber und sprach mich leise an.

„Mary, ich fürchte, wir bekommen Schwierigkeiten mit den Umschlägen."

„Das überrascht mich überhaupt nicht", erwiderte ich sachlich.

„Ich glaube, mich auch nicht." Langsam und bedächtig wählte er die Worte. „Am meisten enttäuscht mich, daß ich unseren Einstieg in das Umschlag-Geschäft mit den Deutschen nicht verhindern konnte. Ich hatte deutlich das Gefühl, die Wahrheit würde früher oder später ans Licht kommen, und jeder würde von unserer Verwicklung erfahren. Aber ich war erfolglos."

Die ganze Umschlag-Affäre regte mich dermaßen auf, daß ich mich weigerte, mich damit auseinanderzusetzen. Ich sagte mir, die Mitglieder der Mannschaft hätten sich die Suppe eingebrockt und sollten sie darum auch selber auslöffeln, ohne daß ich ihnen dabei half. Ich schirmte mich so sehr dagegen ab, daß ich bis heute nicht in der Lage bin zu erklären, was damals vor sich ging. Jim hat es jedoch in seinem Buch genau beschrieben:

„Es hatte nichts Mysteriöses auf sich mit dem Problem, das wir vom Mond mitbrachten – mit den Umschlägen. Es handelte sich um den umstrittensten Vorfall des Apollo-Programms, und obgleich die meisten Astronauten zu einem gewissen Grad ähnlich beteiligt waren, statuierte die NASA an der Apollo-15-Mannschaft ein Exempel. Es fing an mit 400 nicht zugelassenen Post- oder Briefumschlägen, die wir mit nach oben nahmen. (Tatsächlich hatten wir insgesamt ca. 650 Umschläge bei uns, aber mehr als zweihundert waren in einer Erklärung registriert.) Am dritten Tag auf dem Mond spielten wir Poststelle und stempelten die ersten Briefmarken einer neuen Serie ab, die an den Weltraumerfolg der Vereinigten Staaten erinnern sollte. Mit unserer eigenen Stempelvorrichtung – die auch im luftleeren Raum funktionierte – druckten wir den 2. August 1971 auf, den Erscheinungstag der Serie.

Der Verweis unserer Mannschaft war der zweite, den die NASA jemals ausgeteilt hatte. Der erste ging an den Astronauten John Young, der auf seinem Gemini-3-Flug im Jahre 1965 ein nicht zugelassenes Corned-Beef-Sandwich mitgenommen hatte. Während das Raumschiff ,Molly Brown' um die Erde kreiste, holte Young vor den Augen seines verdutzen Kameraden sein Sandwich heraus. Ich weiß nicht, ob John das Sandwich geschluckt hat oder nicht. Wir jedenfalls mußten unsere Briefumschläge ,schlucken'.

Ich habe schon gesagt, daß von den 650 Umschlägen, die wir bei uns hatten, 400 nicht zugelassen waren. Von diesen waren 100 bestimmt für einen Bekannten in Deutschland, Horst (Walter) Eiermann, einen ehemaligen Firmenvertreter für Raumfahrtprodukte, der den Astronauten von Cape Kennedy wohl bekannt war. Die restlichen nicht zugelassenen Umschläge teilten Dave, Al und ich untereinander auf, so daß jeder 100 bekam. Ich hatte nie daran gedacht, die meinigen zu verkaufen, und wir hatten auch keine Vereinbarung miteinander getroffen, was wir damit machen wollten.

Walter Eiermann wandte sich zuerst an Dave und brachte dann auch Al und mich ins Geschäft. Den ersten Kontakt knüpften wir im Mai 1971 und trafen uns danach noch zweimal mit Walter. Unsere Vereinbarung lief darauf hinaus, daß die Umschläge erst verkauft werden sollten, wenn das Apollo-Programm vorüber war. Wir hatten vor, die 8.000 Dollar, die Dave, Al und ich jeweils erwarteten, in einem gemeinsamen Treuhand-Fonds für die Ausbildung unserer Kinder anzulegen. Diese lag noch in weiter Zukunft, so daß der Verkauf in keiner Weise das Programm diskreditieren konnte. Dave brachte die 400 nicht zugelassenen Umschläge in einer Tasche seines Fluganzuges mit vom Raumschiff. Sie waren zwiebelfarben und zu einem kleinen, handlichen Päckchen zusammengepreßt. Während des Fluges von Hawaii unterzeichneten wir alle drei jeden der 650 Umschläge.

Entsprechend unserer Abmachung schickte Dave im September die 100 Umschläge an Walter Eiermann. Innerhalb weniger Wochen hielten wir ein Bankbuch aus Deutschland in Händen. Irgendwann im Oktober kam Dave zu mir und sagte: ‚Jim, wir bekommen jetzt Schwierigkeiten – man fängt drüben an, die Umschläge zu verkaufen!' Sofort schickten wir unsere Bankbücher an Walter Eiermann zurück und schrieben ihm, er habe die Bedingungen unserer Abmachung gebrochen, und deshalb seien diese hinfällig geworden. Wir sagten, wir wollten mit dem Handel nicht das Geringste zu tun haben. Ich weiß nicht, auf welche Weise Dave von dem Verkauf erfahren hatte, aber offensichtlich waren in der europäischen Presse Gerüchte laut geworden. Es bedeutete einen gewaltigen Schock für uns, festzustellen, daß wir unter Druck, ja geradezu unter Beschuß gerieten."

Im Frühjahr 1972 hatte die Umschlag-Affäre gewaltige Ausmaße erreicht und wurde von den Massenmedien an die Öffentlichkeit getragen. Das erstaunlichste bei der Sache war, daß die NASA acht Monate brauchte, um zu begreifen, daß in Deutschland zusätzliche Umschläge zu je 1.500 Dollar verkauft wurden. Während die Lunte auf dem Pulverfaß brannte, machten alle drei Männer von Apollo 15 in Erwartung der Explosion Schreckliches durch. Der Reporter Bob Considine schrieb im Juli 1972:

166

„Sollte nicht endlich etwas zugunsten der Mannschaft von Apollo 15 gesagt werden, die etliche von uns selbstgerecht verdammen wollen für den Versuch, mit Hilfe des Verkaufs von philatelistischen ‚Erstumschlägen' von ihrem Mondflug einen Treuhand-Fond für ihre Kinder zu errichten?

Als ihnen klarwurde, daß sie einen Fehler begangen hatten – wenngleich sie kein Gesetz gebrochen haben –, arbeiteten sie bereitwillig bei den pingeligen NASA-Untersuchungen mit, übergaben den größten Teil ihrer papiergewichtigen ‚Schmuggelware' den Autoritäten und verliehen ihrer Reue Ausdruck. Trotzdem wurden sie von Houston nach Washington geflogen, wie man Verbrecher ausliefert, wurden hart zurechtgewiesen und ihnen direkt oder indirekt zu verstehen gegeben, sie seien nicht länger geeignet, ihr Leben für das Raumfahrtprogramm der Vereinigten Staaten zu riskieren.

Man sollte doch meinen, daß die Raumfahrt-Behörde, für die so viele Astronauten ihr Leben aufs Spiel setzen, mehr Mitgefühl für ihre Leute aufzubringen in der Lage wäre. Es hätte wohl einen behutsameren Weg gegeben den drei anständigen Männern Scott, Irwin und Worden gegenüber. Warum werden sie lebenslänglich gebrandmarkt, während man dem weltraumnärrischen Schauspieler Cary Grant das Recht einräumt, ununterbrochen auf den Mond zu schicken, was sein Herz begehrt? Weshalb werden diese tapferen Burschen gekreuzigt, die für ihren Mondflug schlechter bezahlt wurden als der staatliche Zimmermann oder Elektrikermeister, der auf ihrer Startrampe in Cape Kennedy gearbeitet hat?

Es ist so, als würde Marco Polo ins Gefängnis geworfen, weil er seine Gondel falsch geparkt hat, nachdem er nach 17 Jahren am Hofe des Kublai Khan nach Venedig zurückgekehrt ist."

Es wurde deutlich, daß Jim das Interesse an seinem Beruf verloren hatte. Schon vor dem Ausbruch des Umschlag-Skandals erkannten er und sein Pastor, Bill Rittenhouse, daß Jim der Welt eine lebendige, geistliche Botschaft weiterzugeben hatte. Obgleich die schwere Prüfung durch den Skandal schmerzlich war, sahen wir darin Gottes Hand, um eine Tür zu verschließen und eine andere zu öffnen. Wir lernten daran deutlich, daß in Gottes Plan nichts verschwendet wird. Selbst unsere Fehler können zu

Gottes Zielen dienen und seinem Namen Ehre bringen. Wir begriffen, daß es Gottes Wille für Jim war, in den vollzeitlichen christlichen Dienst zu gehen, und für Bill Rittenhouse, seine Predigerstelle aufzugeben und sich anzuschließen. Jim erinnerte sich genau an einen Vorfall, den wir für den Beginn seiner Berufung durch Gott ansahen: Er erzählte mir, daß während unserer Fahrt durch die Straßen von New York City, bei unserem ersten großen Empfangs-Umzug, angesichts der jubelnden Menschenmassen auf beiden Seiten der Straße die Botschaft zu ihm gekommen sei: „Du bist nun ein Diener der ganzen Welt!"

Als Gottes Auftrag für Jim immer deutlicher wurde, fing er an, sich bei christlichen Leitern Rat zu holen, die sich in einer Position befanden, von der aus sie ihm bei der Gründung einer Evangelisationsbewegung raten und für die ersten Schritte Beistand leisten konnten.

Im Juni 1972 fuhr Jim zur Süd-Baptisten-Versammlung in Philadelphia und berichtete den Leitern seiner Denomination, welchen Auftrag er von Gott bekommen habe. Sie boten uns alle erdenkliche Hilfe an, und aus den Gesprächen mit ihnen entsprang die Idee, die später zur Gründung von „High Flight" führte. Das Ziel war ein uneigennütziges Missionswerk, das Jims Bemühungen, seine Botschaft überall mitzuteilen, unterstützen und lenken konnte. Bill Rittenhouse half dabei, den Plan für diese Vereinigung zu entwerfen, und Jim nannte sie „High Flight" nach dem Titel eines Gedichtes von John Gillespie Magee, einem jungen Flieger, der im Zweiten Weltkrieg ums Leben kam.

Der Astronaut Bill Pogue, ein enger Freund von Jim, der diesem besonders in seinen Kämpfen vor dem Mondflug als Quelle geistlicher Ermunterung gedient hatte, zeichnete das Erkennungszeichen von „High Flight" in der Form einer senkrechten Planeten-Umlaufbahn, die das Ausstrecken des Menschen nach Gott darstellt, und einer waagerechten Umlaufbahn, die das Ausstrecken des Menschen nach dem Bruder symbolisiert. Die beiden Umlaufbahnen schneiden sich in der Form des Kreuzes Christi und deuten dadurch das eigentliche Werk Christi an, nämlich die Lösung der beiden wesentlichen Probleme des Menschen – seine Beziehung zu Gott und sein Verhältnis zu seinem Mitmenschen.

168

Während der Explo '72, der großen geistlichen Erweckung durch Campus für Christus in diesem Sommer in Dallas, führten Jim und Bruder Bill Rittenhouse ein langes Gespräch mit Billy Graham, berichteten ihm von ihrer Idee und erhielten wertvolle Anregungen für die Gründung einer neuen Organisation. Unmittelbar danach saßen Jim und ich an einem privaten Swimmingpool in Kalifornien und bereiteten eine Erklärung für die Baptisten-Presse vor. Am 30. Juli wurde die Gründung von „High Flight" bekanntgegeben.

Nach Jims Ansicht sollte der Dienst von „High Flight" darin bestehen, den Menschen in aller Welt die Inspiration weiterzugeben, die er bei seinem Weltraumflug und durch seinen Gang auf der anderen Welt empfangen hatte, und ihnen von der Erneuerung seines christlichen Glaubens zu berichten, die diesem Erlebnis gefolgt war. Jim spürte, daß die Schranken, die stets zwischen Naturwissenschaft und Christentum gestanden hatten, aufgehoben werden konnten. Und genau diesen Zielen verschrieb er sich vor Gott und den Menschen von ganzem Herzen.

Als es beschlossene Sache geworden war, daß Jim frühzeitig pensioniert werden sollte und sich nun vollzeitlich für den Dienst engagieren konnte, der bislang nur die Wochenenden ausfüllte, begann ich schon davon zu träumen, daß wir in unser hübsches Haus in Colorado Springs zurückziehen würden, selbst als die Einzelheiten der „High Flight"-Organisation noch gar nicht feststanden. Ich freute mich schon eifrig darauf, alles neu einzurichten, und in Gedanken hatte ich bereits die sonnengebleichten Vorhänge abgenommen und neue, farbige aufgehängt, hatte ich den alten Teppichboden herausgerissen und statt dessen einen schweren, hellen Teppich ausgebreitet, war ich von Zimmer zu Zimmer gegangen und hatte mir überlegt, wie ich die Einrichtung verändern wollte. Ich konnte es kaum noch abwarten, damit zu beginnen.

Jedoch mitten in einer Nacht Anfang Juni, als ich gerade im Begriff war, einzuschlafen, prägte Gott mir die Tatsache ein, daß ich mich sofort von diesem Heim und den Plänen, die ich darüber schmiedete, lösen mußte. Mich überkam die feste Gewißheit, daß wir nie wieder in diesem Hause wohnen würden. Für kurze Zeit war ich niedergeschlagen und konnte diese Wendung nicht verstehen. Doch ein freundlicher Trost erfüllte mein verwirrtes Herz, als ich eine weitere Einsicht erhielt: Ich habe etwas Besseres für dich, mein Kind! Da verzichtete ich auf meine Pläne und übergab unsere Zukunft dem Gott, der alle Dinge vollkommen lenkt. Ich erkannte, daß wir in unserem neuen Leben „im Glauben wandeln" müssen wie niemals zuvor, also konnte ich ja gleich damit beginnen. Wie sich später herausstellte, würden wir noch ein weiteres Kind bekommen – ein Umstand, den ich nicht einkalkuliert hatte –, und das Haus wäre ohnehin nicht groß genug gewesen für uns alle.

Im August sammelten wir unsere Kinder und unsere Habseligkeiten zusammen und zogen nach Colorado Springs zurück, in meine geliebte Stadt, wo wir das Hauptquartier von „High Flight" errichten wollten. Was war das für eine Freude, zu den „Hügeln meiner Heimat" zurückkehren zu dürfen! Ich würde wieder frische, saubere Luft atmen, weiße, flauschige Wölkchen am tiefblauen Himmel sehen. Immer wenn ich aufblickte, würde die gewaltige Reihe der Rocky Mountains meine Seele beflügeln. Während des ganzen „Heimwegs" sang mein Herz voller Freude: „O Gott, dir sei Ehre, der Großes getan!"

Als wir Houston verließen, besaßen wir nichts außer einem Traum und einem Entwurf von der neugeborenen „High Flight"-Organisation. Wir hatten kein Geld, keinen Büroraum, kein Haus, keine Mitarbeiter außer Bill Rittenhouse und Louise Matthews, die unentgeltlich freiwillig die Buchhaltung erledigte. Und doch hatten wir zusätzlich zu unserem Traum einen wesentlichen Besitz – den *Glauben*, daß Gott das in unseren Herzen begonnene Werk auch vollenden würde. Dieser Glaube reichte aus, um uns durch das stürmische erste Jahr hindurchzubringen.

Zum aufregendsten Ereignis dieses ersten Jahres kam es im Sommer 1973. Man hatte Jim die Aufgabe übertragen, sich um die Angehörigen von Kriegsgefangenen und -vermißten zu kümmern, zumal Bill Rittenhouse im Zweiten Weltkrieg selbst in Kriegsgefangenschaft gewesen war. Wir begannen, um eine Möglichkeit zu beten, wie wir diese Familien erreichen konnten, und es tauchte die Idee auf, in einer der hübschen Rocky-Mountains-Ranches ein Sommer-Freizeit-Programm anzubieten. Wir würden alle Familien, die kommen wollten, zu uns einladen. Ein

170

wohlhabender Geschäftsmann aus Houston bot sich an, für die Kosten eines so gewaltigen Unterfangens aufzukommen; also trieben wir unsere Vorbereitungen eifrig voran, mieteten eine Ranch, engagierten Redner, Personal, Seelsorger und christliche Künstler. Natürlich waren bereits Einladungen an die Angehörigen der Kriegsgefangenen und der Vermißten ergangen.

Genau eine Woche vor Beginn der ersten Freizeit zog unser Gönner aus Houston sein großzügiges Angebot zurück und ließ uns sozusagen „mit leeren Taschen" stehen. Hunderte von Flugplätzen waren bereits reserviert und den Familien zugesichert worden, die so dringend die geistliche Hilfe brauchten, die wir anboten. Wir hatten diesen Familien als unseren Gästen natürlich kostenlose Unterkunft und Verpflegung zugesichert. Wir konnten sie jetzt nicht hängenlassen.

Natürlich gerieten wir in Panik bei dem Gedanken, daß wir über keine Geldmittel verfügten. Wie konnte eine neugegründete christliche Organisation wie „High Flight" für eine so gewaltige Schuldenlast aufkommen, wie sie hier auf uns wartete? Hatten wir unsere Pläne ohne die Gewißheit gemacht, daß dies Gottes Wille war?

Das gesamte Personal wurde ins Gebet getrieben und suchte den Willen Gottes, bevor wir überhaupt den Mut fanden, die Freizeiten zu eröffnen. In den folgenden fünf Wochen lernten wir alle in völlig neuer Weise, „im Glauben zu wandeln und nicht im Schauen". Wir beteten die Geldmittel für die wöchentlichen Ausgaben und Notwendigkeiten buchstäblich herbei. Viele Menschen liehen uns große Geldsummen, andere machten verschiedene Spenden. Hervorragende christliche Künstler wie Anita Bryant, Norma Zimmer und Andy Ferrier opferten ihre Zeit unentgeltlich und stellten mit ihrer Musik und ihrem Zeugnis für alle einen großen Segen dar. Unzählige Menschen, zerbrochen und verwirrt durch die Kriegsfolgen, wurden gekräftigt, und wir erlebten die Gesundung von Ehen mit, die bereits am Rande der Scheidung gestanden hatten. Das unbezahlbare Vorrecht, diesen Leuten helfen zu dürfen, war ein Vielfaches der enormen Schulden wert, die wir auf uns nahmen und für deren Abzahlung wir die nächsten vier Jahre benötigten.

Und genau so verstehen wir eben den herrlichen Auftrag von „High Flight". Für das Vorrecht, Jesus Christus überall dort wei-

171

tergeben zu dürfen, wo Gott uns die Türen auftut, sind Jim und ich auf ewig dankbar.

High Flight

O, ich habe die schweren Bande der Erde abgeworfen und tanzte lachend auf silbernen Schwingen durch die Himmel.

Zur Sonne bin ich emporgestiegen und habe teilgehabt an der taumelnden Ausgelassenheit der sonnendurchfluteten Wolken – und noch vielerlei mehr.

Es war kein Traum – dies Fliegen, Schweben und Schwingen hoch in der sonnenerstrahlten Stille. Dort schwebend spielte ich Haschen mit dem Wind und lenkte mein tüchtiges Schiff durch bodenlose Luftgewölbe.

Aufwärts, aufwärts in das weite, betörende, brennende Blau erklomm ich mit Leichtigkeit die windgewiegten Höhen, wo weder Lerche noch Adler jemals flogen. Und während ich mit stillem, erhobenem Sinn durchschritt die hohe, unberührte Heiligkeit des Raums – reckte ich meine Hand aus und berührte das Gesicht Gottes.

John Gillespie Magee, Jf.

Anschauungsunterricht in Geduld

Als Jim den Lear-Jet, für den er gerade den Flugschein machte, landete und ihn die lange Rollbahn des Flughafens von San Jose entlangsteuerte, waren wir beide aus Vorfreude auf die Begegnung mit unserem neuen Sohn sehr aufgeregt. Ich hatte ihn vor Monaten auf einer Reise durch den Fernen Osten bereits kurz gesehen, aber Jim würde dem kleinen, großäugigen Knirps von einem Jungen mit der olivfarbenen Haut, der ihn bald „Papa" nennen sollte, heute zum ersten Mal begegnen.

Unsere Suche begann schon vor vielen Monaten, nachdem Jim und ich ernsthaft über die Möglichkeit eines weiteren Kindes diskutiert hatten. Das einzige Problem lag darin, daß wir einen Jungen bekommen *mußten*. Unser Sohn Jimmy wurde bereits von drei Schwestern überboten und brauchte, so spürten wir, dringend ein weiteres männliches Wesen im Haushalt. Sein Papa war die meiste Zeit nicht zuhause und der arme kleine Bursche stets von Frauen umgeben, so daß wir bereits erste Anzeichen von Mädchenhaftigkeit an ihm festellen konnten.

„Es würde mir nichts ausmachen, noch einmal ein Kind zu bekommen, Jim", faßte ich meine ausgiebige Abwägung aller Pro- und Contra-Argumente, die ich seit mehreren Tagen vorgenommen hatte, schließlich zusammen, „aber bei meinem Talent würde ich wahrscheinlich wieder ein Mädchen auf die Welt bringen."

„Tja, und das wäre das Ende?" spottete Jim.

Da wir die Angelegenheit nicht dem Zufall überlassen wollten, begannen wir, eine Adoption in Betracht zu ziehen. Bei vier eigenen Kindern hatte es kaum Sinn, mit einer amerikanischen Agentur auch nur zu sprechen. Man würde uns auslachen, nachdem für Tausende kinderloser Ehepaare nur so wenig Kinder verfügbar waren. Deshalb lenkten wir unsere Vorstellungen in Richtung Orient, zumal Jims Bruder, Chuck, mit einer Japanerin verheiratet war, die wir sehr gerne hatten.

Da uns im Oktober 1972 eine Reise in den Fernen Osten bevorstand, baten wir Missionare in diesen Ländern, sich nach einem kleinen Jungen umzusehen, der zur Adoption freigegeben war. Ich wollte sehr gerne ein Baby haben, das noch nicht älter als acht

Monate alt war, weil ich in diesem Fall eine geringere seelische Schädigung vermutete und uns folglich weniger psychische Probleme bevorstehen würden. Aber als ich dies erwähnte, zeigte sich Jim unerbittlich. Er wollte nicht noch einmal eine „Windelzeit" über sich ergehen lassen, deshalb schwieg ich darüber. Insgeheim aber tat mir seine Reaktion weh, denn ich konnte mir nicht vorstellen, weshalb Windeln ihn stören sollten, der er selbst so selten welche hatte wechseln müssen. Sein eigentliches Anliegen war es allerdings, daß nicht so ein großer Altersabstand zwischen Jimmy und seinem neuen Bruder liegen sollte.

Kaum waren wir in Japan angekommen und hatten Erkundigungen eingeholt, da sagte man uns schon, daß die Japaner keine Adoptionen außerhalb ihres Landes gestatten. Deshalb gingen wir der Angelegenheit hier gar nicht weiter nach, und in Taipei und Hongkong waren wir dermaßen verplant, daß ein Besuch in Waisenhäusern undurchführbar war.

An einem freien Nachmittag in Seoul, Korea, jedoch nahmen die dreizehnjährige Joy und ich ein Taxi und fuhren zu einem großen staatlichen Kinderkrankenhaus. Die Fahrt durch die mit Taxen vollgestopften Straßen des übervölkerten Seoul war wild und rücksichtslos, und die hiesige Fahrphilosophie schien mir zu lauten: *Bremse nie – weiche keinen Millimeter, wenn du nicht mußt!* Ich fürchtete zwar um unser Leben, aber noch mehr um das der wehrlosen Fußgänger, die vergeblich versuchten, die Straßen zu überqueren. Ich kam zu dem Schluß, daß man in Seoul geboren sein mußte, um hier über irgendeine Straße zu kommen.

Zu meiner großen Erleichterung und Überraschung kamen wir sicher an und wurden auf die Waisenstation geführt. Es tat mir im Herzen weh, als ich von Wiege zu Wiege ging und die traurigen Gesichtchen sah – jeweils drei oder vier Kinder in einer Wiege. Sechs Monate alte Kinder sahen oft nicht älter aus als Babys mit sechs Wochen.

Ein sechs Monate alter kleiner Junge namens Tung, der gesünder als die anderen Kinder wirkte, fiel mir ins Auge, und ich behielt dies bittende, kleine Gesicht fest im Gedächtnis, während ich mit Joy in das nächstgelegene Kaufhaus stürzte, um neue Babydecken und Windeln einzukaufen. Die Decken im Krankenhaus waren so zerschlissen und fadenscheinig, und die Windeln wurden mit kleinen zusammengeknoteten Gummis festgebunden, daß ich beschloß, wenigstens diesen kleinen Beitrag zum Wohlbefinden der Babys zu leisten.

Später am Abend, nachdem Jim einer Redeverpflichtung nachgekommen war und ich ihm von Tung erzählte, erklärte sich ein Missionar bereit, uns noch einmal zu dem Krankenhaus zu fahren, damit Jim den kleinen Burschen sehen konnte. Obgleich das Hospital bereits geschlossen war, führte uns eine freundliche Krankenschwester auf die Station. Eifrig griff ich Jim beim Arm und zog ihn zu der Wiege, wobei ich aufmerksam sein Gesicht beobachtete, um seine erste Reaktion mitzubekommen. Schließlich handelte es sich um eine schwerwiegende Entscheidung, ein neues Kind in die Familie einzubringen, das den gesamten Haushalt und jedes einzelne seiner Mitglieder stark beeinflussen würde. Wir wollten dabei auf keinen Fall einen Fehler begehen.

Eigenartigerweise blieb Jims Gesicht regungslos. Da blickte ich herab. Das Kind war nicht Tung. Ich lief zu der freundlichen Schwester hinüber und erkundigte mich, wo der Junge denn sei. Nachdem sie viele Papiere durchgeforstet und verschiedene Mitglieder des Personals befragt hatte, mußten wir leider erfahren, daß an diesem Nachmittag die Holt-Adoptions-Agentur dagewesen war und die gesündesten Babys mitgenommen hatte, um sie zu amerikanischen Adoptiveltern zu bringen. Tung befand sich auch darunter.

Mit schwerem Herzen gingen wir wieder, denn wir wußten nun, daß Tung nicht das für uns von Gott vorgesehene Kind war. Wir lernten aber eine wertvolle Lektion – Gottes Willen aus geöffneten und verschlossenen Türen zu ersehen. Obgleich die Angestellten der Agentur uns zusagten, uns ein Kind zu besorgen, sobald wir wieder daheim seien, spürten wir beide instinktiv, daß dies hier eine verschlossene Tür war und daß Gott dadurch zu uns sprach, als wolle er sagen: „Mein Kind, wenn ich eine Tür verschließe, dann dient es zu deinem Besten und zu meiner Verherrlichung. Versuche nicht, einen Weg durchzusetzen, der nicht *mein* Weg ist. *Du* kannst nicht hinter diese Tür blicken. Ich kann es. Ich habe etwas Besseres für dich. Vertraue mir!" Es fiel mir schwer, aber ich glaubte Gott, denn ich lernte, „im Glauben zu wandeln und nicht im Schauen".

Unsere nächste Station war Saigon in Vietnam. Zu unserer großen Überraschung und Freude hatten die Missionare hier genau das getan, worum wir sie gebeten hatten. Dies war noch in keinem anderen Land der Fall gewesen. Drei Jungen waren von drei verschiedenen Missionaren für uns ausgewählt worden. Irgendwie besaß ich die innere Gewißheit, daß wir unseren neuen Sohn hier in Vietnam finden würden.

Dieses Mal fuhr ich alleine. Jim mußte einen Vortrag halten, und Joy spielte mit Missionarskindern. Meine erste Station war ein christliches Waisenhaus an der Peripherie von Saigon. Ich wurde zu dem kleinen, achtzehn Monate alten Clee gebracht, der einen etwas eigenartigen Blick hatte, weil er schielte. Er war dermaßen unterernährt, daß er gerade erst anfing, laufen zu lernen. An den Missionar gewandt schüttelte ich den Kopf und sagte langsam: „Nein, ich glaube nicht, daß er das Kind für uns ist, aber ich danke Ihnen ganz herzlich für die Mühe, die Sie sich gemacht haben."

Meine nächste Verabredung führte mich zu Jim Humphries, einem Direktor der Bewegung „World Evangelism". Er hatte sich bei einer anderen christlichen Organisation, „World Vision", umgesehen und aus dem katholischen Waisenhaus „Sancta Maria" einen kleinen Jungen ausgewählt. Chau Le Dong stand vor mir in einem lohfarbenen Hemd, langer, weißer Hose und Strohsandalen. Sein kleines Kinn hatte er die ganze Zeit fest auf die Brust heruntergepreßt. Sogar als ich ihn ansprach, blickte er nicht auf. Ich kniete mich hin, um ihm ins Gesicht sehen zu können, doch er hob noch nicht einmal die Augen auf; deshalb bat ich ein amerikanisches Mädchen, das in der Nähe stand, ihm sein Hemd auszuziehen, um nachzusehen, ob er irgendwelche Kriegsnarben hatte. Ein pickeliger Hitzeausschlag und ein rosafarbenes Muttermal waren jedoch alles, was auf seiner kleinen Brust auffiel. Obgleich er für seine dreieinhalb Jahre noch sehr klein war, sah er doch am gesündesten aus von all den Kindern, die wir bisher gesehen hatten. Irgend etwas an ihm ließ mich spüren, daß er geliebt worden war. Er hob nie den Kopf, sondern spielte die ganze Zeit über mit einem kleinen Plastik-Schmetterling, den er in der Hand hatte. Genauso wie ich gewußt hatte, daß die anderen Kinder für uns nicht die richtigen gewesen waren, erkannte ich, daß der kleine Chau, im Waisenhaus mit Spitznamen „Joe" gerufen, unser Kind war. Ich konnte es kaum noch erwarten, Jim davon zu berichten.

Wir fanden keine Gelegenheit, Joe noch einmal zu besuchen, aber auf dem Rückflug nach Hause versicherte mir Jim sein volles Vertrauen in meine Entscheidung, und wir konnten sofort die gesetzlichen Schritte einleiten. Daß Joe beinahe vier Jahre und damit im Alter näher an Jimmy war, gefiel Jim außerordentlich gut.

Es war uns nie in den Sinn gekommen, daß es so kompliziert wäre, ein vietnamesisches Kind zu adoptieren. Wir fuhren nach Denver, neunundsechzig Meilen von Colorado Springs entfernt, um die notwendigen Formalitäten zu erledigen. In unserer Ahnungslosigkeit hatten wir mit zwei oder drei Formularen und mit einer Wartezeit von vielleicht einem Monat gerechnet, da man im Waisenhaus „Sancta Maria" doch bereits wußte, daß wir Joe adoptieren wollten. Doch erst nach fünf Monaten, fünfzig notariell beglaubigten Formularen und viel Durcheinander erfuhren wir durch einen Telefonanruf aus Saigon, Joe werde am 5. März 1973 eintreffen. Wie aufgeregt wir alle waren! Wir konnten in der darauffolgenden Nacht kaum schlafen. Und was für eine Enttäuschung war es, als wir am nächsten Tag einen zweiten Anruf aus Saigon erhielten mit der Mitteilung, Joe könne erst ausreisen, wenn eine politische Frage zwischen den Vereinigten Staaten und Vietnam geklärt worden sei. Man würde uns dann Bescheid geben.

„O, Herr", schluchzte ich, „ist das wieder eine Lektion mit einer verschlossenen Tür? Wie soll ich das ertragen, wenn wir das Kind nicht bekommen, das doch schon so lange in unserem Herzen wohnt?"

Wieder kam das Wort Gottes zu mir: „Denn wir wandeln im Glauben und nicht im Schauen." So gab ich, nachdem ich mich lange Zeit vor dem Herrn gequält hatte, *meinen* Willen und *meine* Wünsche ab und konnte ehrlich sagen: „Herr, ich suche vor allem anderen deinen vollkommenen Willen. Ich gebe mein Verlangen nach diesem Kind ab, wenn dies nicht dein Wille ist."

Wenige Tage später traf ein Telegramm ein und verständigte uns davon, daß Joe am 11. Oktober auf dem Luftwaffenstützpunkt Travis in Kalifornien eintreffen werde. Daraufhin riefen wir meinen Bruder Paul an, der in San Jose lebt, und baten ihn darum, Joe abzuholen und ihn uns auf dem Flughafen von San Jose zu übergeben.

Wir liebten Joe von der ersten Begegnung an. Paul und seine Frau Shirley, meine Mutter und Jims Eltern erwarteten uns mit Joe. Joe konnte Paul natürlich nicht verstehen, genausowenig wie Paul aus Joes vietnamesischem Geplapper schlau wurde.

Bevor wir von Colorado abfuhren, hatte ich in weiser Voraussicht, daß Joe für unser kühles Klima nicht geeignet angezogen sein würde, eine dicke, grüne Jacke erstanden und mich dabei auf mein Erinnerungsvermögen für Größen verlassen. Als ich mir den kleinen Burschen in seinem dünnen, kurzärmeligen Hemdchen, den langen Baumwollhosen und der dünnen Windjacke jetzt anschaute, der alle seine irdischen Habseligkeiten in einer kleinen, braunen Plastiktüte bei sich trug, wurde mir klar, daß ich mich verschätzt hatte und er die neue Jacke frühestens in einem Jahr würde tragen können. Doch zumindest konnten wir ihn jetzt erst einmal darin einwickeln.

Ich schloß ihn in meine Arme. Wir begrüßten unsere Eltern und schwätzten ein paar Minuten mit ihnen, bedankten uns bei Paul und Shirley, verabschiedeten uns von allen und schnallten uns dann im Jet für den Abflug an. Noch einmal winkten wir zurück; dann hob Jim ab. Wir wollten auf dieser Reise keine Zeit verschenken.

Joe saß auf meinem Schoß, während die Maschine von der Rollbahn abhob. Aus der Erkenntnis heraus, daß er sicherlich Hunger haben würde, hatte ich auf dem Flughafen in einer Suppenkantine eine Tasse Hühnerbrühe mit Nudeln erstanden. Joe leerte sie bis auf den letzten Tropfen aus und schlief dann auf dem Rücksitz, in meinen Mantel gekuschelt, rasch ein. Es war eine sehr, sehr lange Reise gewesen für einen so kleinen Jungen, der kaum wußte, wie ihm geschah. Er war aus der einzigen Welt, die er in seinem kurzen Leben kennengelernt hatte – wie unsicher und gefährlich diese auch immer sein mochte –, hinausgeworfen worden in eine fremde, neue und erschreckende Welt, in der nichts seiner alten und vertrauten Umgebung glich. Außerdem hatte er auf dem Flug nach Amerika die Zeitgrenze überschritten, so daß er sich seiner kleinen inneren Uhr zufolge vielleicht gerade mitten in der Nacht befand.

Als wir in Colorado Springs landeten, war Joe wieder wach und schnatterte wie eine Elster, wobei er auf jedes Flugzeug wies, das er sah. Jim setzte uns beide auf einem kleinen Privatflughafen ab, wo ich meinen Wagen abgestellt hatte; er selbst flog die Maschine zurück nach Denver. Ich hatte unseren Kindern versprochen, auf dem Heimweg mit dem neuen Bruder an ihrer Schule vorbeizukommen, und die Aufregung, die er unter den Schülern hervorrief, ruinierte möglicherweise für den Rest des Tages den Unterricht.

Endlich betraten Joe und ich unser Haus, und er begann sofort mit der Inspektion jedes Winkels. Er schien zu begreifen, daß er jetzt zuhause war. Dies gab mir Gelegenheit, die kleine Plastiktüte zu untersuchen, die er krampfhaft an sich gepreßt und erst losgelassen hatte, als andere Dinge ihn fesselten. Seine kostbaren Besitztümer erwiesen sich als ein Malbuch, Buntstifte, ein kleiner Gummitraktor, ein Ziehspielzeug, zwei Paar Unterwäsche, ein Hemd, eine Hose – und eine amerikanische Flagge. Wir erfuhren nie, woher diese Flagge stammte oder ob er auch nur die geringste Vorstellung von ihrer Bedeutung hatte. Außerdem enthielt sein Beutel Arztberichte und eine Lungenaufnahme vom Waisenhaus.

Ich glaubte schon, den ganzen Inhalt geleert zu haben, als ich zum Schluß auf den kostbarsten Gegenstand stieß. Ganz unten lag einer der schönsten Briefe, die ich je gelesen habe, geschrieben von einem Mädchen namens Ann Marie, die Joe geliebt und sich um ihn gekümmert hatte. Offensichtlich arbeitete sie in dem Waisenhaus, nahm aber Joe, als sie von der geplanten Adoption erfahren hatte, während der fünf Monate Wartezeit zu sich nach Hause. Der Brief lautete:

„In den fünf Monaten, die Chau bei uns war, hat er nur Freude und Glück in unser Leben gebracht. Wir alle lieben ihn sehr. Das Haus war so leer, als er fortging. Ich hoffe, daß er sich immer an uns erinnern wird. Wie geht es ihm jetzt? Er ist ein sehr glücklicher kleiner Junge. Meine Geschwister reden andauernd von Chau. Spricht er schon Englisch? Ich schätze, ein paar Worte kann er schon, denn er ist ein sehr heller, kleiner Kerl.

Ich hoffe, daß er Ihnen nicht zuviel Mühe macht. Er ist der einzige Überlebende seiner Familie. Ich sprach einmal mit einer

Frau, die im Waisenhaus arbeitete, als seine Mutter ihn hinbrachte. Sie war eine sehr junge Mutter, und ihr Mann war Soldat und weit entfernt stationiert. Sie liebte Chau und seinen Bruder sehr, aber sie war zu arm, um die beiden aufzuziehen. Sie wohnte in der Nähe des Waisenhauses und kam die Kinder jeden Tag besuchen, bis zu dem Tag, an dem sie erfuhr, daß sie sehr krank sei. Sie starb in einem nahegelegenen Krankenhaus. Sein Bruder starb auch, zwei Monate, bevor Chau in die Vereinigten Staaten abgereist ist.

Im Namen meiner Familie sowie aller Kinder von „Sancta Maria" möchte ich Ihnen ganz herzlich für alles danken, was Sie für Chau getan haben. Wir werden in unseren Gebeten immer an Sie denken."

Als ich unseren kleinen Kerl im Waisenhaus von Saigon zum ersten Mal gesehen hatte, hatte ich das Gefühl gehabt, daß er geliebt worden sei. Der Brief zeigte, daß ich recht gehabt hatte. Wie dankbar war ich für diesen Schatz, und wie sorgfältig bewahrte ich ihn mit unseren wertvollsten Dokumenten auf! So würde Joe, wenn er alt genug war, über seine Identität aufgeklärt zu werden, wenigstens etwas Greifbares in Händen haben; es würde ihm helfen zu wissen, daß er seinen Eltern etwas bedeutet hatte, die ihn in jenem fernen Land auf die Welt gebracht hatten.

Nach wenigen Wochen empfingen wir vom Waisenhaus „Sancta Maria" die Entlassungspapiere, die das Kind identifizierten – seinen vietnamesischen Namen, sein Geburtsdatum und die Zustimmung zu seiner Adoption. Der letzte Abschnitt war ein deutlicher Ausdruck dafür, aus was für einer umsorgenden Gemeinschaft er kam:

„Mr. und Mrs. Irwin müssen versprechen, daß sie den kleinen Chau als ihr legales Kind betrachten, ihm eine Ausbildung ermöglichen und ihm geistliche und materielle Pflege zusichern. Wir erklären uns einverstanden, Chau an Mr. und Mrs. Irwin zur Adoption freizugeben, damit er eine gute Zukunft vor sich hat."

Nachdem wir ihn mit neuen Sachen ausgestattet und ihm einige Spielwaren ausgesucht hatten, machten wir uns an die Aufgabe, Joe als einen Teil unserer Familie zu integrieren. Er mochte die Mädchen sehr gern, besonders Jill. Jimmy jedoch stellte für ihn eine große Bedrohung dar, so daß er ihn trat und boxte, sooft er konnte. Glücklicherweise mußte Jimmy darüber lachen.

Wir lernten es, niemals unseren Blick von Joes Händen und Füßen abzuwenden. Er gebrauchte seine Füße wie ein zweites Paar Hände, und wenn es kein Karate-Schlag war, so war es ein Karate-Tritt, den er seinen ahnungslosen Opfern blitzschnell beibrachte. Es wurde deutlich, daß flinke Bewegungen, ein hitziges Temperament und Wutausbrüche seine Überlebenstechniken dargestellt hatten in einem Waisenhaus, das voll war mit aggressiven Kindern. Er schien nicht bereit, diese erprobten und wirkungsvollen Waffen aufzugeben, und aufgrund der Sprachbarriere hatten wir in den ersten Monaten überhaupt keine Möglichkeit, auf seinen kleinen Verstand einzuwirken, damit er dieses feindselige Verhalten aufgab. Deshalb bemühten wir uns mit allen Kräften, ihn seine neue Sprache zu lehren.

Während dieser Zeit mußten wir seine Wutausbrüche ertragen, weil wir nicht dagegen anzugehen wußten. Wenn es zu einem Konflikt kam und er zu schreien und zu toben anfing, konnte ihn nichts auf der Welt stoppen. Je mehr wir prügelten oder drohten, desto ärgerlicher wurde er und desto länger brüllte er. Die anderen Kinder standen mit großen Augen und ungläubig darum herum, denn ihnen war der Luxus eines solch unmöglichen Verhaltens nie gestattet worden. Und ich konnte das eigentliche Problem nicht herausfinden, weil ich der Sturzflut vietnamesischer Sätze verständnislos gegenüberstand. Ganz allmählich, nachdem ich Tag für Tag geduldig Worte und Sätze wiederholt hatte, beruhigte sich unser unzivilisierter Karate-Experte ein wenig, und wir fingen an, uns auf einer begrenzten Basis zu verständigen. Dennoch ging unsere Kommunikation immer noch schmerzlich langsam vonstatten.

Joes neues Leben bei uns war gerade drei Wochen alt, und er schien sich ein wenig heimischer zu fühlen und eine wirkliche Beziehung zu mir aufzubauen (er hatte in dieser Woche damit angefangen, mich „Mammi – o – ie" zu nennen), als Jim seine erste Herzattacke bekam. Unser ganzer Haushalt geriet durcheinander. Jim kam nach Denver ins Krankenhaus, eine Stunde und zwanzig Minuten von uns entfernt, und ich mußte die Kinder bei verschiedenen Bekannten unterbringen, um bei Jim sein zu können. Zuerst stürzte Joes ganze Welt ein. Er schien zu fürchten, ich hätte ihn aufgegeben, und ich konnte es dem armen, kleinen Kerl

181

nicht übelnehmen. Diese Erfahrung hatte er schließlich schon immer machen müssen. Ich nahm mir fest vor, alle drei Tage nach Hause zu kommen. Endlich, nach drei Wochen, erlaubte mir der Arzt, die Kinder mitzubringen, um ihren Papa zu besuchen. Als Joe das Zimmer betrat, sprach er seine ersten englischen Worte. „Hi, Daddy!" sagte er einfach.

Im Laufe der Monate stellten wir ungewöhnliche Charakterzüge fest, von denen viele – so war uns klar – von seinen seelischschädigenden Erfahrungen stammten, die er in dem vom Kriege erschütterten Vietnam gemacht hatte. In seinem kleinen Köpfchen herrschten Furcht und Feindseligkeit vor und brachen regelmäßig wieder durch. Oft wachte er mitten in der Nacht schreiend auf. Ich lief dann schnell an sein Bett und drückte ihn fest an mich, bis er sich beruhigt hatte und wieder eingeschlafen war. Lange Zeit kehrten diese Alpträume immer wieder und nahmen sogar noch zu, und ich wurde ins Gebet getrieben: „Warum, mein Gott, warum muß ein so kleines Kind, beinahe noch ein Baby, so leiden?" Joe konnte natürlich nicht darüber sprechen, und so vermochten wir nichts zu tun als zu warten. Doch die Sprachschwierigkeiten waren nicht das einzige Hindernis; selbst als er sich bereits angemessen verständigen konnte, stellten sich noch seine eigenen Emotionen in den Weg.

Der arme, kleine Joe war ein tragisches Produkt des Krieges. Dies machten seine instinktiven Reaktionen, über die er lange Zeit keine Gewalt bekam, deutlich. Eines Tages wurde er aus irgendeinem nichtigen Anlaß wütend auf Jimmy. Er ergriff Jims Luftgewehr, lud und feuerte auf eine Photographie von Jimmy, die an der Wand seines Zimmers hing. Am nächsten Tag gab ich das Luftgewehr weg und hatte die tiefe Einsicht gewonnen, daß es nie gut sei, irgendwelche Waffen im Haus zu haben. Bis auf den heutigen Tag ist Joe fasziniert von Gewehren und spielt brutale Spiele, in denen jeder getötet wird bis auf ihn selbst. Ich weiß, daß er in Gedanken immer wieder von neuem den Krieg durchlebt, und manchmal frage ich mich, ob er jemals vergessen wird. Nach mehreren Jahren war er allerdings endlich in der Lage, mir zu erzählen, daß er in seinen schlimmen Träumen immer noch einen Soldaten sieht, der mit dem Gewehr auf ihn zielt, und daß er dann ganz verschreckt aufwacht.

Als die Wutausbrüche sich weiterhin fortsetzten und sogar noch zunahmen, bemächtigte sich meiner der Eindruck, daß ich niemals den Schlüssel dazu finden würde, ihm bei der Überwindung dieser gewaltigen Ausbrüche zu helfen. Immer wenn ich ihn darum bat, etwas zu tun, was er nicht wollte – sein Zimmer saubermachen, seine Spielsachen wegräumen, seine Schubladen ordnen, vom Spielen hereinkommen –, schien die einzige Weise, wie er seiner Weigerung Ausdruck verleihen konnte, die zu sein, daß er schrie, sich auf den Boden warf, um sich trat und sich buchstäblich seinen Willen erzwang. Ich versuchte alles nur Erdenkliche – spritzte ihm kaltes Wasser über Gesicht und Kopf, schlug, drohte, liebkoste, gab ihm Arrest. Nichts half. Als letzten Ausweg versuchte ich, aus seinem Zimmer zu gehen, die Türe abzuschließen, das Radio laut aufzudrehen und ihn vollkommen zu ignorieren. Bevor ich sein Zimmer verließ, sagte ich ihm jedesmal: „Wenn du aufgehört hast zu heulen, kannst du herauskommen." Manches Mal dauerte es etwa eine Stunde lang. Je mehr er seine Wut ausdrücken und ihr freien Lauf lassen durfte, desto mehr verlor er die Beherrschung über sich. Ich war noch nie zuvor einer solchen Feindseligkeit begegnet und fing an zu befürchten, er werde sich zu einem gewalttätigen Teenager oder gar zu einem Kriminellen entwickeln, wenn wir nicht damit fertig würden. Er besäß die perfekte Kombination dafür – tiefverwurzelten Groll, gepaart mit einem lebhaften Temperament und einem hellen Kopf.

Ich machte mir derartige Sorgen, daß ich einen befreundeten Psychiater anrief, ihm das Problem darlegte und ihn um Hilfe bat. Der Arzt lud Joe und mich zum Lunch ein, damit die Begegnung eher zufällig wirkte. Von der Atmosphäre des Sprechzimmers losgelöst, würde der Junge sich vielleicht ungezwungener verhalten. Wir diskutierten das Problem in aller Offenheit. Als der Doktor und ich danach noch alleine miteinander sprachen, riet er mir, die Z-Therapie auszuprobieren: Drei Personen mußten Joes Körper vom Kopf bis zu den Fußspitzen so festhalten, daß er sich absolut nicht mehr bewegen konnte. Eine Zeitlang funktionierte die Methode hervorragend. Dann aber fand Joe heraus, daß er damit die ungeteilte Aufmerksamkeit von drei Menschen auf sich lenken und sie folglich nach Belieben dazu manipulieren konnte; deshalb mußten wir die Z-Therapie fallenlassen.

Endlich ging ich zum Herrn und begann ohne große Hoffnung zu beten: „Warum, Herr? O, warum hast du mir ein solches Kind geschickt? Noch ein Problem habe ich nicht gebraucht. Davon habe ich schon zwei. Was ich brauche, ist ein stilles, liebes Kind, an dem man seine Freude haben kann." Der Himmel blieb still. Während ich noch auf dieser mutlosen Welle weiterritt, weder Antworten noch eine Gewißheit bekam, erinnerte ich mich plötzlich an etwas, das ich vor kurzem in der Bibel gelesen hatte: „Wenn einem von euch Lebensweisheit fehlt, soll er Gott darum bitten. Gott wird sie ihm geben, denn er gibt gern und teilt an alle großzügig aus."

Daraufhin fing ich an, Gott danach zu fragen, was Joes eigentliches Problem sei und wie ich ihm helfen könne. Die Antwort kam rasch und deutlich: „Ich habe dir dieses Kind geschickt, damit du es liebst. Das ist alles, was es braucht – *Liebe*." Zuerst dachte ich, Gott müsse wohl etwas durcheinander sein. Er hatte sicherlich ein anderes Kind im Sinn, denn Joes Probleme waren viel zu komplex für so eine simple Lösung. Er brauchte bestimmt mehr als Liebe. Aber noch einmal kam die Anweisung: „LIEBE IHN."

In diesem Moment war ich mir nicht sicher, ob ich das konnte. Inzwischen hatte Joe unsere Familie total durcheinandergebracht und Situationen verursacht, mit denen wir nie zuvor konfrontiert worden waren. Das Ganze wurde noch dadurch verschlimmert, daß Joe, wenn er in seinem Ärger nicht mehr anders mit mir fertig wurde, sich umwandte, mich mit aller Verachtung anblickte und sagte: „Du bist ja sowieso nicht meine richtige Mutter!"

Nun besaß ich den Schlüssel, mit dem ich dieses kleine, rebellische Herz aufzuschließen vermocht hätte, war mir aber nicht sicher, ob ich ihn gebrauchen konnte. Was für ein Gefühl der Hilflosigkeit überkam mich! Wieder betete ich. Dieses Mal sagte ich: „Herr, ich kann Joe nicht lieben! Und jetzt erkenne ich, daß ich ihm nicht helfen kann, wenn ich ihn nicht liebe. Bitte, Herr, kannst du ihn durch mich lieben? Wenn du es nicht tust, ist alles hoffnungslos!"

Als ich meine totale Hilflosigkeit erkannte und die Fähigkeit, diesen kleinen Rebellen zu lieben, allein vom Herrn erwartete, geschah etwas Wunderbares. Meine ganze Einstellung Joe gegenüber fing an, sich zu ändern. Ich konnte sehen, daß *er* der eigentlich Hilflose war; und erst als die Liebe Gottes durch mich hindurchströmte, konnte er darauf erwidern und seine Angst, seine Wut und seine Feindseligkeit überwinden, die lediglich Symptome des wirklichen Problems waren – des Gefühls, abgelehnt zu werden.

Zum ersten Durchbruch kam es eines Abends, als die beiden Jungen im Flur miteinander spielten. Jimmy lief auf allen vieren, und Joe saß auf seinem Rücken, die Arme um Jimmys Hals geschlungen. Mitten in ihrem Gelächter beugte er sich nach vorne und flüsterte: „Jimmy, ich hab dich lieb." Ich stand nahe genug, um ihn zu verstehen und um das glückliche Grinsen auf Jimmys Gesicht und das Blinzeln in seinen Augen zu sehen.

Als Joe sieben war, kam er zu mir und sagte, er wolle getauft werden. Ich war verwirrt, denn er hatte noch nie das geringste Anzeichen dafür von sich gegeben, daß er sich um seinen geistlichen Zustand Gedanken machte. Deshalb fragte ich ihn, was die Taufe denn seiner Meinung nach bedeute. Ich wunderte mich nicht über seine Antwort. Er sah mich mit seinen schwarzen Augen und mit dem unschuldigsten Gesichtsausdruck an und sagte: „Das ist, wenn man ins Wasser getaucht wird und alle einen angucken."

Offensichtlich war er noch nicht bereit; deshalb setzte ich mich mit ihm hin und erklärte ihm in einfachen, kindlichen Worten: „Joe, wenn wir uns taufen lassen, dann wollen wir dadurch nur den anderen Menschen zeigen, was in unserem Herzen bereits vorher passiert ist. Du weißt doch, daß wir über die Schuld in unserem Leben gesprochen haben und was das bedeutet. Wenn wir Jesus darum bitten, in unser Herz zu kommen und uns zu vergeben und von unseren Sünden reinzuwaschen, dann haben wir ein reines Herz und können von nun an für ihn leben. Wenn wir das getan haben, werden wir getauft, damit jeder erfährt, daß unser Herz rein ist und daß Jesus darin wohnt. Kannst du das verstehen, Joe?"

„Aha", erwiderte er unverbindlich.

„Wenn du bereit bist, Jesus in dein Herz zu bitten", versicherte ich ihm, „dann werden Papa und ich mit dir beten. Du brauchst dann nur zu kommen und es mir zu sagen."

„Okay", sagte er, während er bereits vom Sofa glitt, um wieder spielen zu gehen.

An diesem Abend ging ein stiller und nachdenklicher Junge zu Bett. Bei fünf lebhaften Kindern war der Vorfall rasch wieder vergessen – so dachten wir. Nach drei Wochen jedoch kam er eines Nachmittags zu mir in die Küche und verkündete einfach: „Ich bin bereit, Mama!"

Überrascht blickte ich ihn an und fragte: „Bereit wozu, mein Junge?"

„Bereit, Jesus in mein Herz zu bitten", kam die ernste Antwort. An diesem Abend knieten Jim, Joe und ich uns gemeinsam hin und baten Jesus darum, in das Herz unseres kleinen Jungen einzukehren und aus ihm den Jungen zu machen, als den Gott ihn erschaffen hatte. Es bestand kein Zweifel an seiner Aufrichtigkeit. Es war wunderbar, die Veränderung mitanzusehen, wie Joe immer gehorsamer und weniger rebellisch wurde. Seine seelischen Probleme nahmen ab, und die Wutausbrüche verschwanden innerhalb relativ kurzer Zeit. Zwei Sonntage nach diesem herzergreifenden Erlebnis wurde Joe getauft. Wir wußten, daß er bereit war.

Bald nach seiner Bekehrung erfuhr Joe von dem tragischen Verlust seiner gesamten Familie in Vietnam. Es war notwendig, daß er diesen Verlust selbst durchlebte. Zuerst sah er seinen Vater vor sich, dann seinen Bruder und seine Mutter. Eigenartigerweise sah er seinen Vater immer als einzelne Person, aber seinen Bruder und seine Mutter als zusammengehörend. Er fragte sich, ob er sie wohl jemals im Himmel wiedersehen werde.

Bei dem Versuch, ihm zu helfen, den Tod als einen Bestandteil des Lebens anzusehen, erzählte ich ihm, auch die Tiere und die Blumen müßten sterben. Einige Minuten lang schwieg er dazu, bemerkte dann aber traurig: „Doch die Blumen kommen im Frühling wieder, und meine Familie ist nicht wiedergekommen." Ich zog ihn an mich, küßte ihn und sagte: „Joe, es gibt *manche* Dinge, die wir niemals verstehen werden. Das sind die Dinge, die wir Gott überlassen und für die wir ihm einfach vertrauen müssen."

Joe ist inzwischen acht Jahre alt und hat gerade das erste Schuljahr abgeschlossen. Wir haben ihn am Anfang ein Jahr zurückstellen lassen, weil er weder seelisch noch körperlich oder geistig reif genug war, um mit der Schule anzufangen. Durch Tests haben wir festgestellt, daß er einen minimalen Hirnschaden hat, der wahrscheinlich von Verletzungen bei der Geburt herrührt; aber durch die Spezial-Klasse für Kinder mit Lernschwierigkeiten, die er besucht, kann man ihm helfen. Joe ist ein begabtes Kind, und wir trauen es Gott zu, daß er ihm dazu verhelfen wird, seine ganzen Möglichkeiten zu entfalten.

Wir müssen oftmals an den letzten Satz der Vereinbarung denken, die wir bei Joes Entlassung unterschrieben haben: „... damit er eine gute Zukunft vor sich hat." Das ist unser Gebet für Joe.

Die Zähmung einer Wilden

Joy, unsere Älteste, hat mich immer an ein kleines wildes Kaninchen erinnert, das wir einmal gefangen hatten. Das kleine Ding hatte auf irgendeine Weise den Weg in meinen Gemüsegarten gefunden und richtete nun die zarten Pflänzchen übel zu. Drei Wochen lang versuchte ich, den hungrigen kleinen Vagabunden zu erwischen, aber ich konnte sein Versteck einfach nicht aufspüren. Eines Tages blickte ich zufällig zum Rhabarber-Beet hin, und da saß er ahnungslos unter einem riesigen Blatt. Ich kroch hinüber, streckte ganz langsam meine Hand aus und packte mit einem Griff Kaninchen und Blatt.

Das arme kleine Ding, nicht größer als meine Handfläche, war zu Tode erschrocken, und sein Herz schlug wild gegen meine Hand. So nahm ich es mit ins Haus und setzte es vorsichtig in einen großen Schuhkarton. Sofort kauerte es sich in eine Ecke. Als ich später am Abend nach ihm sah, hatte es sich immer noch nicht aus der Ecke fortbewegt. Ich wußte, daß wilde Tiere vor Angst sterben können, und ließ es deshalb in die Tasche meines Bademantels gleiten, damit es die Wärme und Nähe meines Körpers spüren konnte. Innerhalb kurzer Zeit entspannte es sich und schlief ein. Bevor ich ins Bett ging, konnte ich ihm bereits mit Hilfe einer Pipette ein wenig warme Milchlösung einflößen.

Zuerst mußten wir es jedesmal einfangen, wenn wir es füttern sollten. Doch bald richtete es sich schon auf seinen Hinterbeinchen auf und bettelte um Milch aus der Spielzeugflasche, die wir uns von Jans Puppe ausgeliehen hatten. Klein-Benjamin – so nannten wir es später – wurde so zahm, daß die Kinder in Tränen ausbrachen, als wir ihnen beibrachten, daß es Zeit sei, es wieder laufenzulassen und ihm die Freiheit zurückzugeben, die wilde Tiere zum Überleben brauchen. Ich wartete damit natürlich, bis wir den Garten abgeerntet hatten.

Im Rückblick auf Joys Leben wird mir klar, daß sie gegen überstarke Handikaps anzukämpfen hatte, ohne zu wissen, wie diese sich bewältigen ließen. Sie machte es wie das kleine Kaninchen, versuchte wegzulaufen und sich zu verstecken. Während der meisten Monate, in denen ich mit ihr schwanger war, befand ich mich in innerem Aufruhr. Wenn man der gegenwärtigen Lehre Glauben schenken kann, daß der emotionale Zustand einer schwangeren Mutter sich zutiefst auf das ungeborene Kind auswirkt, so mußte Joy zwangsläufig negative Schwingungen mitbekommen. Als sie zur Welt kam, war sie von Herzen erwünscht, wurde sehr geliebt und mit Zuwendung überschüttet. Sie wies jedoch schon sehr früh diese Liebe und Aufmerksamkeit zurück. Noch bevor sie neun Monate alt war, wollte sie nicht mehr gehalten, geschaukelt oder gedrückt werden; sie machte dann ihren kleinen Körper ganz steif und rang sich los. Sie war nicht wie andere Babys, und ich fühlte mich von ihr abgelehnt und zutiefst verletzt.

Sobald Joy laufen konnte, war sie in bezug auf Disziplin ein Problem. Sie zerriß Pflanzen und Zeitschriften und machte sich über alles her. Mein Lippenstift, Nagellack, Gesichtspuder, Putz-mittel – mit allem Erreichbaren beschmierte sie sich selbst, die Wände, den Fußboden und die Möbel. Ich hätte mich so gerne über sie gefreut, doch ich ertappte mich beständig dabei, wie ich sie korrigierte, bestrafte, bedrohte, auf sie einredete, sie beobach-tete und schlimmste Befürchtungen anstellte. Es gab nur Entspannung, wenn sie schlief.

In Joys erstem Lebensjahr hatte ich darum zu ringen, eine neue Beziehung zu einem Ehemann aufzubauen, mit dem ich noch nicht lange verheiratet war. Es erleichterte die Angelegenheit nicht gerade, daß Jill bereits auf die Welt kam, als Joy erst fünfzehn Monate alt war. Als Jill zwei Wochen war, hätte mir ein erster Hinweis auf die Ursache von Joys Problemen auffallen sollen. Joy hatte niemals am Daumen gelutscht, aber jetzt fing sie damit an und gab es auch bis zu ihrem fünfzehnten Lebensjahr nicht mehr auf.

Da in rascher Abfolge zwei weitere Babys geboren wurden, ist es verständlich, daß ich zu beschäftigt war, um Joys wachsende Probleme zu bemerken. Statt dessen ging sie in dem Durchein-ander eher verloren und mußte sich beinahe von Anfang an ihre eigene kleine Welt aufbauen.

Aber als sie vier war, konnte ich, obwohl ich mit drei kleinen Kindern und in der Erwartung eines vierten unwahrscheinlich viel

Arbeit hatte, die zunehmenden Notsignale in Joys Verhalten nicht mehr übersehen. Sie bestahl die Nachbarskinder und belog uns dann darüber. Doch anstatt nach den psychologischen Hintergründen zu fragen und das Problem entsprechend anzugehen, griff ich rasch zur körperlichen Bestrafung und vermittelte Joy dadurch noch mehr das Gefühl, abgelehnt zu werden. Ich wollte von ganzem Herzen eine gute Mutter sein – und auch eine gute Ehefrau. Doch ich fühlte mich so oft zwischen meinen verschiedenen Pflichten hin- und hergerissen – in fünf verschiedenen Richtungen.

Joy war intelligent, aber sie gebrauchte ihr helles Köpfchen schon als kleines Kind dazu, uns zu täuschen und das zu tun, was sie *wollte*, nicht, was sie *sollte*. Sie schien regelrechten Gefallen am Ungehorsam zu finden, denn für manche Handlungen gab es keinen Grund, außer daß es ihr verboten worden war. Jills Freude bestand darin, mir zu gefallen – Joys, mir zu mißfallen.

Von Anfang an hatte Joy in der Schule Lernschwierigkeiten. Sie nahmen nach unserem Umzug nach Houston dermaßen zu, daß man uns anriet, sie die zweite Klasse noch einmal wiederholen zu lassen. Ich schrieb dies dem Umzug zu, der neuen Schule, daß sie noch keines der Kinder kannte und daß sie sich nicht konzentrieren konnte. Der letztere Grund wurde besonders offensichtlich, als ich versuchte, ihr durch Abfragen zu helfen. Sie konnte einfach nicht stillsitzen und noch nicht einmal zehn Worte wiederholen, ohne sie jedesmal irgendwie durcheinanderzubringen. Joy brach schließlich in Tränen aus, und wir hatten nichts anderes erreicht als einen neuen Mißerfolg, der sich der wachsenden Liste vorangegangener Mißerfolge anschloß.

Im vierten Schuljahr kam zu ihrem Daumenlutschen, ihrer aufsässigen Art und ihrer Lernunfähigkeit noch ein neues Problem hinzu. Sie bekam Übergewicht. Mein Stolz auf mein erstgeborenes Kind war ohnehin schon schwer angeschlagen, und nun mußte ich mich auch noch mit einem fetten Kind abfinden.

Zu Beginn des fünften Schuljahres rief der Lehrer mich an, um mir mitzuteilen, daß Joy nicht länger als zehn Minuten stillsitzen und infolgedessen kaum jemals eine komplette Erklärung ihrer Aufgaben annehmen könne. Ich kam zu der Überzeugung, daß entweder sie oder aber ich einen Psychiater brauchte. Ich steckte schon ohnehin tief in Eheschwierigkeiten, und mein seelischer Zustand verschlechterte sich rapide.

Eines Tages – ich war mit Barbara Gordon frühstücken gegangen, und wir sprachen über unsere Kinder. Sie erkundigte sich unvermittelt: „Mary, hast du schon mal was von Dyslexie gehört?"

„Nein", gab ich rasch zu und fragte dann lachend: „Was in aller Welt ist denn das? Irgendeine unheilbare Krankheit?"

„Überhaupt nicht", versicherte sie ernsthaft. „Tatsächlich haben vier von meinen sechs Kindern Lernschwierigkeiten, weil sie Dyslexie haben."

Kinder mit Lernschwierigkeiten? Jetzt wurde *ich* ernsthaft und begann aufmerksam zuzuhören. Je länger wir darüber sprachen, desto mehr schien Barbaras Beschreibung von Dyslexie auf mein gestörtes Kind zuzutreffen. Zum ersten Mal konnte ich offen mit jemandem über die erniedrigenden Probleme sprechen, die dieses unmögliche Kind mir auferlegte, und über meine Frustration darüber, als Mutter vollkommen versagt zu haben. Barbara war äußerst verständnisvoll, und sobald wir wieder zuhause waren, brachte sie mir ihr Buch über dyslektische Kinder.

Als ich auf die Spalte mit den klinisch nachweisbaren Symptomen stieß, fing ich an zu weinen. Weder war Joy hoffnungslos unmöglich noch ich verrückt. Dieses Kind hatte ein medizinisches Problem, und man konnte ihr helfen.

Nachdem ich das Buch durchgelesen hatte, suchte ich einen Arzt auf, um das vorgeschlagene Medikament verschreiben zu lassen, das Joy beruhigen und zum Stillsitzen und Lernen befähigen sollte. Hyperaktivität wurde zu der Zeit gerade genauer erforscht, und wir konnten „das Kind wenigstens beim Namen nennen". Von ein paar anfänglichen Nebenwirkungen abgesehen half die Verschreibung des Arztes auch.

Dann fing ich an, Joy zu allen möglichen Ärzten mitzuschleppen, bis ich schließlich eine nette chinesische Untersuchungsspezialistin ausfindig machte, Dora Chau. Sie war auf Kinder spezialisiert und stellte mit verschiedenen Tests bei Joy eine gründliche körperliche, seelische und geistige Untersuchung an. Als alle Ergebnisse vorlagen, setzte Frau Dr. Chau sich mit Jim und mir zusammen, fertigte Skizzen vom Gehirn an, damit wir genau sehen konnten, worin das Problem bestand, und erklärte uns sorgfältig, wie Joy zu behandeln wäre. Jetzt konnte ich mehr Mitleid für sie aufbringen, aber nachdem sich zehn Jahre lang Feindseligkeit und Ärger angestaut hatten, war ich nicht in der Lage, meine Reaktionsmuster zu verändern. Wenn sie unser einziges Kind gewesen wäre und ich sowohl mit ihr als auch mit dem Studium von Verhaltenspsychologie mehr Zeit hätte verbringen können, hätte ich auf der Mutterschafts-Skala vielleicht besser abgeschnitten. Wir schickten sie in eine Spezialklasse, und sie brachte in diesem Jahr zum ersten Mal ein „Sehr gut" mit nach Hause. Was war das für ein Meilenstein!

Im Sommer 1972, als Jim sich von der Luftwaffe zurückzog und wir wieder nach Colorado Springs gingen, war Joy inzwischen dreizehn und begann ihr erstes Jahr an der Junior High School. Sie fühlte sich einsam und fett und häßlich. Offen gestanden, war sie das auch. Die kleine Saat der Rebellion, die in jenen ersten Jahren ihrer Ablehnung gepflanzt worden war, entfaltete sich nun zu voller Blüte. Joy fing in diesem Jahr, im achten Schuljahr, an zu rauchen, wenngleich sie es noch eine Zeitlang vor uns geheimhielt. Sie ersetzte mit Zigaretten den Daumen, an dem sie so lange gelutscht hatte. Sie kleidete sich wie ein Gammler, zog mit einer wilden und aufsässigen Horde herum und pfiff auf alles, was wir sie zu tun oder zu lassen baten. Sowohl Jim als auch ich empfanden tiefste Ablehnung ihr gegenüber, und es besteht überhaupt kein Zweifel daran, daß sie sich selbst nicht leiden konnte. Es war in der Tat ihr vollkommener Mangel an Selbstannahme, der sie andauernd zu einem so unmöglichen Verhalten trieb, denn sie versuchte zu beweisen, daß sie sich von anderen in keinster Weise unterschied. Vielleicht fand sie dadurch die Aufmerksamkeit, nach der sie sich so lange ausgestreckt hatte. Eines jedenfalls war gewiß: Zuhause fand sie viel Aufmerksamkeit, aber nur negative.

Immer wenn ich glaubte, jetzt könne es nicht mehr schlimmer werden, wurde es schlimmer, und in den nachfolgenden zwei Jahren wurde ich zum Herrn getrieben, wie es vom König Asa in der Bibel steht, der ausrief: „Herr, da ist niemand, der helfen kann, außer dir." Da ich recht jung im Glauben war, unterlag ich noch der weitverbreiteten Täuschung, daß nun, da ich mein Leben Jesus Christus übergeben hatte und danach strebte, für ihn zu leben, alles nach meinen Wünschen gehen würde. Bei jeder neuen Krise vermutete ich, daß ich vielleicht irgendein kleines theologisches Detail übersehen hätte. Jedenfalls gingen die Dinge anders, als sie meiner Meinung nach gehen mußten.

Das neunte und das zehnte Schuljahr waren verheerend. Joy besaß keinen Stolz. Sie selbst und ihr Zimmer sahen immer aus wie ein Schweinestall, sie versuchte nicht mehr, ihr Rauchen und Trinken zu verbergen, sie hatte schulische Mißerfolge und schwänzte regelmäßig. Alles, was die Zukunft dieses Kindes noch zu bringen schien, waren äußerster Schmerz und eine noch tiefere Demütigung für mich. Ich wußte nicht, wovor mir am meisten graute.

Joy hatte mir so oft und so fortgesetzt weh getan, daß ich begonnen hatte, zwischen uns eine Art Schutzwall zu errichten, um mich gegen weitere Schmerzen zu isolieren. Außerdem stürzte ich mich in einen sinnlosen Schwall von Aktivitäten, damit ich nicht zum Nachdenken kam. Jim war sehr viel für „High Flight" unterwegs, und obgleich wir allmählich die Wände zwischen uns abbauten und Brücken zueinander errichteten, fühlte ich immer noch das Gewicht der ganzen Welt allein auf meinen Schultern lasten. Und es geschah etwas Eigenartiges: Ich, die ich doch alles über Mauern zwischen Menschen wußte und über die tödliche Macht, mit der sie Beziehungen zerstören, ich, die ich so lange darum gerungen hatte, die Mauer zwischen Jim und mir niederzureißen, ich baute hier selbst eine neue auf. Mein unbewußter Grund war, mich gegen weiteren Schmerz abschirmen zu wollen. Doch bei diesen Mauern vergesse ich, daß sie nicht nur den Schmerz ausschließen, sondern zugleich auch Liebe und Verstehen. Wonach ich am meisten verlangte, nämlich nach Liebe *zu* und *von* diesem Kind, wurde unwissentlich von mir selbst blokkiert. Und es war meine eigene Schuld.

Ich beuge immer noch meinen Kopf aus Scham, wenn ich mich an Joys zehntes Schuljahr erinnere und an die bedauerlichen Vorkommnisse, die beinahe in Tragödien geendet hätten, körperlich ebenso wie geistlich. Das Schlimmste von allem war, wie falsch ich aber auch fast jede Situation handhabte. Wie schade, daß wir oft durch die wichtigsten Umstände des Lebens so unerfahren hindurchstolpern – die Ehe und die Erziehung unserer Kinder. O, ich betete sehr viel. Aber mein forsches Temperament und meine schnelle Zunge hatten immer schon losgelegt, bevor Gott überhaupt an mich herankam und mir seine Weisheit vermitteln konnte. Ich glich dem Apostel Petrus. Er war ein Mann der Tat, der nie seine Zeit mit Nachdenken verschwendete, wenn er etwas sagen konnte. Und wenn irgend etwas nicht lief, brachte Petrus es, wenn notwendig, auch mit Gewalt in Gang. Er tat *etwas,* ob es nun richtig oder falsch war. Petrus meinte, nichts würde schiefgehen, solange er noch etwas tun oder sagen konnte. Das heißt, so lange, bis Gott ihn anrührte, dann konnte er sagen:

„Meine lieben Freunde, wundert euch nicht über die harte Probe, die ihr bestehen müßt. Denn damit erleidet ihr nichts Ungewöhnliches. Ihr dürft euch vielmehr freuen, daß ihr durch euer eigenes Leiden Anteil bekommt an dem, was Christus leiden mußte. Wenn dann seine Herrlichkeit sichtbar wird, werdet ihr euch noch viel mehr freuen" (1. Petrus 4, 12+13).

Und an anderer Stelle:

„Setzt deshalb alles daran, daß euer Glaube sich entfaltet in Selbstbeherrschung, in Ausdauer, in Unterordnung unter Gott" (2. Petrus 1,6).

Das klang so ganz anders als bei dem alten Petrus. Aber es war auch nicht mehr wie vorher. Petrus hatte inzwischen Bitteres durchgemacht. Und so lehrte mich Gott durch alle meine Anfechtungen in bezug auf Joy, daß er mit mir längst noch nicht am Ziel angekommen war. Und auch nicht mit Joy.

Es war gut, daß ich Gott um eine Verheißung aus seinem Wort bat, die mich durch diese dunklen Tage hindurchtragen würde. Joy haßte mich, und ich mußte ehrlich zugeben, daß ich sie auch haßte, so schmerzlich dieses Bekenntnis auch war. Ich rang vor dem Herrn um etwas, an das ich mich klammern konnte. Gott gab mir ein ungewöhnliches Versprechen – eines, das ich nicht ganz verstand:

„Zu der Zeit wird kein Licht sein, sondern Kälte und Frost. Und wird ein Tag sein – der dem Herrn bekannt ist –, weder Tag noch Nacht; und um den Abend wird es licht sein" (Sacharja 14, 6+7).

Ich hatte keine Ahnung von den prophetischen Zusammenhängen dieser Worte aus dem Alten Testament. Ich verstand nur, daß Gott zu mir sagte, jetzt sei noch nichts klar, aber eines Tages werde es licht sein. Ich glaubte ihm, und je dunkler es wurde, desto mehr klammerte ich mich an die Zusage, daß es eines Tages licht werden würde.

1975 hatten wir einen schrecklichen Sommer mit Joy. Sie befand sich jetzt zwischen dem neunten und zehnten Schuljahr und erreichte, nachdem der Unterricht wieder begonnen hatte, einen langandauernden Leistungs-Tiefstand. Wir wollten sie allen Ernstes auf ein Internat schicken, konnten aber kein geeignetes ausfindig machen. Alles das enttäuschte mich sehr, aber rückblickend erkenne ich darin wiederum einen Teil von Gottes geheimnisvollem Plan. *Wann würde ich es denn je lernen, ihm ganz zu vertrauen und zu begreifen, daß jeder Umstand von ihm zugelassen war und auch der Zeitpunkt Gottes vollkommenem Willen für mich entsprach?* Wie langsam lernte ich dies, und in welch großem Abstand folgte ich meinem Heiland oftmals nach!

Da sich der Plan mit dem Internat nicht verwirklichen ließ, kamen wir zu dem Schluß, es würde vielleicht helfen, eine Beratung in Anspruch zu nehmen. Wir suchten mit ihr einen Psychiater auf, aber ohne Erfolg. Wir gingen nicht noch einmal hin. Die Anspannung wurde so groß, daß unsere gesamte Familie in Mitleidenschaft gezogen war. Wir alle waren von morgens bis abends gereizt. Als Folge meines ständigen Sorgens konnte ich nachts nicht mehr schlafen.

Dann, eines Abends, passierte es! Wir hatten Freunde zu Besuch und uns vorgenommen, mit ihnen und allen Kindern zur Flying-W-Ranch zu fahren, dort zu essen und an einer Western-Unterhaltungsveranstaltung teilzunehmen. Joy weigerte sich, mitzukommen. Ich sagte: „Na gut, dann bleib zuhause – aber ich rate dir, wirklich zuhause zu bleiben und hier zu sein, wenn wir zurückkommen."

„Keine Angst", äffte sie mich unverschämt nach. „Ich hab' nicht vor, irgendwo hinzugehen. Kannst du mir denn nie vertrauen?"

Ich hätte sie am liebsten in ihr arrogantes kleines Gesicht geschlagen, nahm mich jedoch zusammen und sagte: „Du solltest besser zuhause bleiben – das ist alles."

Sobald wir fort waren, rief sie eine Freundin an und ging mit ihr zu einem Teenager-Treff bei uns am Ort, wo die Kinder bedenkenlos Alkohol bekamen, Haschisch rauchten und jeden anderen

Unfug anstellten, der ihnen einfiel. Wir hatten Joy verboten, dorthin zu gehen, zumal sie ohnehin noch nicht volljährig war.

Glücklicher- oder unglücklicherweise (darüber bin ich mir nie klargeworden) kamen wir früher als erwartet nach Hause, gerade als auch sie zurückkehrte. Als sie eintrat und ich sie erblickte, wußte ich, daß bei mir jetzt endgültig Schluß war. „Junge Dame, sofort packst du deine Koffer!" befahl ich, ohne zu zögern. „Ich habe ertragen, was zu ertragen war. Du kannst dir so lange eine andere Unterkunft suchen, bis du dich entschlossen hast, zu tun, was ich dir sage!"

Zuerst hielt sie es für einen Scherz, aber ich beharrte regungslos auf meiner Entscheidung. Nachdem sie einen Koffer gefüllt hatte, befahl ich ihr zu verschwinden; sie sei erst dann wieder bei uns willkommen, wenn sie sich entschlossen habe, meinen Anweisungen zu folgen. Später erfuhr ich, daß sie die Nacht am äußersten Ende unseres bewaldeten Grundstücks in ihrem Schlafsack verbracht hatte. Als sie am nächsten Tag aus der Schule kam, warteten ihre Habseligkeiten auf der Veranda auf sie, und die Tür war abgeschlossen. Ihre Freundin und Kumpanin nahm sie bei sich auf.

Joy blieb beinahe drei Monate fort. Während dieser Zeit sprach ich nur zweimal mit ihr am Telefon. In unserem Heim kehrte wieder Ruhe ein, und meine strapazierten Nerven erholten sich allmählich. Ich hatte den Punkt erreicht, an dem ich keine Hilfe mehr für sie sah, und außerdem wollte ich nicht länger versuchen, ihr zu helfen oder mit ihr klarzukommen. Ich hatte den Eindruck das Wohlergehen aller anderen Kinder werde geopfert für das eine, das darauf beharrte, auf Kosten der gesamten Familie sein Leben zu ruinieren.

Für ihren fünfzehnten Geburtstag, den 26. November, hatte ich Joy einen hübschen grünen Velour-Bademantel mit weißer Spitze genäht. Ich rief sie an, um es ihr zu erzählen. Sie schien weit weg zu sein, und was sie redete, ergab nicht viel Sinn. Zwar wußte ich es zu diesem Zeitpunkt noch nicht, aber sie hatte Drogen genommen. Als ich Jim von dem Vorfall berichtete, konnte er Joys Abwesenheit nicht länger ertragen und suchte endlich Hilfe beim Psychiater unseres Kreises, der für sie beide einen Termin ausmachte. Bei der zweiten Sitzung wollte der Arzt auch mich dabeihaben.

Wir fuhren zu Joys Schule, um sie dort abzuholen, aber sie wollte nicht mitkommen. Es wäre ein leichtes für mich gewesen, zu sagen: „Dann eben nicht!"; aber Jim war nicht danach zumute. In meinem Innersten spürte ich, daß ich meine Autorität überzogen hatte, als ich Joy hinauswarf, ohne zuerst mit Jim darüber gesprochen zu haben. Deshalb blieb ich schweigend im Wagen sitzen. Jim erklärte ihr, wenn sie nicht freiwillig einsteige, werde er sie mit Gewalt ins Auto befördern. Joy wäre ihrem Vater in diesem Fall sicherlich an Gewicht überlegen gewesen. Schließlich schubste er sie in das Auto. Sie kauerte sich in die Ecke und begann zu wimmern wie ein kleines Tier, das in eine Falle geraten ist. Ihr unregelmäßiges, angestrengtes Atmen und ihre Nervosität beunruhigten mich. Ich spürte, daß etwas absolut nicht stimmte.

„Joy, hast du Drogen genommen?" fragte ich sie schließlich.

„Das würde dich wohl freuen, was?" schnappte sie zurück.

Am Gebäude des Kreisarztes angekommen, mußte Jim sie aus dem Wagen herausziehen und die Stufen zur Praxis hinaufschieben. Sie wimmerte und zitterte immer noch.

Während der ganzen Sitzung verweigerte Joy die Mitarbeit, stampfte immer wieder mit dem Fuß auf und schaute entweder an die Wand oder auf den Boden. Als der Psychiater zu Jim sagte, Joy habe viel zuviel Freiheit und wir müßten sie sofort aus dem Haus ihrer Freundin zu uns zurückholen, begann Joy wieder zu wimmern. Dann berichtete er uns, die Mutter der Freundin habe ihn angerufen. Es liege auf der Hand, daß dort unsere Autorität über dieses Kind immer mehr untergraben würde. Bei diesen Worten stürzte Joy zur Tür und durch den Flur, den Psychiater dicht auf den Fersen. Wir regten uns nicht von der Stelle. Nach etwa zehn Minuten kehrten sie zurück, und Joy gestand endlich, eine große Menge LSD genommen zu haben und noch mehr davon zu besitzen. Der Arzt gab uns Anweisung, sie sofort in ein Krankenhaus einzuliefern.

Jim und ich blieben bei ihr, bis sie sicher im Bett untergebracht war, und kehrten dann, körperlich und seelisch total erschöpft, nach Hause zurück. Das Drama hatte beinahe fünf Stunden gedauert.

Es war noch nicht eine Stunde vergangen, und wir hatten gerade mit Mühe ein wenig Nahrung zu uns genommen (von einer Mahlzeit konnte man beim besten Willen nicht sprechen), als das Telefon klingelte. Ich dachte schon daran, nicht abzuheben, doch während sich dieser Gedanke langsam festsetzte, war schon irgend jemand an den Apparat gegangen. Am Telefon war Joy – eine in Tränen aufgelöste, ängstliche, demütige Joy. Sie bat mich, ans Telefon im Erdgeschoß zu gehen, damit niemand unser Gespräch mithörte.

„Mama", bat sie zitternd, mit fast gebrochener Stimme.

Ich vergaß, daß ich ihr doch gar nicht helfen wollte, daß ich sie haßte, daß ich froh darüber war, daß sie weg war. Mein Mutterherz streckte sich nach ihr aus.

„Ja, Liebling, ja, was ist denn?"

„Mama, ich wollte nur, daß du weißt, warum ich diese Drogen genommen habe. Ich möchte so gerne, daß du es verstehst!"

„Ja, sag es mir, Joy. Ich würde es wirklich gerne wissen."

„Weißt du, da ist so ein Junge, den ich sehr lieb habe, und ich habe gedacht, er würde mich auch mögen. Aber dann hat er zu mir gesagt, ich sei fett, und er würde sich nicht mit mir verabreden, weil ich so häßlich aussehe." Sie begann zu schluchzen.

„O, Joy. Das tut mir ja so leid!" versicherte ich ihr.

„Dann . . . dann hat jemand zu mir gesagt, daß ich abnehmen könnte, wenn ich Drogen nehmen würde; deshalb habe ich ganz viel auf einmal genommen, um schnell abzunehmen."

„O, arme Joy!" rief ich aus. Sie tat mir von Herzen leid.

„Mama, was ich jetzt sagen muß, fällt mir sehr schwer – ich weiß, daß ich weinen muß."

„Ist schon in Ordnung, Schatz. Ich weine selber mit", antwortete ich.

„Mama, ich möchte nach Hause kommen und wieder in mein Zimmer zurück!"

Wieder streckte mein Herz sich nach ihr aus, und ich wußte, daß ich dieses, mein erstgeborenes Kind, liebte, ganz gleichgültig, was zwischen uns vorgefallen war. Es war und blieb von meinem Fleisch und Blut.

Ich entschloß mich jedoch, ihr nicht mit der großen Rührung zu antworten, die ich verspürte, sondern meine Empfindungen im Zaume zu halten. „Das freut mich, Joy, aber du mußt noch deinen

198

Vater fragen." Jim rang so sehr darum, seinen rechtmäßigen Platz als Familienoberhaupt einzunehmen, und mir fiel es schwer, ihm diese Rolle zu überlassen. Deshalb beschloß ich, ihn nicht schon wieder zu übergehen.

Als wir aufgelegt hatten, waren wir beide so über die Maßen glücklich, daß wir beinahe in Tränen ausbrachen. Ich lief in unser Schlafzimmer, um noch einmal die Verheißung zu lesen, die Gott mir gegeben hatte. Das war es, genau wie er es versprochen hatte: „Und um den Abend wird es licht sein." Es war Abend, als dieser erste Lichtschimmer durchdrang – aber es war nur ein Schimmer, lediglich ein Anfang. Das Licht war schwach, flackerte oft, ging ein- oder zweimal beinahe aus, aber ich klammerte mich die ganze Zeit über an diese Verheißung.

Bevor wir es recht bemerkt hatten, wurde es Weihnachten. Joy war inzwischen seit einem Monat wieder zuhause. Wir versuchten, das Vertrauen zu ihr aufzubauen, aber nachdem sie uns jahrelang getäuscht hatte, fiel es uns sehr schwer. Sie bettelte immer wieder: „Warum vertraut ihr mir nicht? Wie kann ich euch denn je beweisen, daß ich es ernst meine, wenn ihr mir nichts zutraut?" Deshalb beschlossen wir, es noch einmal zu versuchen.

Jim und ich waren zu einem herrlichen Weihnachtsumzug nach Fort Worth eingeladen worden. Unsere Freunde, die Walshes, baten uns schon seit zwei Jahren zu sich, aber wir hatten nie den Eindruck gehabt, unsere Kinder alleine lassen zu können. In diesem Jahr wollten wir fliegen und Joy ihre Vertrauenswürdigkeit unter Beweis stellen lassen, indem sie über Nacht auf die Kinder aufzupassen hatte. Mit fünfzehn Jahren sollte sie für einen solchen Vierundzwanzig-Stunden-Test eigentlich reif genug sein. Wir gaben ihr zu verstehen, daß wir sie jetzt brauchten; wenn sie uns zufriedenstellte, würde das unser Vertrauen zu ihr sehr festigen.

Als wir nach dem Umzug zu Bett gegangen waren, konnte ich nicht einschlafen. Ich begann zu beten: „O, Gott, bitte beschütze unsere Kinder und sende ihnen Engel, die sie bewachen und begleiten." Ich tadelte mich selbst dafür, daß ich mich sorgte, während sie bestimmt alle fest schliefen. Doch nachdem ich mich eine weitere Stunde lang schlaflos herumgeworfen hatte, weckte ich schließlich Jim und erzählte ihm von meiner Furcht. „Na, dann laß uns doch anrufen, dann wissen wir Bescheid", schlug er vor.

Jill ging ans Telefon und versicherte uns, alles sei in Ordnung, aber ich schlief bis zum Morgen und zum Zeitpunkt unseres Rückfluges nur unruhig. Ich nahm eine frühere Maschine als Jim und kam bereits gegen elf Uhr morgens zu Hause an. Schon beim Betreten des Hauses spürte ich, daß irgend etwas nicht stimmte, obwohl das Haus in Ordnung war und die Kinder mir lächelnd berichteten, wie gut alles gegangen sei.

Meinen ersten Anhaltspunkt fand ich, als ich in die Küche ging und bemerkte, daß der Fußboden frisch mit Scheuersand geputzt worden war und noch knirschte. Die Antworten der Kinder auf meine Erkundigungen waren ausweichend und wenig überzeugend. „Ach, wir haben nur etwas verschüttet." Beim Betreten des Wohnzimmers fiel mir auf, daß der Teppich eben erst gesaugt worden war, obwohl ich am vorhergehenden Tag alles sauber zurückgelassen hatte. Schließlich fragte ich mit erhobener Stimme: „Was in aller Welt geht hier vor?"

Sie schauten einander unschuldig an, zuckten unverbindlich die Achseln und erwiderten: „Gar nichts. Wir wollten nur, daß das Haus schön sauber für euch ist, wenn ihr nach Hause kommt." Mit diesen Worten verstreuten sie sich in ihre Zimmer, und ich setzte mich erst einmal hin, um ein wenig zu essen.

Ich war so durcheinander. Seit fünfzehn Jahren war ich nun Mutter und hatte ein Gespür dafür entwickelt, wenn irgend etwas verdächtig war. Wieder betete ich: „O, Gott, was stimmt in diesem Hause nicht? Hier herrscht irgendein übler Geist. Bitte zeig es mir doch!"

In diesem Moment kam der sechsjährige Joe zur Vorratskammer gestürzt, um sich etwas zu holen. Ich hielt ihn an und fragte ihn, was während meiner Abwesenheit passiert sei. Seine kleinen schwarzen Augen weiteten sich, er schluckte heftig, und dann war es heraus. „Joy hatte ein paar Freunde hier", platzte er heraus, wandte sich dann schnell um und lief hinaus. Nun hatte ich einen konkreten Anhaltspunkt, an dem ich weiterforschen konnte. Deshalb rief ich Jill.

„Ich habe gehört, Joy hatte letzten Abend ein paar Freunde hier."

Sie holte tief Atem, in ihren Augen stand der typische „Erwischt"-Ausdruck, und dann erzählte sie mir, Joy habe über hundert Leute eingeladen, die fast die ganze Nacht über eine wilde Alkohol- und Drogen-Party gefeiert hatten.

Ich rannte in mein Zimmer, warf mich auf mein Bett und schluchzte: „O, Gott! Jedesmal, wenn ich versuche, ihr zu vertrauen, versetzt sie mir einen neuen Stich in den Rücken. Wie lange soll das noch so weitergehen?"

Nach einer Weile kam Joy herauf und schlich auf Zehenspitzen in mein Zimmer. Ich weinte noch, als sie zu sprechen anfing: „Mama, es tut mir wirklich leid. Ich wollte dir nicht so weh tun!"

„Joy, wie konntest du mir so etwas antun, obwohl ich dir vertraut habe? Hast du denn nicht gewußt, daß du mich damit aufregst und dich selbst wieder in Schwierigkeiten bringst?" fragte ich sie ärgerlich.

„Tja, ich wußte schon, daß du durchdrehen würdest", gab sie zu, „aber ich dachte mir, daß du wohl darüber hinwegkommen würdest."

„Kind", schimpfte ich, „es wäre besser, du fändest dich endlich einmal mit der Realität ab und kämest aus deiner Fantasie-Welt heraus!"

„Das kann ich nicht. Es tut mir zu sehr weh", erwiderte Joy.

„Erzähl *mir* nicht, wie weh das tut! Das weiß ich selbst. Denn ich lebe darin – in der Realität. Und du hast recht, es tut weh. Jetzt zum Beispiel." Ich beendete das Gespräch und verließ das Zimmer.

Als Jim nach Hause kam und den enttäuschenden Bericht vernahm, war er dermaßen wütend, daß er Joy für einen Monat Stubenarrest erteilte. Sie durfte nirgends hingehen außer zur Schule.

In der Nacht sprach ich ein Gebet, das mir schwerfiel. „Herr, bitte reiße die Mauer ein, die ich zwischen Joy und mir aufgerichtet habe", bat ich. „Ich wollte mich dadurch nur vor weiterem Schmerz schützen, aber du hast nie Mauern errichtet, um dich vor Schmerz zu bewahren. Deshalb reiße diese bitte ein, und baue zu diesem Kind, das du mir gegeben hast, eine Brücke aus Liebe und Verständnis. Wie du es bei Jim und mir ja auch tust. Mach mich bereit, Schmerz zu ertragen und sie dennoch genauso liebzuhaben."

Im Spätfrühling 1976 wurde bei Joy eine offensichtliche Veränderung deutlich. Sie war schlanker geworden. Nachdem ich sie mehrere Wochen lang beobachtet und mich gewundert hatte, weshalb sie glücklicher war und besser mit dem Leben zurechtzukommen schien, fragte ich sie schließlich: „Joy, was ist mit dir los? Du bist in der letzten Zeit so verändert, und ich glaube, du nimmst ab."

„Stimmt beides, Mama – glücklich und leichter!"

„Wie kommt das?" beharrte ich. „Woran liegt es?"

„Gut, Mama, ich werde es dir erzählen. Ich war es so satt und leid, fett zu sein, und habe alles Mögliche versucht, um abzunehmen. Als ich eines Tages allein auf der Veranda war, entschloß ich mich, Gott um Hilfe zu bitten. Ich hatte nur vor, ihn um eine Gewichtsabnahme zu bitten, aber am Ende übergab ich ihm mein Leben und bat Jesus, in mein Herz zu kommen."

Einen Moment lang war ich zu verblüfft, um auch nur irgend etwas sagen zu können. Dann fuhr sie fort:

„Seitdem ich so gebetet habe, ist es ganz eigenartig. Ich habe sofort angefangen abzunehmen, und ich habe gar keinen Alkohol oder Drogen oder sonstwas mehr gewollt. Und weißt du was? Ich habe immer gedacht, meine Freunde würden mich nicht mehr akzeptieren, wenn ich ihre ganzen krummen Sachen nicht mehr mitmache. Aber das stimmt überhaupt nicht. Ich glaube, sie mögen mich eben einfach, weil ich es bin."

Ich begann zu weinen. „O Joy, ich bin so froh."

Als ich die Fassung wieder einigermaßen zurückgewonnen hatte, fragte ich: „Joy, haben deine Freunde denn irgendeinen Unterschied festgestellt? Haben sie irgendwas zu dir gesagt?"

„Na klar! Es ging ja gar nicht anders. Wenn sie sich erkundigen, was denn mit mir los ist, dann sage ich ihnen einfach, ich bin jetzt ‚high' vom Leben. Sie lachen darüber, aber es ist die Wahrheit, Mama. Ich habe nie gedacht, daß ich so glücklich sein könnte!"

Der flackernde Schimmer des verheißenen Lichts fing nun an, heller zu leuchten. Joy verlor innerhalb kurzer Zeit zwanzig Pfund an Gewicht, und aus dem fetten Gefängnis ging eine große, schlanke, blonde Schönheit hervor, die jedem gefiel.

Obwohl es weiterhin mit ihr auf und ab ging, und wir gute und schlechte Zeiten durchlebten, befinden wir uns doch seit Joys

202

Begegnung mit Gott an jenem Tag auf der Veranda in einem beständigen Aufstieg. Ihr aufsässiges, betrügerisches Herz wurde durch diese Begegnung verändert, doch die Auswirkungen davon in ihrem Leben sind eine Frage des Wachstums, das sich nicht über Nacht ereignet.

Kurz vor dem Ende des Schuljahres im Sommer 1977 teilte Joys High-School-Berater ihr mit, daß sie ein 300-Dollar-Stipendium für einen dreiwöchigen Kursus mit „Outward Bound" gewonnen habe, einer Organisation, die es sich zur Aufgabe gemacht hat, Erziehung zur Selbständigkeit und zum Aufbau eines festen Charakters zu bieten. Dieses Stipendium stellte in der Tat eine Ehre dar. Ich hatte gehört, daß Leute, die einen Kursus bei „Outward Bound" mitgemacht haben, danach wissen, wer sie sind, warum und wofür sie leben, und daß sie genügend Selbstvertrauen besitzen, um geplante Vorhaben auch durchzuführen. Ich betete darum, daß diese Dinge sich bei Joy bewahrheiten würden.

Nach ihrer Rückkehr erfuhr ich, daß meine Gebete erhört worden waren. Voller Begeisterung berichtete sie von den vielen Siegen, die Gott ihr schenkte; doch das Schönste war, daß er ihr eine Verheißung gegeben hatte, an die sie sich ihr ganzes Leben lang klammern darf:

„Denn alle Kinder Gottes können den Sieg über die Welt erringen. Durch unseren Glauben haben wir die Welt schon besiegt" (1. Johannes 5,4).

Heute sehe ich ein ruhiges, sanftmütiges Mädchen vor mir, beinahe schon eine Frau. Die Rebellion ist vorüber. Gott gab uns dieses Kind zurück, wenn wir dafür auch fast bis an den Rand der Hölle gerieten.

Joy ist eine Führernatur. Darüber besteht überhaupt kein Zweifel. Wie schön ist es, mitanzusehen, wie sie andere auf den Weg leitet, den sie selbst so lange Zeit nicht gefunden hat!

Was die Zukunft Joy bringen wird, weiß niemand, aber das eine ist sicher: Joys Füße gehen auf dem sicheren Pfad, der in die Herrlichkeit führt. Zweifellos wird sie Fehler begehen, wenn sie von zuhause auszieht und ganz allein ihre eigenen Entscheidungen treffen muß. Aber wir haben keine Angst um ihre Zukunft, weil wir wissen, daß Freiheit in Jesus Christus nicht einfach bedeutet, daß sie tun kann, wozu sie Lust hat. Sie ist nun frei, der Mensch zu werden, zu welchem sie von Gott erschaffen worden ist.

„Wenn der Sohn Gottes euch frei macht, dann seid ihr wirklich frei" (Johannes 8,36).

Dieser Freiheit vertrauen wir unser Kind an, unsere Erstgeborene, in der wir eine besondere Gottesgabe sehen, mit deren Leben der Herr besondere Pläne hat.

Lieber Gott im Himmel, du hast meine Schreie vernommen.
O, du mußt sie gehört haben,
sie waren so laut.
Die Schmerzensschreie über Qualen,
die so tief in mir waren, daß nicht nur ich
darunter litt.
Die Freudenschreie
über Dinge, die ich sah, tat oder erkannte.
Sie alle kamen von dir.
Lieber Gott, bitte hilf mir, zu anderen
so verständnisvoll und aufmerksam zu sein,
wie du es mir gegenüber bist.
Lieber Gott, ich kann nicht fassen
die Tiefe deiner Liebe.

Geschrieben von Joy bei „Outward Bound"

Der Tod einer Rebellin

„Wenn du dich nicht besserst, bringe ich dich um!" brüllte ich Joy an und schüttelte sie bei dieser Drohung heftig hin und her. Kaum waren mir diese Worte von den Lippen gekommen, war ich so verwirrt und erschrocken, daß ich die Hände vor den Mund schlug, einen entsetzten Schrei ausstieß und schluchzend in mein Zimmer stürzte. Ich war so wütend geworden, daß ich vollkommen die Kontrolle über meine Gefühle verloren hatte. *Könnte ich tatsächlich mein eigenes Kind töten? Lauerte wirklich Mord in meinem Herzen?*

Ich wußte es nicht. Ich wußte nur, daß ich jetzt allein sein und über dieser Sache beten mußte. Eltern bringen ihre eigenen Nachkommen aus einem Wutanfall heraus um, und wer sich an Kindern vergeht, ist ein Kapitalverbrecher, ein Verstümmler von Unschuldigen, von hilflosen kleinen Menschen. Aber wie konnte ich, eine christliche Mutter, die sich ernsthaft darum bemühte, eine vorbildliche Ehefrau und Mutter zu sein, sich möglicherweise eines solchen Verbrechens schuldig machen?

Der Anlaß an sich war gar nicht so weltbewegend; wahrscheinlich führte nur eine ganz normale Folge verschiedener Ereignisse zu meinem unüberlegten Ausbruch.

Der elfjährige Jimmy war unserer Meinung nach alt genug, ein Go-Cart zu besitzen. Natürlich hatten wir strenge Vorschriften erlassen. Zum Beispiel durfte er nicht auf öffentlichen Straßen fahren. Es bestand kein Anlaß, außerhalb unseres Besitzes zu fahren, da wir am Stadtrand von Colorado Springs ein großes Grundstück mit einem langen Privatweg, der zur Hauptstraße führt, besitzen. Außerdem durfte der kleinere Joe *nicht* damit fahren. Wenn er auch schon seinen eigenen Kopf hatte, so war er doch erst sechs Jahre alt.

Als ich an jenem Sommermorgen bei der Arbeit in der Küche den Motor starten hörte, nahm ich an, es sei Jimmy, und kam gar nicht auf die Idee, aus unserem großen Fenster einen Blick hinauszuwerfen. Kurz darauf hörte ich Jimmy rufen: „Stop, Joe, stop! Du machst mein Go-Cart kaputt. Stop!" Ich kam gerade noch rechtzeitig draußen an, um zu sehen, wie Joe den Erdweg entlangraste und Jimmy sich hinten festklammerte und mit seinem Körpergewicht nach unten lehnte, um das Fahrzeug zu verlangsamen. Als Joe mich schreien hörte, hielt er an. Ich wartete gar nicht erst eine Erklärung ab. Auf der Stelle zerrte ich ihn heraus und verabreichte ihm eine Tracht Prügel.

Am Nachmittag hörte ich erneut den Motor starten. Ich war mir recht sicher, daß Joe nicht noch einmal dasselbe versuchen würde, aber ich beschloß doch, vorsichtshalber nachzusehen. Kaum war ich zur Glastür gegangen, die hinaus auf unsere vordere Terrasse führt, da sah ich schon, daß zwei Autos auf unserem Weg geparkt hatten und Leute herumstanden und sich irgend etwas anschauten. Ich rannte die lange Auffahrt entlang und erreichte atemlos und gerade noch rechtzeitig die Straße, um Joy und Jimmy vorbeirasen zu sehen. Joy hatte einen Job als Babysitter übernommen und keine Lust gehabt, zu Fuß dorthin zu gehen; deshalb hatte Jimmy sich freundlicherweise angeboten, sie in dem Vehikel, das schon so viel Ärger verursacht hatte, hinzufahren.

Zwei solcher Vorfälle an einem Tag – das war mehr, als ich verkraften konnte. Schon auf dem Weg löste ich meinen kräftigen, breiten Leder-Gürtel von den Jeans und schickte mich an, ihn zu gebrauchen. Zuerst bei Jimmy, dann bei Joy. Je länger ich auf sie einschlug, desto wütender wurde ich, bis sie schließlich anfing zu schreien: „Hör endlich auf, mich zu verprügeln!" und zurückschlug.

Das gab mir den Rest. Ich hätte sie in meiner Verfassung mit Leichtigkeit erwürgen können, das wußte ich. Es spielte gar keine Rolle, daß andere Menschen zusahen. Ich konnte keinen klaren Gedanken mehr fassen.

Jetzt verstand ich, weshalb vollkommen normale Menschen zu Mördern werden können, aber ich besaß keinen Anhaltspunkt dafür, wie man mit einer solchen unkontrollierten Reaktion fertig werden kann. Oder besser gesagt, wie man die Umstände unter Kontrolle bekommt, die überhaupt erst soweit führen. Mir war klar, daß andere Leute mit ähnlichen Fragen zu kämpfen haben mußten, und in meiner Seele entstand ein Verlangen, meine eigenen Erfahrungen irgendwie mitzuteilen und anderen damit zu helfen.

Das Drama, das sich im Hintergrund abspielt, ist oft ebenso packend wie die tatsächlichen Ereignisse. Hätte ich mich nicht mit einigen dieser Geschehnisse hinter den Kulissen näher befaßt, so wäre dieses Kapitel niemals geschrieben worden, denn es handelt von tiefverwurzelten störenden Emotionen, deren ich mir absolut nicht bewußt war. Allein der Heilungsprozeß, der durch das Schreiben dieses Buches in Gang kam, ist den Versuch schon wert gewesen. Vielleicht war das wirklich das eigentliche Ziel, das Gott damit verfolgt hat.

Der Psalmist schreibt: „Verzeihe mir die verborgenen Sünden." Im Umgang mit verborgener Schuld hat Gott mir gezeigt, daß man drei Kategorien unterscheiden kann:

1. Sünde, die anderen verborgen, aber mir bekannt ist.
2. Sünde, die mir verborgen, aber anderen bekannt ist.
3. Sünde, die mir und anderen verborgen ist.

Schon seit längerer Zeit bat ich den Heiligen Geist darum, seinen Scheinwerfer in die tiefen Winkel meines Herzens zu lenken und in die dunklen Bereiche zu leuchten, deren ich mir nicht bewußt war. Ich spürte, daß in mir ein Konflikt lag, eine wunde Stelle, die ich nicht ausmachen konnte. Irgend etwas in meiner Seele stimmte nicht, und bei den unbedeutendsten Vorfällen und aus unerklärlichen Gründen flammte es auf, zerstörte Beziehungen und brachte mich mit jedem in Streit. Ich wurde feindselig, kritisch und unnachgiebig. Da ich das Geheimnis nicht aufdecken konnte, war das einzige, was ich zu tun vermochte, zu beten und Gott darum zu bitten, mir die verborgene Ursache zu offenbaren.

Gott zwingt seinen Kindern sein Licht, sein Heil, seine Korrektur oder sein Leben mit ihm nicht auf. Er läßt uns vollkommene Willensfreiheit. Ich konnte weiterhin geistlich durchs Leben hinken, indem ich Gott verweigerte, bis zum Grund meiner Probleme vorzustoßen, oder ich konnte ihm meine Einwilligung dazu geben, sich mit mir zu befassen, ganz gleichgültig, wie gründlich das sein würde. Da ich nicht den Eindruck hatte, geistlich reifen zu können, wenn mein Geist nicht rein war, kam ich an den Punkt, Gott zu erlauben, in meinem Leben alles zu tun, was nötig war.

Erst dann begann er. Sein erstes Werkzeug war ein Buch, an dessen Titel und Inhalt ich mich nicht mehr erinnern kann, bis auf den einen Satz: *Wir müssen für Christus das Gebiet zurückfordern, das wir Satan durch Sünde überlassen haben.* Als ich diese Stelle las, durchfuhr mich die Erkenntnis bis ins Herz. Ich legte das Buch zur Seite, ging auf die Knie und bat Gott, mich an alle die Gebiete zu erinnern, die ich Satan in der Vergangenheit durch Sünde überlassen hatte.

Beschämende Erinnerungen durchfluteten mein Bewußtsein; unbedeutende Vorfälle, bereits seit Jahren vergessen, hatten irgendwo geschlummert. Ich erinnerte mich daran, daß ich als Kind ein Päckchen Kaugummi gestohlen hatte. Dann kam mir eine andere unglückselige Szene in den Sinn: Als Drittkläßler war ich einmal ins Büro des Direktors gesetzt worden, um dort eine Aufgabe auszuführen. Doch anstatt zu arbeiten, hatte ich alle Schreibtischschubladen durchgeschnüffelt und dort drei Pennys gefunden – für eine Achtjährige in der damaligen Zeit eine enorme Summe. Ich hatte sie eingesteckt und später ausgegeben.

Wieder wechselte die Szene, und ich sah einen Drei-Dollar-Scheck vor mir. Mit vierzehn Jahren übernahm ich einen Sommer-Job: Ich mußte auf einer Farm Mohrrüben und Zwiebeln ziehen; und das Gebiet, das ich Satan mit dem ersten gestohlenen Kaugummi-Päckchen überlassen hatte, weitete sich aus. Eine Drei konnte so leicht in eine Acht verwandelt werden! Man brauchte nur etwas mehr Geschicklichkeit dafür, aber es gelang mir. Auf die Begierde folgt immer der Betrug, und ich wurde perfekt auf beiden Gebieten.

Es ging immer weiter. Kleine Vorfälle, die ich schon lange vergessen glaubte, tauchten frisch und klar auf dem Bildschirm meines Geistes auf, als passierten sie in diesem Augenblick. Als der Heilige Geist mich dergestalt überführte, griff ich nach Bleistift und Notizblock und schrieb alles auf, was Gott mir zeigte. Ich bekannte nicht nur meine Sünden – im Vertrauen auf die Verheißung Gottes: „Wenn wir aber unsere Schuld eingestehen, dürfen wir uns darauf verlassen, daß Gott Wort hält: Er wird uns dann unsere Verfehlungen vergeben und alle Schuld von uns nehmen, die wir auf uns geladen haben." (1. Johannes 1,9) –, sondern ich wußte, daß auch noch etwas anderes geschehen mußte, um dieses Gebiet von Satan zurückzufordern. Ich meine die *Wiedergutmachung.*

In den nächsten paar Tagen war ich damit beschäftigt, Namen und geänderte Adressen zu notieren, Telefonanrufe zu tätigen, Briefe zu schreiben und persönliche Treffen zu arrangieren. Zu Anfang war es schmerzlich und erniedrigend für mich, aber jede neue Konfrontation bewirkte eine derartige Reinigung und Freiheit in meinem belasteten Geist, daß das Ganze sich für mich zu einem aufregenden Abenteuer entwickelte. Die Menschen waren viel eher bereit, zu vergeben und urteilten milder, als ich erwartet hatte. Von einigen, besonders von solchen, denen ich geschrieben hatte, erhielt ich nie eine Antwort. Ich muß diese der allmächtigen Hand Gottes überlassen in dem Wissen, daß ich alles getan hatte, was in meiner Macht stand.

Trotzdem war mein Geist nach dieser Reinigung immer noch nicht völlig frei. So ging ich wiederum zum Herrn. Der Trümmerhaufen war abgetragen, und es wurde möglich, zum Kern der Sache vorzudringen. Ich bat Gott einfach darum, seinen Finger auf die verbliebene wunde Stelle zu legen, damit ich sie klar erkennen konnte. Stellen Sie sich meine Überraschung vor, als mir sofort Edna ins Gedächtnis kam! Die Astrologie! Natürlich war es die Astrologie! Obwohl ich mich von ihrem satanischen Zugriff befreit hatte, befaßte ich mich nie weiter damit und hatte dieses gewaltige Gebiet von Satan, dem Herrscher darüber, nicht zurückgefordert, um es Gott wiederzugeben.

Ich untersuchte im Gebet die ganze Astrologie-Szene und inwieweit ich darin verwickelt war. Warum hatte ich mich ursprünglich der Wahrsagerei zugewandt? Offensichtlich suchte ich damals einen Ersatz für Gott. Das war mir schon lange klar. Aber ich hatte nie tief genug darüber nachgedacht, um zu begreifen, daß es Sünde war, die mich soweit brachte – die Sünde, mein Leben selbst kontrollieren zu wollen, anstatt Gott zu suchen und ihm die Kontrolle zu überlassen. Es war eine erhebende Erfahrung gewesen, mit Hilfe der Astrologie die Zukunft zu kennen und danach die Lebensumstände entsprechend einzurichten. Deshalb bekannte ich nun meinen Ungehorsam, der mich am Anfang in den Okkultismus hineingetrieben hatte. Obwohl ich seit mehreren Jahren nichts mehr direkt damit zu tun gehabt hatte, lag für mich immer noch eine geheime Versuchung darin, mein Horoskop zu lesen, und ich hatte Schwierigkeiten, diese Seite der

Zeitung zu überschlagen. Manches Mal hatte ich sie gelesen. Auch das bekannte ich Gott und bat ihn darum, mich vollständig von jeder noch so leichten Bindung an dieses Bollwerk des Feindes zu befreien. Im Nachdenken über meine Sünde überkam mich die deutliche Erkenntnis, daß das Lesen des Horoskops in Amerika die Pforte ist, die Satan für eine nachfolgende Flut an okkulter Dunkelheit, Hexerei, Teufelsanbetung und allen damit zusammenhängenden Übeln benutzt.

Da dämmerte mir mit Schrecken zum ersten Mal, daß meine persönliche Sünde der Beschäftigung mit der Wahrsagerei nicht annähernd so groß war wie die Tatsache, daß ich zahlreiche meiner Freunde beeinflußt hatte, sich ebenfalls mit Astrologie zu befassen. Viele von ihnen waren in diesem Dickicht inzwischen hoffnungslos verfangen. „O, lieber Gott!" rief ich aus, als ich an alle jene sorgenvollen, suchenden Seelen dachte, die ich hätte zu Christus führen können. „Wie kann ich jemals von dieser furchtbaren Verantwortung frei werden?" Ich begann der Reihe nach für jeden von ihnen zu beten, so wie sie mir in den Sinn kamen. Plötzlich standen meine eigenen Kinder vor meinen geistigen Augen. Meine unschuldigen Kleinen, für die ich astrologische Tabellen hatte anfertigen lassen. Und mein Mann! Es war ein Gebiet, das ich Satan überlassen hatte und das ich zurückfordern mußte.

Ich suchte in meiner Bibel nach Stellen und positiver Unterstützung für diese Zurückforderung. Gott, der alle verborgenen Gefahren der Astrologie kennt, hatte viele Warnungen erlassen, unter anderem:

„Verhaltet euch nicht wie die Menschen, die Horoskope anfertigen und versuchen, ihr Schicksal und ihre Zukunft aus den Sternen abzulesen! Habt keine Angst vor ihren Weissagungen, denn es sind alles nur Lügen. Ihre Wege sind vergänglich und dumm" (Jeremia 10,2–3).

„Ihr habt Scharen von Ratgebern – eure Astrologen und Sterngucker, die versuchen, euch zu sagen, was die Zukunft bringen wird. Aber sie sind so nutzlos wie Heu, das man im Feuer verbrennt. Sie können noch nicht einmal sich selbst erlösen! Von ihnen werdet ihr überhaupt keine Hilfe bekommen. Ihr Feuer ist keines, an dem ihr sitzen und euch wärmen sollt" (Jesaja 47, 13+14).

„Weshalb versucht ihr denn dann, eure Zukunft durch den Besuch von Wahrsagern und Zeichendeutern zu erfahren? Gebt nichts auf ihr Flüstern und Murmeln. Können die Lebenden denn von den Toten die Zukunft erfahren? Warum fragt ihr nicht euren Gott? Ich habe sie nicht gesandt, denn sie haben weder Licht noch Wahrheit in sich " (Jesaja 8, 19).

Wie hatte ich nur jemals glauben können, daß mir aus einer so unsicheren Quelle Hilfe zufließen würde? Hätte ich gleich am richtigen Ort gesucht, die Unsinnigkeit wäre erkennbar gewesen.

Schließlich stieß ich in Gottes Wort auf die Anweisung, die ich brauchte, um dieses Bollwerk des Feindes einzureißen:

„Denn die Waffen unseres Kampfes sind nicht fleischlich, sondern mächtig im Dienste Gottes zur Zerstörung von Bollwerken, indem wir Anschläge zerstören und alles Hohe, das sich wider die Erkenntnis Gottes erhebt, und jeden Gedanken gefangenführen unter den Gehorsam des Christus " (2. Korinther 10, 4+5).

Als ich endlich die Macht Gottes über Satan in Anspruch nahm, um die Gebiete zurückzugeben, die ich verloren hatte, wußte ich, daß dieser Teil der notwendigen inneren Reinigung vollendet war. Ich rief alle Kinder zusammen und erklärte ihnen, was ich getan hatte, insbesondere im Hinblick auf den astrologischen Bereich, von dem auch sie betroffen gewesen waren.

Kurz vor Ostern, am 4. April 1973, hatte es den Anschein, als käme unser Leben in Ordnung, und wir machten Fortschritte im Hinblick auf die Harmonie in unserer Familie. Da erhielt ich einen erschütternden Anruf. Wir hatten gerade die letzten Formulare für unseren neuen kleinen Sohn, Joe, unterzeichnet. Joy hatte, wenngleich sie schon schwierig war, noch nicht den Grad der Aufsässigkeit erreicht, der uns beinahe ins Verderben stürzte. Das einzige größere Problem, das Jim und ich zu haben schienen, bestand darin, daß er beständig für „High Flight" unterwegs war und infolgedessen seine Familie vernachlässigte.

Es war ohnehin ein entnervender Tag gewesen, an dem alles schiefzugehen schien, und das Beste wäre wohl gewesen, am Morgen überhaupt nicht aufzustehen. Am späten Nachmittag war ich gerade von einer Pfadfinder-Sitzung zurückgekehrt, auf der ich „den Kopf verloren" und der Leiterin ihre Ungerechtigkeit einigen

Mädchen gegenüber vorgeworfen hatte, darunter meiner Jan. Ich war völlig aufgewühlt gegangen und kam noch in dieser Verfassung zu Hause an. Das Telefon klingelte, und eine Stimme am anderen Ende meldete sich als Arzt, der mir mitteilte, mein Mann habe einen Herzinfarkt gehabt. Ich glaubte, es handele sich bei diesem Anruf um einen Scherz. In der Zeitung hatte ich von solchen grausamen Streichen in unserer Gegend gelesen. Sofort platzte ich heraus: „Soll das ein Witz sein? Ich finde ihn nicht besonders lustig!"

Der arme Arzt muß gedacht haben, er sei an eine Halbverrückte geraten, denn er wiederholte nun geduldig, daß er tatsächlich ein Mediziner sei und Jim wirklich eine Herzattacke erlitten habe, und er es für das Ratsamste halte, wenn ich sofort nach Denver käme. Ich entschuldigte mich vielmals, legte den Hörer auf und brach in Tränen aus, die ich im Laufe des Tages schon mehrmals unterdrückt hatte.

Als die Kinder mich hörten, liefen sie erschreckt zu mir. „Was ist los, Mutter? Was ist passiert?" Endlich konnte ich mit Schluchzen aufhören und ihnen sagen: „Euer Vater ist in Denver im Krankenhaus. Er hat gerade einen Herzinfarkt gehabt." Nun fingen die Kinder an zu weinen. Ungefähr zwanzig Minuten lang weinten wir alle. Dann konnte ich mich zusammennehmen, die Kinder beruhigen und ihnen vorschlagen, daß wir zusammen beteten, bevor ich losfuhr. Nachdem ich hastig eine Aufsicht besorgt hatte, fuhr ich im Zustand eines vollkommenen Schocks die sechzig Meilen nach Denver. Die ganze Fahrt über betete ich. Das einzige, was ich in meinem verwirrten Zustand denken konnte, war, daß ich nun Jim verlieren würde, gerade jetzt, wo wir begannen, unsere Familie und unser Leben in Ordnung zu bringen. Er hatte schon so viele Male an der Grenze des Todes gestanden und war immer durchgekommen. *O, lieber Gott, du willst mir Jim doch jetzt bestimmt nicht wegnehmen! Wir haben so viel durchgemacht und lernen es doch jetzt erst, miteinander zu leben!* Bitte, laß ihn am Leben – ach, bitte laß ihn am Leben!" rief ich immer wieder aus.

Ich durfte ihn kurz sehen, bekam jedoch keine Zusicherung, daß er überleben würde. In Mund und Nase hatte er Schläuche, in Armen, Beinen und Füßen Infusionsnadeln und um sich herum zahlreiche kompliziert aussehende Apparate. Er stand unter Beruhigungsmittel, und wenngleich er mich erkannte und mit mir sprach, war sein Geist getrübt und sein Blick leer. Als ich aus diesem schrecklichen Raum wieder heraus war, fragte ich mich, ob ich Jim beim nächsten Mal wohl noch lebend antreffen würde.

Man hatte dafür gesorgt, daß ich mich im Gästezimmer des Fitzsimons-Krankenhauses einquartieren konnte. In dieser Nacht lag ich wach, dachte nach und betete. Wieder einmal ging ich die verworrenen Ereignisse unseres Lebens durch, angefangen bei dem ersten Augenblick, in dem ich im Photoladen in Jims Gesicht blickte. Es schien schon hundert Jahre her zu sein – und dann wieder kam es mir wie gerade erst gestern geschehen vor.

Schließlich erkannte ich, daß ich Jim vollkommen Gott überlassen und irgendwie Ruhe für mein eigenes Herz finden mußte. Allmählich fielen mir Verheißungen aus der Bibel ein.

„Wir wissen aber, daß denen, die Gott lieben, alle Dinge zum Besten dienen, denen, die nach seiner zuvor getroffenen Entscheidung berufen sind" (Römer 8,28). *(Liebe ich dich, Gott? Genug, um mich auf diese Verheißung berufen zu dürfen? Ja, das tue ich. Du weißt, daß ich dich liebe!)*

„Danket Gott in jeder Lebenslage" (1. Thessalonicher 5,18). *Ach, aber das ist im Moment so schwer. Wie kann ich dir für dieses Unglück danken? Du erwartest das doch sicher nicht von mir, wenn meine ganze Zukunft dadurch zerstört wird! Ich fühle mich nicht dankbar. O, Gott, wie kann ich dich loben, wenn Jim vielleicht gerade in diesem Moment sein Leben verliert?*

Ich schlug mich eine ganze Zeitlang mit diesen Gedanken herum. Dann wiederholte ich laut: „Danket Gott in jeder Lebenslage! Das will Gott von denen, die mit Jesus Christus verbunden sind." Als ich diese Worte ausgesprochen hatte, sah ich sie plötzlich mit einer Klarheit wie noch nie zuvor. Gott sagte nicht: „... wenn ihr euch so fühlt" oder: „... wenn die Umstände es erlauben." Sondern er sagte allen Ernstes: „in jeder Lebenslage" – unter allen Umständen, guten wie schlechten, ob ihr euch so fühlt oder nicht – „dankt!" Ich erkannte darin einen festen Befehl, nicht eine Sache nach meinem Belieben. Wenn ich in dieser kritischen Situation gehorsam sein wollte, mußte ich Gott auch für die Tragödie danken, ob ich sie verstand oder nicht, ob ich den Ausgang voraussehen konnte oder nicht – „denn wir wandeln im Glauben und nicht im Schauen" (2. Korinther 5,7).

Mein erster Versuch war halbherzig, die Worte blieben mir fast im Halse stecken, und bevor ich die ersten richtig ausgesprochen hatte – „Vater, ich danke dir für Jims Herzinfarkt" –, begann ich schon wieder zu schluchzen. Ich riß mich zusammen und fing von vorne an, fest entschlossen, Gott zu gehorchen, und wenn es mich umbrachte, wie ich glaubte. Aber zu meinem Erstaunen fühlte ich mich jetzt schon aufrichtiger, und je länger ich sprach, desto mehr nahm der innere Schmerz ab. Es dauerte gar nicht lange, da war mein Herz mit Freude und Hoffnung erfüllt. Der Glaube wuchs, und bald besaß ich das Vertrauen, daß diese Prüfung uns zum Guten werden würde. Da sah ich es – so deutlich, als fände es wirklich gerade vor meinen Augen statt: Auf dem Bildschirm meines Geistes sah ich das Herz von Jim, der in seinem Krankenhausbett lag. In diesem Moment streckte sich eine große Hand, Gottes Hand, aus und bedeckte sein Herz. Ich wußte, Gott wollte mir dadurch sagen, daß Jim unter dem Schatten seiner Hand sicher sei. Mich überkam ein vollkommener Friede, und ich schlief sofort ein.

Jim gesundete langsam, aber es ging beständig aufwärts. Gott arbeitete nicht nur an mir, sondern auch an Jim. Er spürte innerlich die Möglichkeit seines Todes und akzeptierte zum ersten Mal in seinem Leben, daß er ein schwacher Mensch war und sich total vom Herrn abhängig machen mußte. Auch Jim ordnete seine Prioritäten neu.

Als er sich wieder richtig erholt hatte und in der Leitung von „High Flight" arbeiten konnte, in der ganzen Welt umherreiste und predigte, hatte ich den Eindruck, daß Gott mich sanft dahin lenkte, ein Buch zu schreiben. Meine erste überraschte Reaktion war: „Ein Buch? Ich etwa? Was habe ich denn zu sagen, das irgendwer mit Interesse lesen würde?"

Wenn die Idee wiederkehrte, schob ich sie mit der Frage beiseite, was in aller Welt sie mir wohl in den Kopf gesetzt habe. Aber sie ließ mich nicht los, deshalb begann ich, darüber zu beten. Schließlich wurde das Drängen so stark, daß ich es nicht länger ignorieren konnte. Was Gott auch immer damit vorhaben mochte, ich wußte, daß er mein Herz zum Schreiben drängte.

Im Sommer 1975 wurde die Aufforderung, meine Geschichte zu erzählen, so deutlich, daß ich mir zwei Wochen von meinem randvoll gefüllten Haushaltsplan freinahm und alles auf Band sprach, woran ich mich noch erinnern konnte. Dann fragte ich Bekannte aus dem Verlagswesen um Rat. Er lautete immer gleich: *Du hast bestimmt etwas zu sagen, aber du mußt dir einen Schriftsteller suchen, der deine Geschichte in eine lesbare Fassung bringt.*

Obwohl mir verschiedene Schriftsteller empfohlen wurden, fand ich keinen Frieden darüber, mich für jemanden zu entscheiden, der am anderen Ende des Landes wohnte. Dafür hatten wir weder Zeit noch Geld. Deshalb betete ich: „Herr, es war von Anfang an deine Idee, daß ich meine Geschichte aufschreiben sollte. Ich habe jetzt alles getan, was in meiner Macht stand. Ich habe dir gehorcht. Bitte, suche du mir einen Schriftsteller und einen Verlag." Nachdem ich so gebetet hatte, legte ich das Projekt innerlich zur Seite und griff nach meiner Bibel. An diesem Tag war meine Bibellese Matthäus 7. Ich las: „Bittet, und ihr werdet bekommen! Sucht, und ihr werdet finden! Klopft an, und man wird euch öffnen! Denn wer bittet, wird bekommen; wer sucht, wird finden; und wer anklopft, dem wird geöffnet " (Matthäus 7, 7+8). Kaum hatte ich diese Worte gelesen, kam mir der Name Madalene Harris in den Sinn. *Madalene Harris! Natürlich! Warum hatte ich nicht schon früher an sie gedacht?* Ich kannte sie nur flüchtig, aber ich wußte, daß sie Schriftstellerin war, und sofort erkannte ich Gottes Antwort. Ich war mir darüber so sicher, daß ich fast drei Wochen lang gar nicht mehr daran dachte, sie anzurufen. Als ich es schließlich doch tat, bestand für mich nicht mehr der geringste Zweifel daran, daß sie das Buch schreiben würde. *Sie* brauchte mehrere Wochen, um zu derselben Gewißheit zu gelangen, aber ich erkannte bald, daß sie die einzige Person auf der Welt war, die meine Geschichte schreiben konnte wie ihre eigene, weil sie ähnliche Erfahrungen gemacht hatte. Noch bevor ich ihre Antwort erhielt, schickte ich ihr bereits die Resultate meiner zweiwöchigen Arbeit zu, die ich vom Band abgetippt hatte.

Zwischen diesem Zeitpunkt und unserem nächsten Treffen lagen jene aufregenden Weihnachtsferien. Anfang Januar 1976 rief ich Madalene an, um mit ihr einen Termin für das Gespräch über das Buch zu vereinbaren. Ihre Reaktion entsprach absolut nicht meinen Vorstellungen. Ich erwartete einen glühenden Beifall, großen Eifer, sich des aufregenden Projektes anzunehmen, und Dankbarkeit darüber, daß ich gerade sie darum gebeten hatte. Offensichtlich kannte ich sie nicht gut genug.

Sie blickte mir offen in die Augen und sagte mit großem Nachdruck: „Mary, *wenn* ich Ihr Buch schreiben sollte, müßten wir beide uns auf eine vollkommen ehrliche Beziehung zueinander einlassen. Wir dürften nichts voreinander verbergen. Sie müßten mir Dinge mitteilen, die außer Gott keiner weiß. Und ich müßte die Freiheit besitzen, Ihnen klar meine Meinung zu sagen, ob sie ihnen paßt oder nicht. Sind Sie dazu bereit?"

„Natürlich!", erwiderte ich, ohne lange nachzudenken.

Sie schwieg – wie es mir schien, mehrere Minuten lang. Dann griff sie nach den achtundneunzig Schreibmaschinenseiten, die ich ihr im voraus geschickt hatte, schwenkte sie in meine Richtung und fragte: „Soll ich Ihnen sagen, was ich beim Lesen dieses Manuskriptes gedacht habe?"

„Ja, sagen Sie es", antwortete ich gespannt.

„Von Anfang bis Ende sind zwei Dinge ganz offensichtlich: Ihre aufsässige Haltung, und ein vollkommener Mangel an Unterordnung Ihrem Mann gegenüber", lautete ihre schockierende Antwort.

„Aber . . . aber . . . ich habe doch ein Kapitel über Unterordnung geschrieben", stotterte ich.

„Sie können alles sagen oder schreiben, Mary. Aber was zählt, ist das Leben. Und Sie leben diese Unterordnung nicht aus!"

„Aber . . . aber . . . ich finde wirklich, daß ich mich mit diesem Problem genug befaßt habe und damit fertiggeworden bin." Jetzt befand ich mich in der Defensive und wirkte nicht allzu überzeugend.

„Ich will Ihnen nur einmal ein Beispiel nennen: Was soll denn das ganze Gerede von ‚*seiner* Gemeinde' und ‚*meiner* Gemeinde'?" forschte sie. „Und was soll diese Beschwererei darüber, daß Jim Ihnen in religiösen Dingen keine Freiheit gibt und Sie mit diesem Problem unverstanden läßt?"

„Aber ich gehe doch nicht mehr in *meine* Gemeinde!" erwiderte ich. „Ich gehe in *seine*!"

„Das mag schon stimmen, Mary", sagte sie nachdenklich.

„Aber Sie kommen mir vor wie dieser kleine Junge in der bekannten Geschichte, der beim Essen immer auf seinem Stuhl stehen blieb. Seine Mutter setzte ihn mehrere Male hin. Schließlich sah er sie trotzig an und sagte: ‚Ich sitze jetzt zwar, aber in meinem Herzen stehe ich immer noch!‘ In Ihrem Herzen, Mary, stehen Sie immer noch!"

Es dauerte länger als ein Jahr, bis ich richtig verstanden hatte, was Madalene Harris mit „immer noch stehen" meinte und daß sie recht hatte.

Doch im Moment war ich wütend. Schnell schlug ich zurück: „Also, die Bibel sagt doch, daß wir Gott mehr gehorchen sollen als den Menschen, oder?" Ich hoffte, jetzt hatte ich sie.

„Natürlich sagt sie das, wenn Sie es so vollkommen aus dem Zusammenhang herausreißen wollen. Aber es ist da nicht die Rede von Ehemännern, denn sonst würde es ganz klar anderen Stellen der Schrift widersprechen."

„Erzählen Sie mir von Ihren Kindern, Mary." Sie schien das Thema zu wechseln. „Geht es ihnen gut? Sind Sie stolz auf sie? Gehorchen Sie Ihnen?" Da erkannte ich, daß sie das Thema nicht gewechselt hatte.

Zuerst erzählte ich ihr von Joy, die gerade zutiefst in der Rebellion steckte und mich beinahe in den Wahnsinn trieb. Ich mußte weinen, als ich von ihr sprach.

„Und die anderen Kinder?" bohrte sie.

„Wenn ich ehrlich sein will, muß ich sagen, daß sie alle aufsässig sind", bekannte ich widerwillig.

„Das hätte ich Ihnen vorhersagen können, Mary. Wissen Sie, weshalb?"

Ich ahnte die Antwort zwar schon, antwortete jedoch: „Nein, weshalb denn?"

„Weil ihre Mutter aufsässig ist. Sobald Sie mit diesem Problem fertig geworden sind, werden Ihre Kinder das auch können!" Sie gab mir an diesem Tag noch keine Zusage, ob sie mein Buch schreiben würde oder nicht. Sie sagte bloß: „Sie *müssen* mit Ihrem aufsässigen Herzen fertig werden, bevor ich daran denken kann, Ihr Buch zu schreiben."

Ich wußte, daß ich stur war, aber ich hatte dies nie als Aufsässigkeit angesehen; und ich hätte diese Wahrheit auch niemals eingestehen können, hätte der Heilige Geist mich nicht auf diese entlarvende Begegnung vorbereitet. Hier war Sünde, *die mir verborgen, aber für andere sichtbar war*. Ich hatte darum gebetet, von verborgener Sünde gereinigt zu werden. Wie würde ich nun reagieren, da sie mir vorgehalten worden war?

Während der Heimfahrt bat ich Gott aufrichtig darum, sich mit meinem rebellischen Geist zu befassen, und in einem Willensakt gab ich ihm die Erlaubnis, an mir so lange zu arbeiten, bis ich vollkommen gereinigt war. Er zeigte mir, daß ich mit Jim darüber sprechen und ihm bekennen mußte, wie falsch ich gehandelt hatte. Obgleich dies meinem Stolz einen gewaltigen Schlag versetzte, sehnte ich mich so sehr danach, mein Leben und meine Familie in Ordnung zu bringen und im Gehorsam Gott gegenüber zu handeln, daß ich zu allem bereit war.

Nachdem ich Jim von der recht erniedrigenden Begegnung berichtet hatte, die gerade hinter mir lag, stürzte ich mich auf die Entschuldigung, bevor ich mir noch selbst die Möglichkeit gestattete, meine Meinung zu ändern.

„Jim", begann ich vorsichtig, „ich habe gar nicht gemerkt, daß meine Haltung so aufsässig war und ich mich nicht unterordnen wollte; und ich möchte dir sagen, wie leid es mir tut, daß ich dir nicht gestattete, das Oberhaupt unserer Familie zu sein. Ich werde sicher nicht immer deiner Meinung sein, aber ich will versuchen, in Zukunft dich alle Entscheidungen treffen zu lassen."

Ich rechnete damit, daß er mich in seine Arme nehmen, mich beglückwünschen und mir sagen würde, so schlimm sei ich ja nun auch wieder nicht gewesen. Statt dessen traf sein knapper Kommentar mich ganz unerwartet: „Ja, ich *muß* wohl zugeben, daß du es mir wirklich schwergemacht hast."

Ich schluckte heftig und versuchte, nicht mit einer wütenden Verteidigung und Gegenanklage zurückzuschlagen.

Einen Moment später fuhr er fort: „Wenn der Fall so liegt, dann möchte ich dich bitten, *nie* mehr in deine Gemeinde zu gehen. Ich sehe keinen Weg, wie wir jemals eine harmonische Familie werden können, wenn wir beide ständig in verschiedene Richtungen ziehen."

Ich fügte mich unter Tränen seinem Wunsch, fühlte mich aber innerlich nicht bereit, diesen Schritt zu tun. Ich kam mir vor wie ein kleines Kind, dem man seinen Daumen und seine Decke weggenommen hat. Genau das ging hier auch vor. Ich verstand es zu diesem Zeitpunkt noch nicht, aber anderthalb Jahre später durfte ich erkennen, daß meine Gemeinde wirklich meine „Kuschel-Decke" gewesen war. Gott mußte sie mir buchstäblich „wegreißen", damit ich geistlich wachsen und lernen konnte, daß eine Gemeinde niemals die Grundlage meiner Sicherheit sein konnte. Jesus Christus allein genügt.

Im Nachdenken über das Gespräch mit Madalene wegen meiner aufsässigen Kinder und über die Wurzel des ganzen Dilemmas kam mir ein Bibelvers in den Sinn, den ich noch nie so ganz verstanden hatte. Er war mir immer ungerecht und für einen liebenden Gott der Gnade und Barmherzigkeit so unpassend erschienen. Jetzt wurde er mir klarer. Er heißt: „Die Schuld der Väter wird heimgesucht an den Kindern" (2. Mose 20,5). Ich hatte immer angenommen, dies bedeute, daß meine Kinder dafür bezahlen müßten, wenn ich eine Sünde beging. „Warum", so hatte ich mich gefragt, „müssen unschuldige Kinder leiden, wenn sie doch gar nichts dafür können?" Doch was Madalene gesagt hatte, bedeutete eigentlich: *„Sie sind aufsässig, und weil Sie Ihren Kindern als Vorbild dienen, imitieren diese Ihre Charaktereigenschaften; deshalb sind sie auch aufsässig."* Meine Schuld wurde an meinen Kindern heimgesucht, und Madalene hatte recht: Wenn ich nicht damit zurechtkam, würden sie es auch nicht können. Was für eine gewaltige Verantwortung! Hier war ein weiteres Gebiet, das ich Satan überlassen hatte und das ich für Christus zurückfordern mußte!

Endlich frei

„Bis ins dritte und vierte Geschlecht" – so warnt die Bibel –
würde die Schuld der Väter an den Kindern heimgesucht werden.
„Wo befinde ich mich in dieser Geschlechterkette?" fragte ich
mich. Ich wußte, daß ich mit meiner Mutter darüber sprechen
mußte, und betete deshalb um eine baldige Gelegenheit dazu.

Schon zwei Wochen später saß ich ihr in Oregon gegenüber. Es
hatte sich eine unerwartete Reise an die Westküste ergeben, und
Jim war einverstanden gewesen, mich hierherzufahren, damit ich
einen Tag mit meinen alternden Eltern verbringen konnte. Meine
Mutter saß vor mir in ihrem Lieblingsschaukelstuhl, als ich nun zu
sprechen begann:

„Mutter, Gott hat tatsächlich angefangen, an meinem Herzen
zu arbeiten und mir einige häßliche Dinge aufzudecken, mit
denen ich mich befassen soll. Ich habe nie gemerkt, daß eines
meiner Hauptprobleme meine Aufsässigkeit ist, aber ich kann
nicht richtig damit fertig werden, wenn du mir nicht erzählst, wie
ich so geworden bin. Warum bin ich so störrisch und fest
entschlossen, mich niemandem unterzuordnen? Wenn mir
irgend jemand sagt, ich könne irgend etwas nicht tun, setze ich
Himmel und Erde in Bewegung, um zu beweisen, daß ich es doch
kann und tun werde. Ich wollte immer meinen egoistischen, starr-
köpfigen Willen durchsetzen, und es scheint mir so, als versuchte
ich ständig zu verhindern, daß irgendwer von mir profitiert, und zu
beweisen, daß ich besser bin als alle anderen."

Nachdem ich eine Weile gebohrt hatte, fing meine Mutter an,
mir eine Geschichte zu erzählen, von der ich noch nie etwas gehört
hatte. Es ging darum, wie mein Großvater aus Norka in Rußland
ausgewandert und schließlich mit seiner jungen Frau, seiner
Schwiegermutter und einigen wenigen anderen Verwandten mit
dem Boot in Amerika gelandet war. Sie siedelten sich in Oregon
an, erwarben ein Stückchen Land und begannen mit dem Aufbau
einer Farm. Er sehnte sich sehr nach Söhnen, die ihm bei der
Landarbeit helfen konnten. Seine ersten drei Kinder waren
Mädchen, und seine Frau starb bei der Geburt des vierten Kindes

– dem ersehnten Sohn, der gleichfalls starb. Nach sehr kurzer Zeit heiratete er wieder, und das nächste Kind, das zur Welt kam, war meine Mutter. Bald darauf wurde noch eine Schwester geboren. Danach bekamen sie keine Kinder mehr.

Mein Großvater war offensichtlich über den Verlust seines einzigen Sohnes vergrämt, und in den Monaten, bevor meine Mutter geboren wurde, setzte er sich stur in den Kopf, dieses Kind werde ein Junge sein. Bei ihrer Geburt war er dermaßen enttäuscht und verbittert, daß er dieses Mädchen haßte und beschloß, seinen Zorn an dem Gegenstand seiner Enttäuschung auszulassen. Er schrieb die Schuld Gott zu und rächte sich dafür an meiner Mutter. Er prügelte sie bei der geringsten Veranlassung. Die Saat dieses Hasses und dieser Rebellion sprang über in das Herz meiner Mutter, die sehr jung heiratete, um der Mißhandlung durch ihren Vater zu entfliehen.

„Ich habe mir geschworen, Mary, daß eher ein kalter Tag in der Hölle sein solle, als bis ein Mann mich noch einmal so behandeln wird wie mein Vater", sagte sie mit flackernden Augen und zitterndem Kinn zu mir.

„Mutter!" rief ich in ungläubigem Schrecken aus. „Dann hast du deinem Vater ja nie vergeben, was er dir angetan hat. Du haßt ihn immer noch, nicht wahr?" Was für eine Entdeckung! Ich hatte meine Eltern nie so menschlich gesehen. Ich hatte nie eine Beziehung zu ihnen wie zu Erwachsenen aufgebaut oder überhaupt daran gedacht, daß sie menschliche Wesen waren mit den gleichen Kämpfen, Versuchungen und Fehlern wie jeder andere auch.

Sofort stand mir alles deutlich vor Augen: Meine Mutter, eine herzensgute Frau, wie es nicht allzu viele auf der Erde gegeben hat, hatte ihr ganzes Leben lang diesen brodelnden Haß mit sich herumgetragen und damit ihren Sinn vergiftet. Sie war unfähig geworden, eine warme und liebevolle Beziehung aufzubauen.

Doch am tragischsten war, daß sich in ihrem Inneren eine halsstarrige Aufsässigkeit festgesetzt hatte. Angefangen hatte diese bei ihrem Vater und sich nun übertragen auf ihren Mann, hatte ihre Kinder ergriffen und ihren ansteckenden Arm nach allen Menschen ihrer Umgebung ausgestreckt. Jetzt konnte ich die Entwicklung dieser Kette zurückverfolgen und erkennen, daß die

Quelle in einem verwundeten Geist liegt; daraus erwächst Ablehnung von Autorität, dann Verbitterung und letzten Endes Selbstzerstörung in der einen oder anderen Form.

Mutter war ein unschuldiges Opfer, aber ich erkannte jetzt deutlicher als jemals zuvor, daß wir für *unsere* Reaktion auf die Sünden anderer gegen uns absolut selbst verantwortlich sind. Ich kann die Leute nicht daran hindern, sich mir gegenüber zu versündigen, aber mit Gottes Kraft muß ich als Antwort auf ihre Schuld nicht mit Rachegedanken reagieren. Die Bibel sagt: „Wenn die Sünde sich auswächst, führt sie zum Tod." Einer schrecklichen Mahnung an diese Wahrheit stand ich hier gegenüber.

Während unseres Gespräches erkannte meine Mutter, daß sie sich noch nie ihrer bitteren Gefühle bewußt gewesen war oder sich damit befaßt hatte. Sie hatte sich im Recht geglaubt und die ganze Schuld dorthin abgeschoben, wohin sie allen menschlichen Überlegungen nach auch hingehörte. Als ich ihr Gottes Plan darlegte, wie er uns von den grausamen Fesseln der Bitterkeit und der Aufsässigkeit befreien will, fing sie an zu weinen. Dann beteten wir zusammen, und meine Mutter bekannte ihren Haß als Sünde, bat Gott darum, sie zu heilen, und vergab ihrem Vater, daß er sie jahrelang in seiner Wut mißhandelt hatte. Zwischen meiner Mutter und mir begann an diesem Tag eine neue Beziehung.

„Der Stillstand dieser Aufsässigkeit in unserer Familie beginnt jetzt wohl bei mir", erzählte ich den Kindern nach meiner Rückkehr und erklärte ihnen ausführlich meinen Ungehorsam, mit welchem alles angefangen hatte, und wie man davon freiwerden kann. Die Kinder hörten ruhig und in sich gekehrt zu und schienen zu verstehen. Obgleich noch ein weiter Weg vor uns lag, erwies sich dieses Gespräch als heilsamer Anfang, und wir alle machten uns auf einem neuen Weg zur Einigkeit und Harmonie in unserer Familie.

Nun war es soweit, um mit dem Buch beginnen zu können. Ich wußte auch, daß Madalene Harris inzwischen einverstanden sein würde, es zu schreiben. Als ich sie anrief, versicherte sie mir, Gott habe an ihrem Herzen gearbeitet, und sie sei inzwischen bereit, anzufangen. Wir beide verpflichteten uns, alles auf uns zu nehmen, was nötig werden würde – harte Arbeit, lange Sitzungen, unvorhersehbare Probleme und Hindernisse. Und all das kam dann auch.

Im gleichen Sommer wurde ein langgehegter Wunsch Wirklichkeit. Seit zwei Jahren sehnte ich mich schon danach, in der Clyde-Narramore-Klinik an einem Seminar teilzunehmen. Ich hatte von diesem Werk noch nie etwas gehört, bis mich Teddy Heard, eine gute Freundin von mir (die in diesem Jahr zum Herrn heimgegangen ist) und Frau des Houstoner Richters Wyatt Heard, fragte: „Mary, kennst du eigentlich Clyde Narramore?"

Vielleicht lag es an meinem Stolz, daß ich weder Teddy noch irgend jemand anderem je von den Problemen in unserer Familie und von dem Zusammenbruch der Kommunikation zwischen Jim und mir erzählt hatte, wenn sich diese auch im Laufe der letzten Jahre schon gewaltig verbessert hatte. Doch ihre Aussage – „Durch das Seminar werden selbst gute Ehen noch besser!" – legte in mir den Samen für diesen Wunsch, obwohl ich mir seine Verwirklichung niemals träumen ließ. Fünf Kinder? Ein Mann mit einem vollgestopften Terminkalender? „Verschwende nicht deine Energie an unnütze Gedanken, meine Liebe! Hebe sie dir besser für die Realität auf!"

Plötzlich und fast ohne vorherige Planung war ich unterwegs – zusammen mit Jim! Wir brachten die Kinder unter, reservierten in der Narramore-Klinik zwei Plätze und machten uns auf den Weg.

Es hatte am ersten Tag den Anschein, als führten wir nichts anderes als psychologische Tests durch. Der Rest der Zeit war angefüllt mit Versammlungen. Aber jeder Seminar-Teilnehmer bekam eine freie Sitzung bei einem ausgebildeten Psychologen, um die Testergebnisse durchzusprechen. Wayne Colwell, mein Berater, stieß schnell in der ganzen Batterie von Fragen und Antworten auf den springenden Punkt. Ich hatte ein ernsthaftes Identitätsproblem.

Frage: Wer sind Sie?

Antwort: Die Frau von Jim Irwin.

Das war es. Ich wußte wirklich nicht, wer ich war – außer einem Anhängsel meines Mannes. Ich sah in mir keine Person mit eigenständigen Rechten. Jetzt bat Colwell mich, doch einmal alles aufzuzählen, was ich von mir aus anfangen könnte, falls mein Mann sterben würde. Zu meiner großen Überraschung fielen mir verschiedene Dinge ein. Er lächelte: „Sehen Sie, Sie wissen ja doch, wer Sie sind. Sie haben nur gedacht, Sie wüßten es nicht."

Als mir klarwurde, daß ich für Gott einfach als Mary wichtig bin und daß ich viele Talente und Begabungen habe, hörte ich auf, mich wertlos zu fühlen, und gestattete meiner wirklichen Identität, sich zu entfalten. *Ich war nicht das Anhängsel von irgend jemandem. Ich war ICH,* Mary Irwin, vollkommen in der Lage, alleine etwas zu erreichen und an meinen Fehlern zu wachsen, anstatt in Schuld- und Versager-Gefühlen unterzugehen. Was für ein Meilenstein!

Meine Beziehung zu Jim verbesserte sich schlagartig, als ich ein stärkeres Selbstbewußtsein gefunden hatte und mich selbst als wertvollen, wichtigen Menschen ansah. Aus dieser Haltung heraus erwuchs mir der Mut, mich mit einem quälenden Gefühl auseinanderzusetzen, das zu untersuchen ich nie gewagt hatte – nämlich mit der Angst, abgelehnt zu werden. Es hatte damit angefangen, daß ich als kleines Kind von meinen überbeschäftigten Eltern zurückgewiesen worden war, und verstärkte sich, als der ältere Bruder, den ich anbetete, in den Krieg ging. Dann trat Jims Karriere hinzu, die seine Abwesenheit von zuhause notwendig machte, sein drohender Tod infolge eines Unfalls, dann eines Herzinfarkts und einer offenen Herz-Operation und jetzt sein ständiges Unterwegssein für „High Flight". Ich war dadurch immer tiefer in Verzweiflung und Selbstmitleid versunken und interpretierte dies als Ablehnung. Mein Selbstwertgefühl stürzte abwärts, je mehr ich den „Ich Arme – keiner liebt mich!" – Gedanken nährte. Mein Leben lang hatte ich versucht, dadurch Annahme zu erfahren, daß ich mich so gab, wie andere Leute mich vermutlich haben wollten. Dadurch hatte ich mein eigenes Selbst-Bild durcheinandergebracht, mich hinter einer Fassade versteckt und im Laufe der Zeit meine Identität verloren. Da ich nun in meinen eigenen Augen „jemand" wurde, konnte ich mich mit der häufigsten aller Ängste, abgelehnt zu werden, sowie mit der damit zusammenhängenden inneren Einsamkeit auseinandersetzen.

Als ich das alles jetzt so klar erkannte, vergab ich aus ganzem Herzen jedem, von dem ich glaubte, daß er mich abgewiesen habe, angefangen bei meinen Eltern, bis hin zu Jim. Ich gab Bitterkeit, Groll und Haß ab. Schließlich akzeptierte ich voll die Tatsache, *daß Gott mich so annimmt,* wie ich bin. Er toleriert mich nicht nur – er liebt mich bedingungslos.

Als Madalene und ich uns ernsthaft an die Arbeit mit dem Buch machten, verbrachten wir erst einmal Stunden, Tage und Wochen damit, Grundsteine zu legen. Wir gingen jede Einzelheit aller Ereignisse durch. Es war einfach, Fakten und Erlebnisse zu schildern, aber Madalene gab sich nie mit dem Oberflächlichen zufrieden. Sie zwang mich, den Grund meiner Emotionen und Reaktionen aufzudecken und dunkle Stellen und Ängste zu ergründen. Meistens verließ ich unsere Sitzungen ausgehöhlt und erschöpft – „fix und fertig", wie man so schön sagt.

Bei einer dieser harten Begegnungen erkannte ich zum ersten Mal, daß ich, obwohl ich Gott um Vergebung für meine vergangenen Sünden und meine voreheliche Schwangerschaft gebeten hatte, niemals *wirklich* mir selbst vergeben hatte. Irgendwie bestrafte ich mich immer noch dafür und fühlte mich nicht so geistlich wie andere Menschen. Wie konnte ich auch, wo ich doch solch eine furchtbare Sünde begangen hatte?

Aber wie vergibt man sich selbst? Ich quälte mich eine Zeitlang damit herum und entschloß mich dann endlich, eine gläubige Freundin zu fragen.

„Was du sagst, Mary, ist folgendes", erklärte sie mir verständnisvoll: „Jesus, was du auf Golgatha getan hast, das genügt nicht! Diese Sünde ist so schlimm, daß ich mich weiterhin immer noch selbst dafür bestrafen muß!"

„Und weißt du, *wie* du dich bestrafst, Mary?" fuhr sie fort. „Indem du dir Selbst-Liebe und Selbstwertgefühl vorenthältst. Du mußt Gottes totale Vergebung annehmen und ihm für das Vorrecht danken, daß du dir selbst auch vergeben darfst!"

„Aber das habe ich doch versucht, und ich fühle mich trotzdem noch so wertlos", gab ich zu.

„Vor allen Dingen, Mary, darfst du dich nicht auf *Gefühle* verlassen. Sie treffen nie genau zu. Es ist eine *Tatsache,* daß Gott dir vergeben hat. Dabei spielt es überhaupt keine Rolle, was du darüber empfindest. Und dann ist es auch keine Übergabe, die man ein für allemal vollzieht. Für Gott schon, aber wir sind so menschlich, daß wir unsere Augen von Gottes Versprechen abwenden und sie auf unser Versagen richten. Also immer, wenn du an den Fehler denkst, der schon Jahre zurückliegt, dann danke Gott für seine vollkommene Vergebung und für das Vorrecht, dir selbst vergeben zu dürfen."

Während wir mit dem Schreiben des Buches vorankamen – wenn auch langsam und mühsam, weil es nicht immer einfach war, sich an die notwendigen Einzelheiten zu erinnern –, fingen wir an, ernsthaft für den Verleger nach Gottes Wahl zu beten. Wir wurden klar so geführt, nicht um jeden Preis einen auszusuchen. „Ich werde euch zur rechten Zeit den Richtigen schicken", lautete die unmißverständliche Anweisung. Nach mehreren Monaten und für uns völlig überraschend erhielten wir ein Ferngespräch aus Grand Rapids in Michigan. Ein renommierter, international bekannter Verleger wollte eine Verabredung treffen, um mit uns die Möglichkeit eines Vertrages zu diskutieren.

Genau am ausgemachten Tag, am 7. Januar 1977, wurde Jim als Notfall in Houston eingeliefert und hatte sich einer offenen Herz-Operation zu unterziehen. Ich mußte also zurückfliegen, ohne den Verleger auch nur gesehen zu haben. Obgleich es eine herbe Enttäuschung darstellte, die Verabredung zu versäumen, überließ ich die Angelegenheit Gott und buchte meine Maschine. Madalene hielt den Termin mit Robert DeVries ein, und während ich zurückflog, wurde uns bereits ein Vertrag versprochen.

Wieder einmal stand ich der furchtbaren Möglichkeit gegenüber, Witwe zu werden. Dieses Mal konnte ich Gott jedoch ohne Einschränkungen vertrauen – nicht nur dahingehend, daß Jim überlebte. Endlich konnte ich sagen: „Herr, *was auch immer* dein Wille für mein Leben ist – ich akzeptiere ihn mit Danksagung. Wenn du Jim wieder gesund machen willst, preise ich deinen Namen; wenn du ihn sterben lassen willst, preise ich trotzdem deinen Namen."

Jim schien sich von der schweren Herz-Operation wunderbar zu erholen. Er begann, jeden Tag spazierenzugehen, dehnte die Entfernungen langsam aus und setzte sich immer neue Übungs-ziele. Schon bald verbrachte er jeden Morgen im Büro von „High Flight" und fing an, Reiseverpflichtungen anzunehmen. Der Arzt sagte ihm, er könne alles unternehmen, wozu er sich „fit fühle".

Doch so etwas darf man nicht ruhigen Gewissens zu Jim Irwin sagen. Er hat noch nie seine Grenzen gekannt, weder körperlich noch in anderer Beziehung, und mit siebenundvierzig Jahren ist es schwierig, Verhalten und Temperament zu ändern. Deshalb war es gar nicht erstaunlich, daß er sich zehn Wochen nach seiner

Operation „fit fühlte" zum Skifahren. In den Frühjahrs-Ferien hatten die Kinder eine Woche frei, und wir fuhren also in eines unserer liebsten Ski-Gebiete, nach Vail.

„*Du* wirst ja wohl nicht Ski laufen, Jim, so kurz nach deiner Operation?" erkundigte ich mich vor der Abreise.

„Der Doktor hat gesagt, ich kann alles tun, wozu ich mich ‚fit fühle', und ich fühle mich stark genug zum Skifahren", antwortete er zuversichtlich.

„Meinst du nicht, du solltest ihn vorher fragen?" schlug ich vorsichtig vor. „Möglicherweise hat er ja nicht so etwas Anstrengendes wie Skifahren gemeint."

„Dafür brauchen wir ihn nicht zu belästigen", versicherte er mir. „Ich werde schon aufpassen und mich nicht übernehmen. Jetzt mach' dir mal keine Sorgen – es wird mir bestimmt guttun!"

Ich schalt mich schon selbst für meine Überängstlichkeit, schloß mich deshalb seiner Meinung an und machte mir keine Sorgen mehr. Jedenfalls nicht bis zum Freitag, als mich eine erschöpfte Stimme von der Bergstation anrief, um mir mitzuteilen, sie würden Jim in einer Trage herunterbringen und ich sollte am Fuß des Mount Vail auf sie warten.

„Was ist los, Mama?" erkundigte sich Jimmy, der an diesem Tag mit mir zu Hause geblieben war.

„Ach, gar nichts, Jimmy. Ich bin es nur langsam leid, daß euer Vater mich andauernd in Angst und Schrecken versetzt", lautete meine Antwort. „Komm mit, wir wollen nachsehen, was da los ist!"

Es war ein herrlicher, klarer, sonniger Tag – perfekt zum Skifahren. Der leichte, lockere Schnee knirschte unter meinen Füßen, als ich auf Jims Ankunft wartete. Schließlich erschienen sie, und ich sah auf Jim herunter, der auf einer schlittenartigen Trage festgeschnallt war. An seinem farblosen, verzerrten Gesicht erkannte ich sofort, daß etwas ernstlich nicht in Ordnung war. Nachdem sie ihn losgeschnallt und ihm auf die Beine geholfen hatten, schwankte und stolperte er.

„Mary", keuchte er, während er sich in den Wagen fallen ließ, „ich muß mich nur ein bißchen ausruhen. Bring mich in unser Zimmer, ich will mich ein Weilchen hinlegen. Nach einer Ruhepause wird es mir schon wieder gutgehen."

Ohne ein Wort zu sagen, fuhr ich ihn sofort zur Aufnahme-station des kleinen Krankenhauses von Vail, verlangte rasch nach Sauerstoff und bat die diensthabende Schwester, sofort eine Trage herauszubringen.

Während wir auf den Arzt warteten, erzählte Jan mir aufgeregt, was auf dem Berg vorgefallen war. „Mama, ich hatte solche Angst! O, ich hatte solche Angst! Joy und Jill waren schon gestartet, um durch eine Mulde zu fahren, und ich wollte eigentlich mit, aber ich spürte, daß jemand bei Papa bleiben mußte. Er war so langsam. Ich mußte mich immer wieder umsehen, um mich zu vergewis-sern, daß er überhaupt noch kam. Manchmal hielt er an, und ich fuhr zurück, um nachzusehen, ob er noch konnte. Er war so außer Atem und müde, daß wir ein paar Mal anhalten mußten. Schließ-lich bekam ich ihn mit herüber zum Sessel-Lift, um eine Kontroll-station zu erreichen. Papa konnte fast nicht mehr atmen, als wir dort ankamen. Sie gaben ihm Sauerstoff. Dann haben wir dich angerufen und uns auf den Weg nach unten gemacht. Ich habe nicht gewußt, ob wir ihn überhaupt noch nach unten bringen würden, Mama!"

Ich setzte gerade zu einer Antwort an, da sah ich den Arzt aus der Tür der Aufnahme-Station herauskommen. „Mrs. Irwin, Ihr Mann hat einen Herzinfarkt. Die Schwere dieser Attacke werden wir erst in einigen Tagen richtig einschätzen können. Wir werden ihn hierbehalten, bis sein Zustand sich stabilisiert hat; dann wollen wir ihn nach Fitzsimons umlegen, damit sein eigener Herz-spezialist sich um ihn kümmern kann."

Ich war kein bißchen überrascht. Ja, ich war mir bereits sicher gewesen, daß Jim erneut einen Herzinfarkt hatte, obgleich man uns sogar Mut gemacht hatte, diese Möglichkeit sei durch seine Herz-Operation für mehrere Jahre ausgeschlossen. Was mich überraschte, war meine Fassung und innere Ruhe im Verlauf des gesamten Dramas. Ich ignorierte keinesfalls den Ernst der Lage. Ein zweiter Herzinfarkt, und das nur zehn Wochen nach der heikelsten Operation, die in unserem Land gegenwärtig durchge-führt wird? Wer konnte da die beinahe offensichtlichen Gefahren ignorieren?

Als ich drei Tage später den Armee-Hubschrauber über uns hörte, eilte ich nach draußen. Während ich zusah, wie der

Hubschrauber nach einem Landeplatz suchte, begann ich, ein wenig zu weinen. Jedoch sogar durch meine Tränen hindurch dankte ich Gott für seine Güte. Wieder einmal erinnerte ich mich daran, daß *alle Dinge* zu unserem Besten geschehen.

Die Sonne strahlte in vollem Glanz, als wir abhoben. Ich sah hinüber zu Jim. Medikamente wurden intravenös eingeführt, zu seiner Nase führte ein Schlauch, der mit der Sauerstoff-Flasche verbunden war. Dr. Harry Thomas, ein Kardiologe des Krankenhauses in Fitzsimons, saß neben Jim und überprüfte auf dem Monitor ununterbrochen seinen Zustand. Als ich wieder aus dem Fenster blickte, konnte ich eine undurchdringliche, dicke Wolkenmauer sehen, die sich rasend näherte. Ein Schneesturm war für diesen Abend angekündigt.

In den vorangegangenen Jahren hatte meine Zukunft oftmals dunkel und drohend ausgesehen, so wie jetzt der ferne Horizont, aber noch nie war sie so ungewiß gewesen wie in diesem Moment. Ich sah zu, wie der Sturm sich zusammenballte, und erinnerte mich an jene Worte, die mich schon in so vielen anderen Krisen gestützt hatten: „Ja, und ob ich schon wanderte im Tal des Todes, fürchte ich kein Unglück."

Und ich hatte keine Angst.

Zu Dank verpflichtet

Unsere Männer, Jim Irwin und Harlan Harris, verdienen unseren aufrichtigen Dank für ihr geduldiges Mittragen in den beinahe zwei Jahren, in denen wir mit dem Schreiben dieser Geschichte sehr beschäftigt waren. Ohne ihre aufmunternde Unterstützung hätten wir das Projekt weder beginnen noch vollenden können.

Unseren beiden Töchtern sind wir zutiefst dankbar – Joy für ihre hilfreiche Mitarbeit bei Kapitel 16 und Lenee Lee für ihre Ausdauer beim wiederholten Schreiben des Manuskriptes.

Betty Skinner ist nie zu beschäftigt gewesen, grobe und korrigierte Entwürfe durchzusehen und uns mit weisem Rat und nötiger Ermunterung zur Seite zu stehen.

Hope MacDonald und Barbara Logan haben eine wichtige Aufgabe wahrgenommen, indem sie sich schwierige Passagen angehört und konstruktive Vorschläge dazu gemacht haben.

Diejenigen, die während des gesamten Niederschreibens der Geschichte glaubensvoll für uns beteten, haben uns damit mehr gestärkt, als sie ahnen. Dazu gehören Muriel Wienbarg, Shirley Henderson, Helene Essendrop, David Harris, Bill und Martha Starkey, Jo Willes, Betty und Phil Wolf, Rhonda Harris und die Damen aus dem Ruth-Bibelkreis.

All denen, die Licht in vergessene Ereignisse gebracht und uns wichtige Eindrücke aus den vergangenen Jahren mitgeteilt haben, insbesondere DiAnne McDaniel und Virginia Palermo, gilt unser aufrichtiger Dank.

Schließlich geht unser bleibender Dank an Judy Markham für ihre bemerkenswerte Geschicklichkeit bei der Herausgabe des Buches sowie an Bob DeVries, der den Titel „Ermunterer der heiligen Literaten" bekommen sollte.

In der TELOS-Paperback-Reihe Erzählungen, Lebensberichte sind bisher erschienen:

In der TELOS-Paperback-Reihe Erzählungen, Lebensberichte sind bisher erschienen: